AF476139

DEUXIÈME ÉDITION

LES GRANDS PROCÈS POLITIQUES

STRASBOURG

D'APRÈS LES DOCUMENTS AUTHENTIQUES

Réunis et mis en ordre

PAR

ALBERT FERMÉ
Avocat à la Cour de Paris

PRIX : 1 FR. 50

PARIS
ARMAND LE CHEVALIER, ÉDITEUR
61, RUE DE RICHELIEU, 61

1868

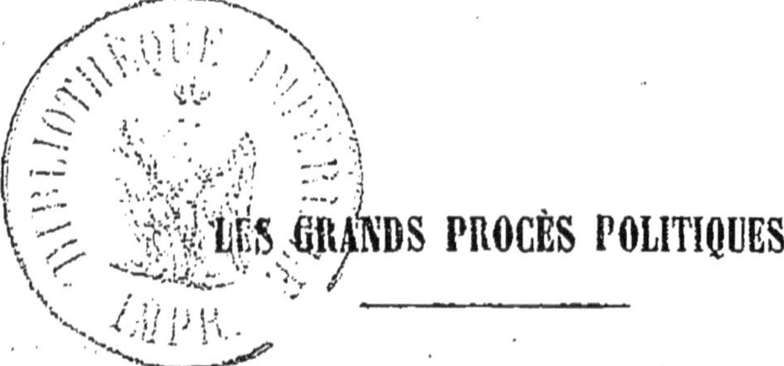

LES GRANDS PROCÈS POLITIQUES

STRASBOURG

D'APRÈS LES DOCUMENTS AUTHENTIQUES

10.414. — IMPRIMERIE GÉNÉRALE DE CH. LAHURE
Rue de Fleurus, 9, à Paris.

LES GRANDS PROCÈS POLITIQUES

STRASBOURG

D'APRÈS LES DOCUMENTS AUTHENTIQUES

Réunis et mis en ordre

PAR

ALBERT FERMÉ
Avocat à la Cour de Paris

PRIX : 1 FR. 50

TROISIÈME ÉDITION

PARIS
ARMAND LE CHEVALIER, ÉDITEUR
61, RUE DE RICHELIEU, 61

1869

LES GRANDS
PROCÈS POLITIQUES.

STRASBOURG.

PREMIERS RÉCITS DE L'INSURRECTION.

Le 1er novembre 1836, un supplément du *Moniteur*, publié au milieu de la journée, fit connaître une nouvelle inattendue :

Paris, 1er novembre, 11 heures du matin.

Le gouvernement a reçu hier soir la dépêche télégraphique suivante, interrompue par le brouillard :

Strasbourg, 30 octobre 1836, 8 heures et demie du matin.

Le général commandant la 5e *division militaire à M. le ministre de la guerre.*

Ce matin vers six heures, Louis-Napoléon, fils de la duchesse de Saint-Leu, *qui avait dans sa confidence* le colonel d'artillerie Vaudrey, a parcouru les rues de Strasbourg avec une partie de....

Pour copie,

L'administrateur des lignes télégraphiques,

ALPHONSE FOY.

N. B. Les mots soulignés laissent des doutes. La brume

survenue sur la ligne ne permet ni de recevoir la fin de la dépêche, ni d'éclaircir le passage douteux.

FOY.

Le conseil des ministres s'est réuni chez le Roi. Aujourd'hui à dix heures du matin, la malle de Strasbourg est arrivée. M. de Franqueville, aide de camp du lieutenant-général Voirol, commandant la 5e division militaire, a apporté le rapport ci-joint du général, qui annonce la fin immédiate de cette tentative criminelle.

« Monsieur le Ministre,

« Ma dépêche télégraphique de ce matin vous a fait connaître la tentative coupable du jeune Louis-Napoléon Bonaparte, pour ébranler la fidélité des troupes de la garnison de Strasbourg, et comment cette échauffourée a échoué devant la noble et courageuse conduite de nos soldats.

« Ce jeune homme, accompagné de quelques aventuriers, parmi lesquels se trouvait M. le commandant Parquin, en uniforme d'officier général, et conduit par M. Vaudrey, colonel du 4e d'artillerie, qui, par des manœuvres coupables, s'était fait suivre par une partie des sous-officiers et soldats de son régiment, s'est présenté chez les autorités pour chercher à les entraîner, et, après avoir arrêté le préfet, a fait cerner mon hôtel par des canonniers. Un piquet, commandé par M. Parquin, s'est établi dans mon salon ; mais des canonniers fidèles et braves, écoutant ma voix et guidés par les sentiments du devoir et de l'honneur, m'ont entouré, et bientôt à cheval au milieu d'eux, sabre en main, je me suis rendu à la citadelle, où j'avais fait lever le pont-levis, et où j'étais certain de trouver un régiment fidèle, le 16e de ligne qui a fait partie du camp de Compiègne, et dont les braves, se rappelant nos jeunes princes, m'ont accueilli aux cris de *vive le Roi!* et ont montré un enthousiasme qu'on ne rencontre que sur le champ de bataille, en présence de l'ennemi. Cet enthousiasme s'est communiqué comme un feu électrique parmi toute la garnison : les canonniers du 4e, qui avaient un instant obéi aux ordres coupables de leur colonel, l'ont également partagé.

« J'ai fait mon entrée en ville à la tête du 16e de ligne, et me suis porté à la préfecture ; mais déjà le préfet avait été délivré par des officiers d'artillerie que j'avais envoyés chez lui.

« Pendant ce temps, Louis-Napoléon, avec le colonel Vaudrey et une faible partie de ses soldats encore égarés, s'est rendu au quartier Finckmatt, occupé par le brave 46e; là il a cherché à les faire manquer à leur serment : mais vainement. Le lieutenant-colonel Taillandier, prévenu par mon aide de camp, M. le chef d'escadron de Franqueville, avait pu se rendre précipitamment à Finckmatt, où il ne lui a pas été difficile de faire comprendre à son régiment (qu'on cherchait à ébranler) qu'on les trompait; le brave colonel Paillot et tous ses officiers arrivèrent aussitôt à Finckmatt. Dans une minute Louis-Napoléon Bonaparte et les misérables qui avaient pris parti pour lui ont été arrêtés, et les décorations dont ils étaient revêtus ont été arrachées par les soldats du 46e.

« Après les avoir fait conduire à la prison de la ville, escortés par le 46e, et avoir assuré la sûreté de cet établissement, je me suis rendu sur la place d'Armes; j'ai passé les troupes en revue, qui ont, en défilant aux cris de *vive le Roi!* montré aux ennemis de nos institutions combien le Roi et la patrie pouvaient compter sur leur fidélité et leur dévouement.

« D'après le dire du colonel Vaudrey, personne que lui et le jeune Louis Bonaparte ne connaissaient leurs projets. La justice informe; toutes les mesures militaires sont prises; et je puis répondre au gouvernement que nos soldats ne se laisseront jamais ébranler dans leur fidélité, et qu'ils seront toujours dignes de la France et du roi Louis-Philippe.

« Je suis encore tellement ému, monsieur le ministre, de ce qui vient de se passer, que je remets à un autre moment à vous faire un rapport plus étendu sur cette échauffourée dont M. de Franqueville, mon aide de camp, pourra vous parler plus en détail : c'est lui qui vous remettra cette dépêche écrite précipitamment; il se rend en poste à Paris.

« Mon aide de camp s'est conduit dans cette circonstance d'une manière admirable. S'il n'avait déjà d'anciens titres aux bontés du roi, je ferais valoir aujourd'hui ceux qu'il a acquis dans cette déplorable circonstance. Dans l'élan général dont la garnison de Strasbourg tout entière a fait preuve en ce jour, beaucoup d'officiers, sous-officiers et soldats se sont conduits avec un véritable courage; leur fidélité autant que leur énergie m'ont aidé à triompher de l'insurrection qui s'est manifestée dans le 4e d'artillerie. J'aurai l'honneur de vous faire connaître leurs noms, et de solliciter pour eux les récompenses dont ils se sont rendus dignes.

« Je suis, avec respect,
« Monsieur le Ministre,
« Votre très-humble et très-obéissant serviteur,

« *Le lieutenant-général comandant la* 5e *division*,
« VOIROL. »

Le rapport de M. Choppin d'Arnouville, préfet du Bas-Rhin, confirme tous ces faits, et ajoute que la population de Strasbourg a témoigné une indignation profonde. Les auteurs de la sédition essayaient en vain de la provoquer; pas un habitant ne s'est associé à eux, et ne se trouve compromis à leur suite. Les meneurs arrêtés sont au nombre de huit, savoir :

Le prince *Napoléon-Louis Bonaparte*, âgé de 28 ans, né à Paris;

Parquin (Denis-Charles), âgé de 49 ans, officier de la Légion d'honneur, domicilié à Paris ;

Le *comte de Gricourt* (Raphaël), âgé de 23 ans, officier d'ordonnance de Louis-Napoléon, logeant à Strasbourg, hôtel de la Fleur;

De Querelles (Henri-Richard-Sigefroid), âgé de 25 ans, officier d'ordonnance du même prince Louis, né à Neuville (Bas-Rhin), demeurant à Strasbourg, rue de la Fontaine, 24;

Vaudrey (Claude-Nicolas), né à Dijon, agé de 51 ans, colonel du 4e régiment d'artillerie en garnison à Strasbourg et y demeurant, place Saint-Étienne;

Laity (François-Armand-Rupert), né à Lorient, âgé de 24 ans, lieutenant au bataillon de pontonniers, domicilié à Strasbourg, rue du Parchemin, 26;

Boisson (Antoine-Marie-Augustin), né à Pontarlier (Doubs), maréchal de logis à la 8e batterie du 4e régiment d'artillerie;

Brault (Eléonore), âgée de 28 ans, attachée à la maison de la reine Hortense.

La justice est saisie et informe activement.

La conduite du général Voirol, du préfet, des autorités, des chefs de corps et des troupes est au-dessus de tout éloge.

Nous donnerons avec les nouveaux détails qui ne manqueront pas d'arriver, les noms des militaires qui ont mérité les récompenses du roi.

La *Charte de* 1830 reproduisait, le soir, dans un bulletin extraordinaire, l'article du *Moniteur* et rétablissait ainsi qu'il suit la dépêche télégraphique de Strasbourg dont le *Moniteur* n'avait donné que le commencement.

Strasbourg, le 30 octobre, à 8 heures et demie.

Le général commandant la 5e division militaire à M. le ministre de la guerre.

Ce matin à 6 heures, Louis-Napoléon, fils de la duchesse de Saint-Leu, qui avait à sa confidence le colonel d'artillerie Vaudrey, a parcouru les rues de Strasbourg avec une partie de son régiment aux cris de : *vive Napoléon!* Ils se sont présentés à la caserne occupée par le 46e de ligne pour le soulever. Moi-même, j'étais bloqué chez moi par un piquet d'artillerie, mais grâce à la fidélité et au dévouement sincère de nos troupes, ce jeune imprudent a été arrêté, ainsi que son complice. Le 3e d'artillerie mérite des éloges, ainsi que tous les régiments d'infanterie et plusieurs officiers du 4e d'artillerie.

Strasbourg, 1er novembre, à 10 heures.

Strasbourg continue à jouir de la plus grande tranquillité.

« L'effet que produisit la nouvelle de l'événement de Strasbourg, dit un publiciste contemporain, fut un étonnement singulier mais sans émotion : les esprits étaient si loin d'être préparés à un mouvement quelconque de l'opinion napoléonienne ; on savait si peu à quel prince de la famille impériale il appartiendrait, le cas échéant, de se porter héritier présomptif, que chacun sembla se demander ce que cela voulait dire. On ne comprenait rien à cette échauffourée dont le récit semblait moins qu'une démonstration d'écolier, et dont l'issue paraissait offrir le dénoûment naturel de quelque équipée de carnaval... Mais bientôt le progrès de l'instruction, les circonstances peu à peu recueillies, les pièces produites par la presse, révélèrent les combinaisons de l'entreprise, ce qu'elle avait pu avoir de sérieux, et la portée que les auteurs assignaient dans leurs espérances au succès d'une première journée[1]. » On rapprocha cette tentative d'une autre émeute militaire qui avait éclaté le même jour, 30 octobre, à Vendôme. Un brigadier du 1er hussards, Bruyaut, à la tête de quelques-uns de ses camarades, avait projeté de s'emparer des officiers, des autorités, de proclamer la république et d'insurger le pays. Les conspirateurs furent arrêtés au moment où ils allaient commencer l'exécution de leur projet. La coïncidence étrange de ces deux complots donna d'abord lieu de penser que la même main en tenait les fils; mais l'accusation en fit deux affaires absolument distinctes, et ne se liant en aucune façon l'une à l'autre.

CHOIX D'UNE JURIDICTION.

A la suite des premiers récits, il arriva chaque jour des détails et des rectifications que les débats feront connaître[2]. Les autorités civiles et militaires qui avaient figuré dans les rapports furent l'objet de récompenses immédiates. Une ordonnance royale éleva le lieutenant général Voirol à la dignité de pair de France; une autre promut le préfet, M. Choppin d'Arnouville, à un rang supérieur dans l'ordre de la Légion d'honneur; enfin le lieutenant-colonel Taillandier reçut le grade de colonel.

Il pouvait y avoir doute sur la juridiction qui devait être saisie; serait-ce la Chambre des pairs, un conseil de guerre ou une Cour d'assises? Le pouvoir se décida pour la justice commune, et le *Moniteur* publia dans son numéro du 3 novembre un article où il était dit que d'après la jurisprudence en vigueur depuis 1830, la juridiction des conseils de guerre devait céder devant la juridiction ordinaire des Cours d'assises, même en cas d'embauchages, lorsque des personnes non militaires se trouvaient comprises dans les poursuites.

« Ce n'est pas ici, ajoutait le journal officiel, le lieu de discuter au fond cette jurisprudence et ses motifs : elle est en vigueur, le gouvernement la respecte et y conforme sa conduite. Toutes les mesures seront prises pour qu'une jus-

1. Voir l'Appendice, note 1.
2. Voir aussi l'Appendice, note 2.

tice aussi prompte que l'autorisent les lois soit rendue et pour que sans rien sacrifier des droits de la défense, la société reçoive la satisfaction qu'elle attend. En toute occasion le gouvernement fera son devoir. Il a la confiance que personne ne manquera au sien. »

ENLÈVEMENT DU PRINCE LOUIS.

Dans cet article, il n'était nullement question du prince. Or, le 12 novembre, on apprit tout à coup et sans que rien eût transpiré auparavant des intentions du gouvernement, que le prince Napoléon-Louis avait traversé la capitale dans la nuit du vendredi au samedi (11 au 12 novembre), qu'il n'avait vu que M. le préfet de police, et qu'à Paris seulement il avait su que l'intention du gouvernement français était de le faire embarquer pour les États-Unis. On apprit en même temps que la reine Hortense, accourue au premier effroi, était venue en France intercéder pour son fils, et qu'elle avait obtenu qu'il ne serait pas mis en jugement.

L'enlèvement du prince fut le germe du salut des autres prévenus, et le principe d'un verdict d'acquittement qui devait retentir dans toute l'Europe.— Voici les détails publiés sur cet enlèvement par le *Courrier du Bas-Rhin :*

« Dans la soirée du mercredi 9 sont arrivées à Strasbourg plusieurs voitures de la Cour qui se sont arrêtées à l'hôtel de la Préfecture.

« L'arrivée de ces voitures faisait l'objet des suppositions de tous ceux qui les avaient vues, surtout parce qu'on savait qu'une personne qui se trouvait dans l'une d'elles avait refusé d'exhiber son passe-port à la porte de la ville, disant qu'elle se rendait directement à la Préfecture et qu'elle repartirait immédiatement.

« A la nuit donc, entre sept et huit heures, ces voitures ont été conduites à la Prison-Neuve; le préfet en est descendu, et, en vertu d'un ordre écrit du ministre de l'intérieur et du ministre de la guerre, il a demandé qu'on lui délivrât le prince Louis.

« Le nouveau directeur de la prison, M. Lebel, arrivé de Paris, à ce qu'il paraît, non pour surveiller le prince, mais pour empêcher que les surveillants des prisons de Strasbourg, qui ne sont pas habitués à une pareille manière de procéder, missent obstacle à son enlèvement, s'est empressé de le remettre à M. le préfet, qui a émargé lui-même, sur le registre de l'écrou, la sortie du prisonnier.

« Le prince Louis est monté dans l'une de ces voitures, et celles-ci, attelées de chevaux de poste, ont immédiatement quitté la ville.

« Cet enlèvement a eu lieu le mercredi soir, à huit heures, et le jeudi matin, à dix heures, M. le procureur général de la Cour royale de Colmar et M. le conseiller Wolbert, chargés de l'instruction du procès, ignoraient encore le départ du prisonnier.

« On assure que M. le procureur général Rossée, quand il apprit le lendemain, *par hasard* et non d'une manière officielle, le départ du prince Louis, procéda sur-le-champ à une enquête ; on assure qu'il a commencé une information judiciaire, qu'il a fait comparaître comme témoins tous ceux qui pourraient lui fournir des renseignements sur l'enlèvement du prince; et il paraît, d'après ces démarches de M. Rossée, qu'il est décidé à évoquer cette affaire devant la Cour royale de Colmar. »

On verra, dans le courant des débats, les pièces officielles de cet enlèvement. (*Audience* du 12 *janvier.*)

DÉPART DE PARIS ET EMBARQUEMENT.

De Paris, le prince écrivit à sa mère, de la Préfecture de police, une lettre ainsi conçue :

« Ma chère mère,

« Je reconnais à votre démarche toute votre tendresse pour moi; vous avez pensé au danger que je courais, mais vous n'avez pas pensé à mon honneur, qui m'obligeait à partager le sort de mes compagnons d'infortune. Cela a été pour moi une douleur bien vive que d'abandonner des hommes que j'avais entraînés à leur perte, lorsque ma présence et leurs dépositions auraient pu influencer le jury en leur faveur. J'écris au roi pour le prier de jeter un regard de bonté sur eux ; c'est la seule grâce qui peut me toucher.

« Je pars pour l'Amérique, mais, ma chère mère, si vous ne voulez pas augmenter ma douleur, je vous en conjure, ne me suivez pas. L'idée de faire partager à ma mère mon exil de l'Europe serait, aux yeux du monde, une tache indélébile pour moi, et pour mon cœur cela serait un chagrin cuisant. Je vais en Amérique faire comme Achille Murat, me créer moi-même mon existence : il me faut un intérêt nouveau pour pouvoir m'y plaire.

« Je vous prie, chère maman, de veiller à ce qu'il ne manque rien aux prisonniers de Strasbourg ; prenez soin des deux fils du colonel Vaudrey, qui sont à Paris avec leur mère. Je prendrais facilement mon parti, si je savais que mes autres compagnons d'infortune auront la vie sauve ; mais avoir sur la conscience la mort de braves soldats, c'est une douleur amère qui ne peut jamais s'effacer.

« Adieu, ma chère maman ; recevez mes remercîments pour toutes les marques de tendresse que vous me donnez ; retournez à Arenenberg, mais ne venez pas me rejoindre en Amérique, j'en serais trop malheureux. Adieu, recevez mes tendres embrassements ; je vous aimerai toujours de tout mon cœur.

« Votre tendre et respectueux fils,

« NAPOLÉON-LOUIS B.... »

Le prince Napoléon-Louis arriva dans la nuit du 14 au 15 à Lorient, à deux heures du matin. Il fut conduit dans la citadelle, dont on fit sur-le-champ lever le pont-levis. Toute communication avec le dehors fut interdite. — Le 19 novembre, il fut transporté à la citadelle de Port-Louis. De là il écrivit à la reine Hortense, sa mère, une lettre dans laquelle il lui annonçait qu'il allait être conduit à New-York ; que de là il partirait pour visiter, pendant un an, les différents États de l'Union ; que d'après la connaissance qu'il aurait acquise du pays, il choisirait la localité où il pourrait fixer son habitation ; que son intention étant de se faire cultivateur, il inviterait son oncle Joseph à lui vendre quelques arpents de terres ; qu'alors, s'il entrevoyait que sa mère pût, sans danger pour sa santé, partager sa solitude, il serait le premier à la solliciter d'entreprendre le voyage. Il la priait de lui envoyer ses armes de chasse et ses livres.

Une autre lettre, datée aussi de la citadelle de Port-Louis, du 19 novembre 1836, et adressée à un correspondant dont le nom n'est pas cité par l'*Observateur des Tribunaux* à qui nous l'empruntons, contient les passages suivants :

« ..... Je pars, le cœur déchiré de ne pas avoir pu partager le sort de mes compagnons d'infortune. J'aurais voulu être traité comme eux. Mon entreprise ayant échoué, mes intentions ayant été ignorées, mon sort ayant été malgré moi différent de celui des hommes dont j'avais compromis l'existence, je passerai, aux yeux de tout le monde, pour *un fou, un ambitieux, un lâche*. Avant de mettre le pied en France, je m'attendais bien, en cas de non-réussite, aux deux premières qualifications. Quant à la troisième, elle est par trop cruelle....

« .... Il est faux que j'aie eu la moindre relation intime avec Mme G... ; il est faux que j'aie cherché à emprunter de l'argent; il est faux qu'on m'ait demandé le moindre serment de ne plus revenir en Europe.... »

Le 21 on écrivait de Port-Louis : « Aujourd'hui, à une heure de l'après-midi, le bateau à vapeur *le Tartare*, capitaine Lévêque, a remorqué la frégate *l'Andromède*, et l'a mise en rade de l'Armor. Le bateau de M. le Préfet a pris le prince Napoléon-Louis pour le conduire à la frégate : il est sorti par la porte de secours. »

La frégate *l'Andromède*, capitaine Villeneuve, était destinée pour les mers du Sud, mais elle devait relâcher aux États-Unis. Le prince Napoléon-Louis fut conduit à New-York, où il débarqua dans le courant de janvier. *Voir l'Appendice, note* 3.

ARRÊT DE RENVOI.

Le prince Louis avait quitté la France depuis quinze jours et voguait vers l'Amérique, lorsque la Cour de Colmar rendit un arrêt par lequel elle renvoyait des poursuites Thélin, Conard, Poggi, la femme de Bruc, Cavel, Lafond et de Geslin, et mettait en accusation pour être jugé par la Cour d'assises du Bas-Rhin :

1° Claude-Nicolas Vaudrey; 2° François-Armand-Rupert Laity; 3° Denis-Charles Parquin ; 4° Henri-Richard Sigefroi de Querelles; 5° Charles-Emmanuel-Raphaël de Gricourt;

6° Eléonore Brault, veuve Gordon; 7° Frédéric, comte de Bruc; tous les sept détenus en la maison d'arrêt de Strasbourg.

8° Louis Dupenhouat; 9° Charles-Philippe-François Pétry; 10° Michel-Jean-François Régis Gros; 11° André-Nicolas de Schaller; 12° de Persigny; 13° Jules-Barthélemi Lombard, fugitifs.

Près de deux cents témoins avaient été entendus par le conseiller délégué.... Des faits graves avaient été révélés. Il paraissait résulter de cette information qu'un grand nombre de personnes que le défaut de charge suffisante empêchait de mettre en accusation avaient néanmoins trempé dans le complot, ou du moins en avaient eu connaissance de manière à pouvoir être inculpés *moralement*. Aussi des mutations, et même des mises à la retraite, avaient-elles déjà eu lieu à l'égard de plusieurs officiers dont quelques-uns occupaient des grades supérieurs.

Dans son arrêt, la Cour s'exprimait ainsi à l'égard de l'enlèvement du prince :

« Vu l'arrêt d'évocation de la Cour, qui comprend parmi les inculpés Napoléon-Louis Bonaparte ;

« Attendu que la procédure dirigée contre ce dernier n'a pas été continuée; qu'il n'a pas même subi d'interrogatoire devant M. le commissaire délégué par la Cour ; qu'ainsi en fait il ne peut être statué à son égard sur la mise en prévention ;

« *Attendu, en droit, que les magistrats ne peuvent s'écarter du principe fondamental de l'égalité devant la loi, ni s'abstenir d'y rendre hommage; mais que l'extraction de Napoléon-Louis Bonaparte de la maison d'arrêt de Strasbourg est un acte exceptionnel de haute politique gouvernementale, sur lequel la Cour ne saurait être appelée à se prononcer en présence des pouvoirs politiques de l'État* (Arrêt du 5 décembre 1836).

L'enlèvement du prince avait, en effet, produit une grande sensation; sa soustraction à la Cour d'assises avait fourni à la presse et à l'opposition parlementaire l'occasion de revendiquer avec énergie le principe de l'égalité de tous devant la loi. Un tel fait devait entraîner inévitablement l'acquittement des accusés.

TEXTE DE L'ACTE D'ACCUSATION.

Le procureur général du roi à la Cour royale de Colmar, chevalier de l'ordre royal de la Légion d'honneur, expose que par arrêt rendu par cette Cour, chambre d'accusation, le 5 décembre 1836, il a été déclaré qu'il y a lieu d'accuser :

1° Vaudrey (Claude-Nicolas), âgé de cinquante-deux ans, colonel du 4e régiment d'artillerie, officier de la Légion d'honneur, domicilié à Strasbourg;

2° Laity (Armand-François-Rupert), âgé de vingt-sept ans, lieutenant au bataillon des pontonniers, en garnison à Strasbourg;

3° Parquin (Charles-Denis), âgé de quarante-neuf ans, chef d'escadron de la garde municipale, domicilié à Paris;

4° De Querelles (Henri-Richard-Sigefroi), âgé de cinquante-neuf ans, lieutenant en disponibilité, domicilié à Nancy;

5° De Gricourt (Charles-Emmanuel-Raphaël), âgé de vingt-trois ans, sans profession, domicilié à Paris;

6° Eléonore Brault, veuve du sieur Gordon-Archer, âgée de vingt-huit ans, artiste, domiciliée à Paris;

7° Frédéric de Bruc, âgé de trente-huit ans, chef d'escadron en disponibilité, chevalier de la Légion d'honneur, domicilié à Paris

Détenus;

8° Persigny (Jean-Gilbert-Victor), âgé de vingt-cinq ans, sans profession, domicilié à Paris;

9° Lombard (Jules-Barthélemy), ancien chirurgien des hôpitaux militaires, âgé de vingt-sept ans, domicilié à Strasbourg;

10° Gros (Michel-Jean-François-Régis), âgé de vingt-six ans, lieutenant en second à la 12e compagnie de pontonniers, en garnison à Strasbourg;

11° Petry (Charles-Philippe-François), âgé de vingt-cinq ans, lieutenant en second à la 6e compagnie du même bataillon;

12° Dupenhouat (Louis), âgé de vingt-quatre ans, lieutenant en second à la 4e compagnie du même corps;

13° De Schaller (André-Joseph-Nicolas), lieutenant au 3e régiment d'artillerie, en garnison à Strasbourg, âgé de vingt-six ans

Fugitifs.

Déclare le procureur-général, que, en exécution du susdit arrêt, ayant fait un nouvel examen de la procédure, il en résulte ce qui suit :

Des divers membres de la famille Bonaparte, bannis à la suite des événements de 1814 et 1815, les deux fils de l'ancien roi de Hollande semblent avoir été ceux qui ont nourri avec le plus de force l'espoir chimérique de reprendre en France la place de l'homme qui a jeté tant de gloire sur leur nom.

Fixés à peu de distance de nos frontières, à proximité de l'Italie, ils semblent avoir choisi pour demeure le point qui les mettait le plus à portée de suivre et d'apprécier les événements qui pourraient leur offrir quelque chance de réaliser leur désir.

Ces espérances, dont le calme dans lequel s'écoulèrent les dernières années de la Restauration avait attiédi la chaleur, se réveillèrent avec une intensité nouvelle au moment de la révolution de juillet, et au bruit des commotions qui semblaient devoir ébranler le sol de la vieille Europe.

Les mouvements qui éclatèrent à cette époque en Italie paraissent avoir appelé surtout leur attention. Ce pays avait fait partie de l'ancien empire français; c'était le théâtre sur lequel leur oncle s'était annoncé pour la première fois au monde; leur origine, leur nom étaient italiens; puis, l'Italie, c'était pour eux le chemin de la France; c'était aussi celui du pouvoir. Aussi les vit-on, dès les premiers symptômes des troubles qui se manifestèrent dans cette contrée, s'y jeter tous les deux avec la ferme volonté de leur donner de la consistance. Ce premier essai fut malheureux : l'un mourut à la peine; l'autre, accablé par la maladie, épuisé par la souffrance, dut, pour la seconde fois, la vie à sa mère.

L'expérience et le souvenir du malheur ne lui furent point toutefois d'assez grands maîtres. La générosité dont, dès lors et dans des circonstances difficiles, le gouvernement français fit preuve à son égard, n'eut point davantage de fruits; une seconde fois, il devait être l'objet d'un acte de clémence appelé à prendre place dans les plus belles pages de l'histoire contemporaine.

Dès le mois de mai 1832, il cherche de nouveau à s'emparer de la scène. Le jeune soldat dont l'épée venait d'être brisée en Italie, se saisit de la plume : aux tentatives du guerrier succèdent celles du législateur. Louis Bonaparte publie ses *Rêveries politiques*. Il les fait suivre d'un projet de constitution.

Les *Rêveries* contiennent la pensée que la France ne saurait être régénérée que par des hommes du sang de Napoléon, et qu'à eux seuls il pourrait appartenir de concilier les exigences des idées républicaines avec celles de l'esprit guerrier. La constitution répond aux promesses du préambule, elle est démocratique; plusieurs de ses dispositions semblent écrites sous des inspirations saint-simoniennes; en même temps elle porte dans son article 1er que la république aura un empereur, et dans son dernier, comme pour empêcher qu'on ne prît de nouveau le change sur l'acception du mot, que la garde impériale sera rétablie.

Des lames de sabre saisies à Strasbourg avant l'événement du 30 octobre, et sur lesquelles se trouvent l'aigle et les mots *garde impériale*, prouvent que Louis Bonaparte n'a point cessé de songer sérieusement à l'accomplissement de la disposition finale du pacte qu'il voulait octroyer.

Il est à remarquer qu'à l'époque de cette publication le jeune duc de Reichstadt vivait encore; mais on ne saurait oublier en même temps qu'il était atteint d'une maladie mortelle, et qui laissait sans doute à ses héritiers moins qu'à tous autres l'espoir d'une guérison : tout donne lieu de croire que, sous le voile de l'esprit de famille, Louis Bonaparte cherchait à faire valoir un intérêt plus intime encore et qui lui était entièrement personnel.

Les faits qui ont suivi viennent entièrement à l'appui de ces assertions. Depuis 1832, tous les efforts de Louis Bonaparte tendent à appeler sur lui l'attention. Il publie de nouvelles brochures : l'une contient des considérations sur l'état politique et militaire de la Suisse ; l'autre s'adresse à l'artillerie, à l'arme dans laquelle Napoléon a servi : de nombreux envois en sont faits en France. Plus tard, une main amie trace son histoire dans la *Biographie des Hommes du jour :* on en tire de nombreux exemplaires. D'un autre côté, il cherche à nouer des liaisons avec les mécontents, toujours si nombreux dans un pays profondément sillonné par de grandes révolutions, et à la suite du déclassement opéré par elles, il recrute des adhérents dans toutes les classes de la société.

Les militaires surtout sont l'objet de ses prévenances; en tous lieux il les cherche, il court au-devant d'eux; il les réunit dans des banquets; il parle avec enthousiasme des temps de l'Empire; il utilise, en un mot, autant qu'il est en son pouvoir, le prestige qui s'attache toujours, quel que soit d'ailleurs le caractère de la personne, à un nom illustre ou à une grandeur déchue.

Du reste, pendant longtemps ses projets n'ont rien de fixe et de déterminé. Il saisit avec avidité tous les bruits de troubles prochains; il pense qu'au milieu du désordre il pourra se créer la place qu'il ambitionne.

Un horrible crime doit se commettre, de sourdes rumeurs que l'on entend toujours à l'approche des grandes catastrophes l'annoncent longtemps d'avance. Il attend le moment : près de lui se trouvent les accusés Persigny et Gricourt, que l'on verra plus tard prendre une part si active à l'attentat du 30 octobre.

Plus tard aussi viennent à se troubler les relations de paix qui existent depuis si longtemps entre la France et un pays voisin : exploité par toutes les passions haineuses, le conflit semble acquérir un caractère sérieux. Louis Bonaparte veut profiter de la circonstance; c'est la Suisse qui doit être le point de départ du mouvement qu'il cherche à organiser.

Mais la Providence veille sur les jours du roi, et la raison reprend sa place dans les conseils d'une nation si souvent renommée par sa sagesse.

Il faut tourner d'un autre côté ses espérances, et c'est ce qu'a fait Louis Bonaparte : c'est vers l'armée que se portent ses regards, c'est à une révolution militaire qu'il songe. Il se rappelle les gardes prétoriennes; les souvenirs du 18 brumaire et du 20 mars appartiennent à sa famille; une révolution militaire vient d'éclater en Espagne, une autre en Portugal. Il espère que celle qu'il veut diriger sera aussi heureuse. Il se nourrit d'ailleurs de l'espoir commun aux conspirateurs de toutes les époques : il aime à penser que ce que le petit nombre aurait osé tenter serait approuvé par beaucoup et souffert par tous.

Toutefois un point d'appui lui manque encore : il lui faut

le concours d'un chef de corps. L'homme nécessaire lui apparaît dans la personne d'un colonel d'artillerie en garnison à Strasbourg, et connu par l'influence qu'il exerce sur son régiment. Tous les moyens de séduction qui sont en son pouvoir, Louis Bonaparte les met en usage ; il triomphe bientôt de la molle résistance qui lui est opposée ; il en acquiert la certitude le 26 octobre au matin, dans une auberge du Val-d'Enfer.

Dans la soirée du 28, il arrive à Strasbourg, les divers conjurés qui n'habitaient pas la ville y étaient accourus de toutes parts. C'est le 30 octobre qu'éclatent les attentats sur lesquels il appartient à la justice de prononcer.

Dans la matinée de ce jour, avant six heures, Louis Bonaparte, revêtu d'un costume qui rappelle celui du grand homme, la tête couverte du chapeau historique, quitte son logement, et se rend, suivi de la plupart des conjurés, à la caserne occupée par le régiment d'artillerie commandé par le colonel Vaudrey. Celui-ci l'attendait à la tête de sa troupe en armes ; dès qu'il l'aperçoit, il se porte au-devant de lui, et abordant le front de son régiment, il se présente au corps, auquel il s'adresse en ces termes :

« Soldats du 4e d'artillerie, une révolution vient d'éclater en France ! Louis-Philippe n'est plus sur le trône : Napoléon II, empereur des Français, vient prendre les rênes du gouvernement. Criez : *Vive l'Empereur !* »

Et il pousse ce cri qui est répété par les soldats.

Louis Bonaparte harangue la troupe : il l'appelle à le seconder ; son allocution est suivie des cris répétés de : *Vive l'Empereur !*

Les moments étaient précieux. Plus était grande l'audace du projet, plus il importait d'en hâter l'exécution. Louis Bonaparte se met immédiatement à la tête du régiment. Cependant il demande quatre détachements au colonel Vaudrey, qui les lui fournit, et prescrit aux soldats l'obéissance envers les chefs improvisés qui vont les diriger.

L'accusé Persigny, à la tête du premier détachement, se rend à la préfecture, s'en fait ouvrir les portes, et parvient à se saisir de la personne du premier magistrat du département.

L'accusé de Schaller, lieutenant au 3e régiment d'artillerie, prend le commandement du second détachement. Il se porte devant la maison habitée par son colonel et donne la consigne de ne laisser entrer ni sortir personne.

L'accusé Lombard gagne à la tête du troisième détachement les ateliers du sieur Silbermann, et se hâte de faire imprimer les proclamations par lesquelles Louis Bonaparte voulait annoncer à tous son avénement.

Un quatrième détachement, sous la conduite d'un chef dont le nom est resté inconnu, avait pour mission de s'emparer des avenues de la maison du général Lalande, commandant le département du Bas-Rhin.

Pendant que s'effectuent ces mouvements partiels, le gros de la troupe se dirige vers le quartier-général ; arrivée au but, elle fait une halte ; Louis Bonaparte s'en détache, suivi des principaux conjurés. Il pénètre jusqu'à l'appartement occupé par le général Voirol ; il s'avance vers lui, en lui disant : « Brave général, venez que je vous embrasse ; reconnaissez en moi Napoléon II. » Mais la réception qu'on lui fait ne répond pas à ses avances ; vivement apostrophé par le chef fidèle, il comprend bientôt que toute espérance doit être bannie de ce côté. Aussi se hâte-t-il de quitter l'hôtel, en y laissant toutefois le général sous la garde de l'accusé Parquin et de douze artilleurs que Vaudrey détache de sa troupe.

De là il se rend à la caserne de la Finckmatt, occupée par le 46e régiment de ligne. La résistance qu'il avait trouvée dans l'hôtel du général Voirol, il la rencontre dans les derniers rangs de l'armée : soldats et sous-officiers repoussent avec énergie les promesses qui leur sont faites. Les allocutions de Louis Bonaparte, les exhortations du colonel Vaudrey, les paroles de Querelles et de Laity, ne parviennent à émouvoir personne. Bientôt les conjurés sont tous arrêtés par les soldats encouragés par l'arrivée successive des chefs. Louis Bonaparte, après avoir essuyé quelques violences, l'uniforme déchiré, les insignes arrachés, est renfermé dans une chambre de la caserne, et le lieu où il croyait rencontrer un triomphe assuré, voit l'anéantissement de son audacieuse et coupable entreprise ; cinq des autres conjurés subissent le même sort.

D'après les détails qui précèdent, le concours actif de Vaudrey aux attentats du 30 octobre ne saurait déjà plus être mis en doute.

On l'a vu recevant Louis Bonaparte à la tête de son régiment et le présenter comme celui qui, par suite du renversement du gouvernement du roi, venait prendre les rênes de l'État.

On l'a vu aussi fournir les détachements qui, en arrêtant les principales autorités, devaient paralyser toute résistance sérieuse.

Mais ces faits qui rentraient dans le cadre des faits généraux et qui seraient déjà suffisants pour établir la culpabilité de Vaudrey relativement aux divers chefs d'accusation qui lui sont imputés, reçoivent une force nouvelle des actes particuliers dont il s'est rendu l'auteur.

En effet, le jour de l'attentat, dès cinq heures du matin, il se rend à la caserne du régiment ; il prend toutes les mesures qu'il juge nécessaires pour la réussite du plan concerté.

Il y distribue de l'argent ; il y promet des grades. Il interdit expressément d'avertir les officiers ; après, il suit Louis Bonaparte et partout le seconde d'efforts soutenus. Il n'est nullement ému des vifs reproches que le lieutenant-général lui adresse sur son parjure et sa trahison, lorsqu'il ose se montrer à lui à côté de Louis Bonaparte. Il persiste dans sa défection.

Arrivé à la Finckmatt, c'est lui qui, comptant sur l'ascendant que lui donne son grade élevé, s'adresse aux soldats et les exhorte à se joindre à l'artillerie, à crier *Vive l'Empereur!* et à se rallier à la bonne cause.

C'est lui encore qui donne au sous-lieutenant Pleignier l'ordre de faire prendre les armes au 46e et de le faire descendre dans la cour.

C'est lui aussi qui ne craint pas de s'adresser au major Salleix et de l'engager à se joindre à lui pour proclamer Napoléon II et faire crier : *Vive l'Empereur!*

C'est lui enfin que l'on voit dans la même caserne ordonner l'arrestation du lieutenant Hornet, et, le sabre nu au milieu des soldats de son régiment, également sur l'offensive, chercher à obtenir par la force une adhésion qui avait été refusée à des moyens moins violents : il finit par se rendre, il est vrai, mais c'est sur les représentations vives et énergiques du colonel Taillandier, et il ne remet son épée qu'alors que la résistance lui paraît dangereuse ou impossible, devant des forces supérieures aux siennes.

Devant l'ensemble de ces faits divers, constatés par de nombreux témoignages, toute dénégation de la part du colonel Vaudrey était impossible : aussi n'a-t-il point recours à ce moyen.

Il cherche à atténuer ses torts en se représentant tantôt comme ayant agi sous l'influence d'humiliations répétées qu'il aurait reçues des inspecteurs généraux de son arme, tantôt comme emporté par les souvenirs de l'Empire, si vifs pour tout soldat qui a pris part aux glorieux combats de cette époque; toute réflexion, ajoute-t-il, lui a manqué, il n'a pas eu le temps d'en faire. C'est la veille au soir, et dans une courte entrevue, qu'il aurait promis son concours.

Quand il s'agit du crime de haute trahison, alors qu'un homme revêtu d'un grade élevé a foulé aux pieds ses serments et les devoirs qu'impose, avec tant de force, l'honneur militaire; quand il s'agit d'un fait inouï dans nos annales qui, au milieu d'événements nombreux et variés, n'offrent point d'exemple d'un chef de corps prenant l'initiative d'un mouvement révolutionnaire, et tournant contre le gouvernement la force mise en ses mains pour le défendre, on ne sait si l'on doit plus s'étonner du fait en lui-même, que des motifs allégués pour en atténuer la gravité.

Mais il n'est pas même établi que ces motifs, quelque faibles qu'ils soient, Vaudrey les ait eus. Rien ne prouve qu'il ait reçu les humiliations dont il se plaint; puis il aurait trouvé dans la sollicitude bienveillante et de tous les jours, dont il était l'objet de la part du général Voirol, une compensation sans doute plus que suffisante aux petits chagrins d'amour-propre auxquels doit s'attendre tout homme qui sert, quelle que soit sa position.

Rien non plus ne révèle chez Vaudrey le culte qu'il aurait voué aux souvenirs de l'Empire. Au milieu du mouvement rapide qui, aujourd'hui, emporte toute chose, la religion des souvenirs devient de plus en plus rare; puis, quand une croyance a pris place dans le cœur d'un homme, elle domine sa vie; elle se montre dans chacun de ses actes : le caractère, les habitudes de Vaudrey, sa conduite aux différentes époques de son existence, prouvent que de tous les hommes il était le moins capable de nourrir une croyance.

La dernière circonstance qu'allègue Vaudrey n'offre pas davantage de poids quand on l'apprécie à sa juste valeur.

D'abord quand Vaudrey n'aurait promis son concours que la veille, il resterait toujours qu'il aurait eu une nuit tout entière devant lui, et que c'est inutilement qu'elle lui aurait porté conseil; il resterait encore qu'il aurait rempli sa coupable promesse avec calme, sang-froid et résolution.

Mais ce moyen de défense ne reste pas à Vaudrey.

C'est au mois de juillet qu'il a reçu à Baden les premières ouvertures de Louis Bonaparte. Cela résulte de ses propres dires, et il est entièrement à penser que loin de les repousser avec l'énergie que lui commandaient ses serments, il les a favorablement accueillies. Il est à remarquer qu'interrogé à cet égard par le général Voirol, il lui a répondu par une dénégation formelle.

Du reste, plusieurs autres circonstances encore viennent prouver que les relations dès lors établies entre Louis Bonaparte et lui n'ont jamais été entièrement interrompues.

En effet, une première lettre est adressée à Vaudrey, par l'intermédiaire de Persigny, elle est écrite de Lindau sur le lac de Constance; elle porte la signature de Louise Vernert, mais elle est bien réellement de Louis Bonaparte; c'est son écriture, c'est aussi son style. Elle est ainsi conçue :

« Monsieur,

« Je ne vous ai pas écrit depuis que je vous ai quitté, parce « qu'au commencement j'attendais une lettre où vous m'au- « riez donné votre adresse, et que depuis le retour de M. P.... « j'ai trouvé inutile de multiplier les écritures. Cependant « aujourd'hui que vous vous occupez encore de mon mariage, « je ne puis m'empêcher de vous adresser personnellement « une phrase d'amitié. Vous devez assez me connaître pour « savoir à quoi vous en tenir sur les sentiments que je vous « porte, mais pour moi j'éprouve trop de plaisir à vous les « exprimer pour que je garde le silence plus longtemps; car « vous réunissez, Monsieur, à vous seul, tout ce qui peut « faire vibrer un cœur; passé, présent, avenir. Avant de « vous connaître, j'errais sans guide certain; semblable au « hardi navigateur, qui cherchait un nouveau monde, je n'a- « vais comme lui, que dans ma conscience et mon courage, « la persuasion de la réussite, j'avais beaucoup d'espoir et « peu de certitude: mais lorsque je vous ai vu, Monsieur, « l'horizon m'a paru s'éclaircir et je me suis écrié : terre ! « terre !

« Je crois de mon devoir, dans les circonstances actuelles, « où mon mariage dépend de vous, de vous renouveler l'expres- « sion de mon amitié et de vous dire que quelle que soit votre « décision, cela ne peut influer en rien sur les sentiments que

« je vous porte. Je désire que vous agissiez entièrement d'a-
« près vos convictions et que vous soyez sûr que tant que je
« vivrai, je me rappellerai avec attendrissement vos procédés à
« mon égard. Heureux si je puis un jour vous donner des preu-
« ves de ma reconnaissance.

« En attendant que je sache si je me marierai ou si je res-
« terai vieille fille, je vous prie de compter toujours sur ma
« sincère affection.

« *Signé:* Louise VERNERT. »

Quand on s'arrête à cette lettre, que l'on en pèse les termes, que l'on en suit la pensée, il est impossible de ne point admettre qu'elle s'adresse à un complice, à un homme entièrement initié au complot et sur le concours duquel on a de justes motifs de compter. Ce n'est pas à un homme qui aurait repoussé avec indignation les projets, à celui même qui n'eût fait que montrer de l'hésitation, que l'on eût confié une arme qui entre ses mains pouvait devenir si funeste aux projets des conspirateurs. On y trouve, du reste, tout ce qui peut prouver l'intimité et une continuité de relations pour l'entreprise projetée: on y voit que Louis Bonaparte savait que Vaudrey s'en occupait toujours, qu'il attendait son adresse; et que s'il n'a pas écrit plus souvent, c'est qu'il a jugé prudent de ne pas multiplier les écritures depuis le retour de Persigny, autre accusé.

Cette lettre, il est vrai, n'est point parvenue à Vaudrey; mais c'est par suite de circonstances indépendantes de la volonté de celui qui l'a écrite, et toutes les inductions qui se présentent naturellement à l'esprit conservent ainsi leur force.

Mais cette lettre n'est point seule; il en existe une autre; elle émane de Vaudrey. Il l'adresse à la femme Gordon, on ne la transcrira point par des motifs qu'il est facile d'apprécier.

Mais si des doutes pouvaient rester, cette dernière pièce viendrait les dissiper. Partout on y trouve le langage de l'homme lié par des engagements formels et positifs et qui, si parfois il hésite encore, ne le fait que par la crainte des obstacles qui peuvent s'opposer au succès de l'entreprise.

Vaudrey sent d'ailleurs combien cette lettre est destructive du système de défense qu'il a embrassé. C'est en vain qu'il cherche à l'expliquer : pressé de questions, accablé par l'évidence, il se borne à dire que tout fait est susceptible de diverses interprétations.

Mais à ces documents vient s'en joindre un troisième qui donne la clef des démarches ultérieures de Vaudrey et de la femme Gordon. Il s'agit d'une lettre de Persigny dont le nom se présente si souvent dans le cours de la procédure, et qui s'offre partout comme l'agent le plus actif du complot : elle est adressée à la femme Gordon ; elle parle d'un rendez-vous à donner par le directeur à l'ami de la femme Gordon. Le rendez-vous a été accepté.

En effet Vaudrey et la femme Gordon quittent Dijon le 23 ou 24 octobre. Ils arrivent à Colmar le 25, entre midi et une heure, à l'hôtel de l'*Ange*. Ils y déposent leurs effets ; après avoir dîné, ils partent le même jour pour Fribourg, où ils sont rendus entre huit et neuf heures du soir. Ils reviennent le lendemain à Colmar et se remettent en route le soir pour Strasbourg.

Ce voyage à Fribourg dans une mauvaise saison, alors que Vaudrey était souffrant et la femme Gordon malade, qu'il s'agissait de faire un détour de huit lieues, a eu évidemment pour but le rendez-vous donné par le directeur (Louis Bonaparte) à l'ami de la femme Gordon (le colonel Vaudrey).

Les preuves ici viennent s'accumuler. Il est établi que Persigny est arrivé à Fribourg dans la matinée du 25 octobre, jour où Vaudrey et sa compagne s'y sont rendus ; il est certain que tous trois ont logé dans le même hôtel ; il est certain que dès leur arrivée, Vaudrey et la femme Gordon se sont fait conduire dans l'appartement occupé par Persigny et qu'ils ont eu avec lui une conférence ; il est acquis enfin que le lendemain matin Persigny s'est rendu en voiture de Fribourg à la vallée de Himmelreich, que de là il a pris, à pied, la direction de l'auberge de la Steig, dans laquelle Louis Bonaparte était arrivé la veille ; que celui-ci, vers la même heure, quittait cette auberge et se dirigeait, à pied, vers la vallée de Himmelreich : tout se réunit pour donner la conviction qu'ils se sont rencontrés. Le fait est d'autant plus probable que Louis Bonaparte avait envoyé, le 26, de très-grand matin, son domestique à Fribourg, où il est descendu à l'hôtel du *Sauvage ;* mais à peine entré dans la salle, il en est reparti immédiatement pour aller en ville. Dans cette entrevue Persigny aura fait connaître à Louis Bonaparte que Vaudrey continuait d'appartenir au complot et qu'il ne pouvait plus y avoir de doute sur son concours.

La preuve de la culpabilité de la femme Gordon se rattache comme on vient de le voir d'une manière intime à celle de la culpabilité de Vaudrey.

Malgré les promesses de Vaudrey, on craignait qu'il n'hésitât; son enjeu était énorme : il s'agissait pour lui de perdre une position brillante, l'honneur assurément, la vie peut-être, et il n'y avait rien qui pût même dans l'avenir lui offrir des compensations. Il pouvait réfléchir et se rappeler cette grande vérité que la trahison est toujours chose odieuse, que le succès même ne saurait l'ennoblir, et qu'on se sert du soldat qui foule aux pieds ses serments, comme d'un instrument que l'on brise dès qu'il a cessé d'être utile.

Mais le colonel Vaudrey était vain et ambitieux, de plus homme de plaisir.

Quoique marié à une femme digne de l'estime de tous et d'une famille intéressante, il trouvait encore place pour d'autres penchants.

Ses mœurs n'étaient surtout ni de son âge ni de sa position. On ne viole jamais impunément les lois de la morale; le mal est prompt à envahir la voie qui lui est faite dans l'âme humaine, le mépris de la décence publique aboutit souvent au crime.

Pendant toute sa vie, livré à ses passions, le colonel Vaudrey offrait plus qu'un autre prise à la séduction.

C'était chose connue de tous.

Louis Bonaparte le savait.

Persigny ne l'ignorait pas.

Il ne s'agissait donc que de trouver une femme qui pût et voulût compléter l'œuvre qu'avaient commencée la vanité et une insatiable ambition.

Éléonore Brault, veuve du sieur Gordon-Archer, appela l'attention de Louis Bonaparte et de Persigny. Elle était remarquable par les charmes de sa personne; son esprit était en rapport avec sa beauté; active, intrigante, de mœurs équivoques, et sans argent, elle offrait l'assemblage de toutes les conditions qui d'un être doué de raison font souvent un instrument docile. Elle ne reste pas au-dessous de la tâche qui lui est donnée; une lettre qui lui a été écrite par Vaudrey, et dont on a déjà parlé, prouve qu'elle a essayé sur cet homme tous les moyens qui étaient de nature à agir sur sa volonté; qu'à l'homme essentiellement vain elle a prodigué la flatterie, qu'au vieux soldat et à l'homme qui l'aimait elle a fait entendre tantôt que reculer après une promesse donnée serait lâcheté, tantôt qu'elle ne pouvait appartenir qu'à l'homme qui se dévouerait entièrement au succès de l'entreprise.

On sait d'ailleurs son arrivée à Dijon. Son itinéraire était connu de Persigny, qui lui adressa dans cette ville, poste restante, deux lettres uniquement relatives au complot. L'une de ces lettres renfermait celle que Louis Bonaparte, sous le nom de Louise Vernert, à écrite à Vaudrey, et dont il a déjà été question. On se rappelle aussi que cette femme a suivi Vaudrey à Fribourg, qu'elle l'a conduit au rendez-vous donné par le directeur. Ce que l'on ne sait pas encore, c'est que, secouant toute pudeur, elle a partagé le logement de Vaudrey dans ces derniers jours, et que, s'attachant plus que jamais à sa personne, elle ne s'est séparée de lui qu'au moment où il était irrésistiblement entraîné vers l'abîme, et où il ne s'agissait plus pour elle que de s'applaudir d'avoir conduit à la fin l'œuvre qu'on lui avait confiée.

Dans cet état de choses, la participation de la femme Gordon ne saurait être l'objet d'un doute ; elle se présente avec les caractères les plus graves ; c'est la femme froide et réfléchie qui usant de tous les moyens d'influence, spéculant sur l'affection qui lui est portée, entraîne à sa ruine l'homme qui l'aimait, et le fait sans qu'il soit possible d'assigner à sa conduite d'autre mobile qu'un bas et vulgaire intérêt. D'autres circonstances viennent établir d'ailleurs encore que depuis plusieurs mois la femme Gordon était initiée aux projets des conspirateurs et qu'elle leur avait promis son concours.

A Baden, au mois de juillet, elle voit à diverses reprises Louis Bonaparte, elle le reçoit chez elle ; elle fait des courses avec lui. D'un autre côté, ses rapports avec Persigny sont fort intimes. Elle part ensuite pour Paris ; elle y reçoit des lettres de celui-ci qui cherche à la mettre en rapport avec de Bruc. Elle est loin d'ailleurs de rester inactive ; elle reçoit des remercîments au sujet du zèle qu'elle déploie pour le succès de l'entreprise. La lettre que lui écrit Vaudrey et dont mention a déjà été faite, prouverait, au surplus, que les éloges que Persigny lui donne étaient mérités.

Puis le jour même de l'attentat, à 10 heures du matin, on la retrouve dans le domicile de Persigny, elle l'aide à faire disparaître les papiers qui pourraient servir à dévoiler la nature et la portée des projets ourdis et les noms des personnes qui y avaient pris part. Quelques instants auparavant elle avait été chargée par Persigny de lui apporter une ceinture garnie d'or et un passe-port déposé dans l'un des meubles de l'appartement de Louis Bonaparte.

A toutes ces charges, la femme Gordon ne répond que par des dénégations ou des explications qui n'ont rien de plausible. Elle connaîtrait à peine Louis Bonaparte; elle n'aurait fait qu'entrevoir Persigny. Quand on l'interpelle, elle dit que les apparences sont contre elle mais qu'elle est innocente.

Les faits à la charge de Laity, lieutenant au bataillon de pontonniers, ont une parfaite analogie avec ceux qui sont reprochés à Vaudrey : outre les caractères prévus par les lois pénales, on y rencontre comme chez celui-ci la trahison, la félonie.

Le 30 octobre, il accompagne Louis Bonaparte à la caserne du 4e régiment d'artillerie : de-là il se rend à la caserne des pontonniers, quai des Pêcheurs. Il rencontre le jeune Finck, clairon, il lui enjoint de sonner vite et fort, et pour stimuler son zèle il lui remet une pièce de 5 francs. Il rassemble la troupe; il annonce qu'il vient d'après les ordres du colonel Vaudrey prendre le commandement du bataillon; que Napoléon II vient d'être proclamé par le 4e régiment d'artillerie et se dirige avec ce corps vers la Finckmatt où il doit se faire reconnaître par le 46e régiment de ligne; qu'il s'agit de ne point rester en arrière et d'imiter l'artillerie. Il termine son allocution en disant : « Criez avec moi : *Vive l'Empereur !* »

Il demande si l'on a des cartouches, et il annonce que l'on allait en distribuer sur les ordres du colonel commandant l'école.

Il donne 60 francs pour être distribués aux soldats.

Il se dirige ensuite, à la tête des six compagnies stationnées dans cette caserne, vers la Finkmatt; sur son chemin, il rencontre l'adjudant Gaillard, qui lui représente les torts de sa conduite, et lui fait connaître les ordres du colonel Admyrault; il le congédie grossièrement. Il avait le sabre nu à la main; il le brandissait violemment : le geste répondait aux paroles.

Abandonné entre la place Saint-Étienne et la rue de l'Arc-en-Ciel par quatre des compagnies qui le suivaient, il n'en continue pas moins sa marche jusqu'au quartier-général. Là, il voit que le poste n'a pas été déplacé. Il pense que la tentative a échoué, et il se décide à renvoyer les deux compagnies qui le suivaient encore.

Cependant, il n'a pas perdu tout espoir. Il accourt à la Finckmatt; il cherche à forcer la grille qui l'empêche d'y pénétrer. Il aperçoit le capitaine Morand; il l'interpelle en lui disant : « Comment! vous, ancien soldat de Napoléon, « vous le reniez! Peut-être la croix que vous portez vous a-« t-elle été donnée par lui. » Il ne cesse ses efforts; il ne cherche à fuir que quand tout est terminé. Il ne tarde pas à être arrêté.

Laity a reconnu, dans ses interrogatoires, qu'il était initié depuis trois mois au complot, et qu'à partir de cette époque il avait promis son concours.

Il a ajouté qu'il avait vu Louis Bonaparte à Strasbourg, il y a deux mois, et que dans la matinée du 29 octobre, il a été averti de se tenir prêt pour le lendemain. Il avoue connaître Persigny. Laity n'a point cherché à se disculper des faits que l'instruction met à sa charge.

Le concours de Parquin est également établi par des preuves irrécusables.

Il faisait partie du cortége de Louis Bonaparte : il occupait après lui le premier rang; il était revêtu du costume d'officier général. Il a porté, pendant quelques instants et au sortir de la caserne du 4e d'artillerie, l'aigle impériale dont on espérait une action si puissante sur les troupes.

Jusqu'à l'arrivée au quartier-général, on ne le voit chargé d'aucun rôle particulier. Ce n'est que là et à la suite de la courageuse résistance du général Voirol, qu'il reçoit la mission de veiller à ce que ce chef ne puisse sortir de son hôtel. Cette mission, Parquin la remplit avec zèle ; il reste debout le sabre à la main devant la porte de l'appartement : plusieurs officiers, fidèles à leurs devoirs, se présentent ; il les repousse avec force ; une lutte corps à corps s'engage entre lui et le capitaine Petitgrand, l'un d'eux. Il parvient à lui faire lâcher prise.

Parquin annonçait à ces officiers que le général Voirol n'était plus rien ; que lui seul avait le droit de donner des ordres. Il veut les renvoyer à leur quartier pour y attendre des instructions. Ceux-ci se retirent d'abord, mais bientôt pénétrant par une autre issue, ils tentent d'arriver jusqu'au général Voirol. Parquin alors commande aux soldats mis par Vaudrey sous ses ordres, de s'y opposer. Il est obéi : une lutte s'engage, les sabres sont tirés : Parquin donne l'exemple ;

des violences sont exercées sur les officiers. Parquin ne quitte son poste qu'au moment où le général, profitant du généreux secours qui lui est apporté, et aussi de l'ascendant que lui donnent sa position et son caractère, parvient, l'épée à la main, à sortir et à gagner l'hôtel de ville.

Parquin, cependant, n'est point découragé; il se rend à la Finkmatt; il joint ses efforts à ceux des autres conjurés pour ébranler la fidélité des soldats du 46ᵉ; ce n'est qu'après que tout espoir est interdit qu'il cherche à assurer son salut par la fuite.

Le sergent Delabarre le saisit par le pied au moment où il enjambait le seuil de la porte de la caserne, et où il croyait pouvoir se sauver à l'aide des cris répétés de : *Arrêtez-les! arrêtez-les!* qu'il proférait à l'instar des soldats restés fidèles.

Parquin ne nie point son concours; seulement, il cherche à atténuer ses torts en alléguant que les actes qui lui sont reprochés ont été spontanés. Il dit encore qu'il a été entraîné par les souvenirs de l'Empire et par l'estime particulière qu'il professait pour celui qui s'en offrit comme le représentant.

Mais ces excuses n'ont rien de plausible. Il est acquis d'abord que Parquin, depuis longtemps, était le commensal du château de Arenenberg; qu'il vivait dans l'intimité de ses habitants; il est difficile de penser que le secret dont Louis Bonaparte était si prodigue, il l'ait caché précisément à l'homme avec lequel il était depuis longtemps en rapport, et qui plus que d'autres lui promettait par ses antécédents un ferme appui. Il est à remarquer ensuite, que Parquin, depuis un temps assez long, était en relation avec Persigny, et qu'une correspondance suivie existait entre eux. Il a même servi d'intermédiaire à Louis Bonaparte, dans ses relations avec de Persigny.

Il est acquis d'ailleurs que Parquin, ancien militaire, et qui avait de nombreuses liaisons dans l'armée, était chargé d'y recruter des adhérents.

Des démarches, des voyages auxquels Parquin ne peut assigner de cause que l'on puisse admettre, son absence de Paris où l'appelaient les fonctions dont il était revêtu, donnent à ce fait un degré de certitude de plus. Parquin n'en était point d'ailleurs à son coup d'essai, en fait de tentative sur la fidélité des troupes.

Quant à l'action qu'auraient exercée sur lui les souvenirs

de l'Empire et l'homme qui s'en offre comme le représentant, elle est aussi peu démontrée que le mouvement spontané.

Rien ne saurait soustraire à l'influence du temps, et c'est sur les souvenirs surtout que son action est puissante. On ne peut admettre facilement qu'à vingt ans de distance la mémoire des temps passés ait eu assez d'énergie chez un homme de cinquante ans, chez le militaire revêtu d'un grade supérieur, pour lui ôter le sentiment de ses devoirs et le respect de ses serments. On n'admet plus d'ailleurs, on n'a jamais admis que le génie fût un héritage transmissible, même en ligne collatérale.

C'est aussi dans la caserne de la Finckmatt que de Querelles a été arrêté.

Venu à Strasbourg pour la deuxième fois, le 27 octobre seulement, il cède son logement à Louis Bonaparte le jour où celui-ci arrive. Il s'installe le lendemain dans l'appartement qu'il avait été chargé de retenir pour lui.

Dans la soirée du 29 il prend part à un souper donné par Persigny à Louis Bonaparte. Il passe la nuit du 29 au 30 avec celui-ci et les principaux conjurés. Le lendemain il fait partie du cortége jusqu'au moment de son arrestation. Lieutenant d'un régiment d'infanterie légère, il avait revêtu les insignes de chef d'escadron. Il portait alternativement avec de Gricourt l'aigle impériale. Il semble avoir eu pour mission spéciale d'exciter l'enthousiasme, on le voit dans la caserne de la Finckmatt embrasser l'aigle à diverses reprises, la montrant au sergent Kubler et au tambour-major Kern, il dit : « Voici notre patrie... voici notre sauveur... »

Plus tard il présente l'aigle au lieutenant Hornet : « Embrassez-la, lui dit-il, vous êtes un brave ; faites prendre les armes à votre régiment, et vous êtes commandant demain ! »

Un carnet saisi dans son domicile prouve que ces actes étaient l'exécution d'un plan arrêté par lui. Il comptait sur l'entraînement du grand nombre. *Trois cents gueulards aux poumons vigoureux et chargés de crier : Vive l'empereur !* lui semblaient un moyen infaillible de succès.

Le même carnet auquel il confiait ses pensées les plus intimes prouve que depuis plus de trois mois il était entré dans le complot. Il est acquis également qu'il a été chargé de l'acquisition de l'aigle impériale dont le port lui a été confié.

Renvoyé de son régiment pour dettes, dans une position gênée, de Querelles accueillit avec transport les ouvertures qui lui ont été faites par Persigny et Gricourt : on mettait d'ailleurs sous ses yeux la croix d'officier de la Légion d'honneur et le grade de lieutenant-colonel chef de bataillon des grenadiers à pied de la garde impériale. Il entrevoyait dans un temps rapproché les épaulettes de lieutenant-général. De Querelles avoue tous les faits mis à sa charge. Ses sympathies pour la gloire de l'Empire qu'il espérait voir revivre; son attachement pour Louis Bonaparte dont on lui avait fait le plus grand éloge, l'ont entraîné.

C'est aussi dans la caserne de la Finckmatt que Gricourt a été arrêté. Sans avoir jamais été militaire, il était revêtu d'un uniforme d'officier d'état-major. On a déjà vu qu'il portait l'aigle alternativement avec de Querelles. Averti de l'arrivée de Louis Bonaparte, il est allé au-devant de lui jusqu'à Illkirch. Il prit place dans sa voiture et il est revenu avec lui jusqu'à Strasbourg. Il se trouvait au souper donné par Persigny à Louis Bonaparte. Il était au nombre des conjurés qui ont passé chez celui-ci la nuit du 29 au 30.

Gricourt appartient au parti légitimiste. Depuis longtemps il a manifesté sa haine pour le gouvernement du roi. Très-jeune encore, il y a cinq ans, il a été momentanément arrêté à Quimper sur le soupçon d'avoir excité les soldats d'un régiment en garnison en cette ville à se soulever contre l'autorité royale.

Allié à la famille Beauharnais, des rapports fort intimes existaient entre lui et Louis Bonaparte; il se trouvait à Arenenberg au moment de l'attentat de Fieschi. Depuis cette époque, on le voit initié à tous les complots qui se trament successivement. Il fit de concert avec Persigny des propositions au vicomte de Geslin. Plus tard il fit à de Querelles les premières ouvertures.

Né avec de grands goûts de dépense, perdu de mœurs, souvent gêné, quoique appartenant à une famille riche et qui se montra généreuse à son égard, on le voit embrasser avec joie des projets qui lui offraient en perspective d'un côté tous les moyens de satisfaire ses passions, de l'autre le renversement du gouvernement qu'il détestait. De Gricourt n'a point cherché à démentir ni même à atténuer les faits qui lui sont imputés.

Des sept individus actuellement sous la main de la justice, de Bruc est le dernier dont elle se soit emparée; parti de Strasbourg où il était arrivé le 31 octobre, il est arrêté à Saint-Louis, le 1er novembre, au moment où il allait franchir la frontière, et sur les doutes que faisait naître une altération dans son passe-port.

Transféré à Colmar, son attitude embarrassée, l'hésitation qui se fait remarquer dans ses réponses donnent l'éveil au magistrat aussi zélé qu'éclairé qui avait à l'interroger. Il est dirigé sur Strasbourg, les soupçons se confirment : de Bruc, sans avoir pris part à l'attentat du 30 octobre, était initié au complot. Il était l'un des agents sur lesquels les conjurés avaient fait reposer le plus d'espérances.

Dans le domicile de Persigny on a trouvé, soit que celui-ci n'ait pas eu le temps de faire disparaître la pièce, soit qu'il ait voulu la conserver dans l'intérêt de sa comptabilité, soit enfin qu'il ait voulu punir l'agent, dont peut-être il avait à se plaindre, on a trouvé un écrit de la main de Bruc. Il est ainsi conçu : « J'ai reçu de M. le vicomte de Persigny la « somme de 4500 fr. que je tiens à sa disposition pour la fin « de notre affaire. »

Quand on met cette pièce sous les yeux de de Bruc, il nie tout d'abord qu'elle soit de sa main ; puis, convaincu par l'évidence, il annonce qu'il est troublé, qu'il désirerait que son interrogatoire fût remis au lendemain : on obtempère à son désir, il paraît au jour dit ; il reconnaît alors son écriture, et il cherche à expliquer le contenu du billet par cette circonstance qu'il aurait médité la conquête de Tripoli, et que Persigny aurait versé entre ses mains une somme de 10 000 fr., comme garantie de son concours à l'opération. Les 4500 fr. mentionnés au billet formeraient le restant dû de cette somme.

Mais il arrive à de Bruc ce qui arrive à tout homme qui nie d'abord un fait évident, et ensuite lui donne une explication dont l'invraisemblance frappe tous les regards, c'est que les inductions premières prennent une force nouvelle.

Ces inductions, la conduite de de Bruc pendant les trois mois qui ont précédé l'attentat, les change bientôt en certitude. On le rencontre partout ; tantôt il est à Baden, à Strasbourg, tantôt il se dirige avec Persigny vers Schaffouse, tantôt on le retrouve à Aarau où il voit Louis Bonaparte ; il lui est impossible d'assigner un but à ces voyages qui ne s'expliquent d'ailleurs ni par sa position de fortune ni par ses anciennes habitudes.

Puis on le rencontre à Paris le 20 octobre ; il ne se rend point à son domicile, il habite un hôtel garni, il est entouré de mystère ; il se cache sous le nom de Bayard, il est porteur de deux lettres, la première est de Persigny à la femme Gordon ; elle parle dans les termes les plus formels du complot, elle prouve l'initiation de de Bruc, puisque Persigny l'avait chargé de dire bien des choses verbalement à cette femme *sur les affaires de la fabrique.* La deuxième est de Louis Bonaparte, elle est adressée au général Excelmans.

De Bruc voit en effet le général Excelmans ; il s'acquitte de son message ; il joint ses instances à celles de Louis Bonaparte pour entraîner le général dans la conspiration ; il lui offre de le conduire dans sa voiture à Arenenberg.

Ce n'est qu'alors qu'il est convaincu de l'inutilité de ses efforts qu'il se décide à quitter Paris ; il part de cette ville le 23 octobre, toujours sous le nom de Bayard ; puis on le rencontre le 27 et le 28 octobre à Neuf-Brisach. On l'entend dans un café parler avec enthousiasme de l'Empire : il se plaint aussi de la conduite du gouvernement à l'égard des sous-officiers dont il voudrait voir le sort amélioré.

Le 29 octobre on le trouve à Fribourg, il y arrive trois jours après le rendez-vous que lui avait donné Persigny. C'est de cette ville qu'il écrit à celui-ci une lettre qui parvient à Strasbourg le 31 octobre, et ajoute encore un poids considérable aux charges qui pèsent sur lui. Enfin le 31 octobre il revient à Strasbourg, descend à l'hôtel *de la Fleur*, et se rend au domicile de Persigny ; mais apprenant chez ce dernier qu'il est en fuite, que la police est à sa recherche, de Bruc se hâte de quitter l'hôtel *de la Fleur* ; il fait transporter ses effets chez un ami. Il part dans l'après-midi du même soir pour Bâle. On sait qu'il a été arrêté à Saint-Louis.

Tous les antécédents de de Bruc, ancien gentilhomme de la chambre de Charles X, le signalent comme appartenant au parti légitimiste. Il a été commandant d'un corps de cavalerie en 1815 dans la Vendée ; chef d'escadron lors des événements de 1830, il a été mis en disponibilité sur sa demande ; toutefois on ne saurait donner aux divers actes dont sort sa participation au complot, d'autre mobile qu'un intérêt d'argent. Sa position de fortune était embarrassée et il cherchait à pressurer la conspiration. Il était d'ailleurs d'une prudence qui se rencontre rarement avec les habitudes de la vie militaire. Il voulait atteindre son but en évitant autant qu'il était en lui, les chances que pouvait avoir à courir sa personne.

Ainsi, tantôt il met un haut prix à des démarches qu'il n'a point faites, ou au concours de personnes qu'il n'a point vues; tantôt pour excuser son défaut d'activité ou son absence à un rendez-vous donné, et cependant recevoir sa récompense le cas échéant, il annonce qu'il s'est cassé le bras, il le porte en écharpe, lorsqu'il est notoire qu'il n'y a jamais eu qu'une écorchure. Ainsi, enfin, la veille du jour fixé pour la mise à exécution, lorsque le danger allait commencer et la source du lucre se tarir, il écrit qu'il est d'avis de tout remettre au mois de mars; qu'il en écrit au prince, et qu'il s'occupe de la confection d'un nouveau plan qui offre plus de chances de succès.

Du reste, cet accusé soutient n'avoir eu aucune connaissance du projet d'attentat ni de la tentative d'exécution qu'il a reçue. Il prétend aussi être demeuré entièrement étranger au complot qui l'a précédé. Quant au reçu du 15 avril 1836 qu'il a délivré à Persigny, et à la lettre qu'il a écrite au même, le 29 octobre dernier, il cherche à les expliquer par son projet de descente et de conquête à Tripoli. Selon lui encore, il ignorait le contenu du billet qu'à son départ pour Paris il devait remettre à la dame Gordon de la part de Persigny, et celui-ci ne l'aurait chargé de dire verbalement autre chose à cette femme, sinon qu'elle devait répondre à plusieurs lettres restées sans réponse.

Enfin il soutient que la lettre qu'il a remise au général Excelmans de la part de Louis Bonaparte n'avait rien de politique et était uniquement relative à des affaires de famille.

Des six accusés qui sont parvenus jusqu'à ce jour à se soustraire aux recherches de la justice, Persigny est celui dont la fuite est le plus à regretter.

Dévoué depuis longtemps aux intérêts de Louis Bonaparte, actif, intelligent, homme de tête et de résolution, i possédait mieux que tous le secret des ressorts sur lesquel reposait la conspiration.

Présent dans tous les lieux où il s'agit, soit d'activer l complot, soit de gagner des adhérents, la preuve de son concours sort de tous les documents : elle se rattache à la preuv de la culpabilité de chacun des conjurés, et il arrive que l tâche que l'accusation a dans ce moment à remplir à so égard est en quelque sorte déjà terminée.

On a déjà signalé la part active que Persigny a pris aux événements du 30 octobre, par l'arrestation de M. l préfet du département, de la personne duquel il s'est em paré, à la tête d'un détachement d'artilleurs dont le commandement lui avait été remis par Vaudrey.

On a signalé aussi son séjour à Arenenberg au moment de l'attentat Fieschi, les rapports qu'il a eus successivement avec Parquin, Gricourt, Querelles, de Bruc et la femme Gordon, et les missions diverses, mais toutes ayant pour objet l'accomplissement de ses plans qu'il leur a confiés. On a parlé aussi des propositions faites par lui au vicomte de Geslin.

On a également fait connaître que le 26 octobre il se trouvait à Fribourg, au rendez-vous donné à Vaudrey et à la femme Gordon, et que le lendemain il se dirigeait vers l'auberge du Val-d'Enfer où était descendu Louis Bonaparte.

L'on a dit qu'il avait donné un souper à Louis Bonaparte et à plusieurs conjurés, qu'il a passé avec eux la nuit du 29 au 30, et que dans la matinée de ce jour il a suivi le cortége jusqu'à la caserne du 4e régiment d'artillerie où il a reçu une mission spéciale. Sans avoir été militaire, il portait un uniforme d'officier d'état-major.

Enfin, l'on a dit que dans les courts instants qui ont séparé la fin des événements et la visite faite dans son domicile, il est parvenu à faire disparaître des papiers qui se trouvaient chez lui, et qu'il a eu le temps de se procurer une ceinture garnie d'or et un passe-port déposé dans la chambre occupée par Louis Bonaparte.

Parmi les pièces qui ont échappé au feu se trouvaient une certaine quantité d'exemplaires de la biographie de Louis Bonaparte, une feuille de parchemin destinée à une correspondance en chiffres, et un cachet armorié dont l'empreinte se retrouve sur l'enveloppe d'une lettre adressée par Persigny à la femme Gordon; c'est dans cette lettre qu'était incluse celle que Louis Bonaparte écrivait à Vaudrey sous le nom de Louise Vernert.

Plus tard la justice a été saisie d'une pièce trouvée dans un habit de Persigny et écrite de sa main, elle renferme le plan que l'on aurait suivi dans le cas où le mouvement aurait réussi. L'organisation est toute militaire. Elle est mise sous la protection d'un grand prévôt.

Le concours actif de Lombard est également acquis. Le 30 octobre au matin, il faisait partie du cortége qui accompagna Louis Bonaparte à la caserne du régiment de Vaudrey. Il était couvert d'un uniforme d'aide de camp qu'il avait sans doute revêtu à l'instar de plusieurs de ses co-accusés, chez Louis Bonaparte, rue des Orphelins. On a déjà dit qu'il avait pris le commandement de l'un des détachements fournis par le colonel Vaudrey, et qu'à la tête de ce détachement il s'était rendu dans les ateliers du sieur Silbermann. Il hâtait de toutes ses forces l'impression des proclamations, quand il apprit que le mouvement venait de trouver sa fin dans la caserne de la Finckmatt, et qu'il s'agissait pour lui de chercher son salut dans la fuite.

Les faits qui sont à la charge de Gros sont entièrement identiques à ceux qui sont reprochés à Laity : lieutenant au bataillon des pontonniers, il s'est rendu avec Laity à la caserne occupée par les six dernières compagnies de son corps : il a secondé tous les efforts de Laity, il a ordonné au poste de prendre les armes, il a distribué de l'argent, il a cherché à ébranler la fidélité de la troupe, il s'est mis en marche avec elle, il en occupait le centre, il n'a disparu que quand il s'est trouvé seul.

Le mouvement que Laity et Gros effectuèrent dans la caserne, occupée par les six dernières compagnies, les lieutenants Petry et Dupenhouat le tentèrent dans la caserne, occupées par les six premières : tous deux ont proclamé Napoléon II, tous deux ont excité les soldats à prendre les armes et à suivre l'exemple du quatrième régiment d'artillerie : *Aujourd'hui vous êtes adjudant*, disait Dupenhouat à l'adjudant Gillard qui lui faisait des observations; *demain vous pouvez être lieutenant, les sous-officiers ont tout à gagner à une révolution.*

La participation active de Schaller est également établie : chargé par Vaudrey d'arrêter le colonel Leboul dans le régiment duquel il servait, il a rempli la tâche qui lui était confiée. Il s'est rendu ensuite à la Finckmatt. Il n'a quitté la scène qu'alors que tout était terminé.

Peu de détails ont pu être recueillis sur les circonstances dans lesquelles Lombard et les quatre derniers accusés ont promis leur coopération; toutefois, il est établi que, gênés d'argent pour la plupart, et en proie, tous, à une ambition effrénée, ils ont saisi avec avidité un projet qui, quelque coupable qu'il fût, leur offrait, en perspective, le moyen de satisfaire leurs passions et d'acquérir une position meilleure. C'est, mus par des motifs de ce genre, qu'ils se sont déterminés à prendre part, avec les autres accusés, à un attentat qui pouvait compromettre l'existence politique de la France et troubler la tranquillité de l'Europe entière.

En conséquence sont accusés, savoir :

1° Vaudrey, Laity, Parquin, de Querelles, de Gricourt, de Persigny, Lombard, Gros, Petry, Dupenhouat et Schaller.

D'avoir, dans la matinée du 30 octobre dernier, commis un attentat dont le but était, soit de changer le gouvernement ou l'ordre de successibilité au trône, soit d'exciter les citoyens ou habitants à s'armer contre l'autorité royale.

Et dans tous les cas d'avoir pris part par une résolution d'agir, concertée et arrêtée entre eux au complot dont cet attentat a été l'exécution.

2° Vaudrey, Laity, Parquin, Persigny, Lombard, Gros et Schaller, d'avoir pris ledit jour le commandement d'une troupe sans droit ou motif légitime et uniquement dans le but d'arriver à l'accomplissement de leurs coupables desseins.

3° Parquin, d'avoir ledit jour arrêté et détenu M. le lieutenant-général commandant la division militaire ; de Persigny, d'avoir arrêté, détenu et séquestré M. le préfet du département du Bas-Rhin ; de Schaller, d'avoir arrêté et détenu M. le colonel Leboul ; et Vaudrey de s'être rendu l'auteur de ces faits en mettant à la disposition de ceux qui les ont commis une partie des soldats placés sous ses ordres.

4° Eléonore Brault, veuve Gordon, de s'être rendue complice du premier fait, en y provoquant par des machinations ou artifices coupables, et en assistant les auteurs dans les actes qui l'ont préparé ou facilité.

5° Ladite Eléonore Brault et Frédéric de Bruc, d'avoir par une intention d'agir, arrêtée et concertée entre plusieurs personnes, pris part au complot, dont les attentats du 30 octobre ont été l'exécution.

6° Frédéric de Bruc, d'avoir fait au général Excelmans une proposition non agréée de prendre part audit complot.

7° Parquin, de Querelles, de Gricourt, de Persigny et Lombard, d'avoir ledit jour porté publiquement un uniforme qui ne leur appartenait point.

Crimes et délits connexes prévus par les articles 87, 89, 93, 341, 59, 60, 89, et 259 du Code pénal.

DÉBATS

Devant la cour d'assises de Strasbourg.

PRÉSIDENCE DE M. GLOXIN.

AUDIENCE DU 6 JANVIER 1836.

L'ouverture de l'audience est fixée à neuf heures.

Dès sept heures du matin, malgré les rigueurs du froid, une foule considérable, au milieu de laquelle se trouvent quelques dames, se presse dans la rue de la Nuée-Bleue, où est situé le Palais de justice. Un piquet de gendarmerie et un autre d'infanterie occupent la cour extérieure du palais. Un grand nombre d'avocats en robe sont confondus dans la foule qui se presse à la porte.

A neuf heures, on fait sortir les accusés, au nombre de sept, de la prison qui est attenante aux bâtiments du tribunal. Ils traversent la cour intérieure escortés de huit gendarmes, et sont conduits dans une salle d'attente. Au même instant on ouvre au public réservé la salle d'audience.

A neuf heures un quart, un huissier annonce la cour.

M. le président Gloxin entre en séance. Il est suivi de MM. Kintzinger, président du tribunal de première instance à Strasbourg; Moutier, juge; de MM. Rossée, procureur-général près la Cour royale de Colmar; Devaux, avocat-général; Gérard, procureur du roi, et Karl, substitut, qui se placent tous quatre à la gauche de M. le président, à la même table et dans l'ordre que nous venons d'indiquer.

M. LE PRÉSIDENT. Ouvrez les portes de l'audience au public. Faites entrer les accusés.

Tous les regards se portent avidement sur les accusés, qui entrent escortés de six gendarmes, d'un lieutenant et d'un commandant de gendarmerie. Les accusés, dont la tenue est fort calme, se placent dans l'ordre suivant : le premier, du côté de la Cour, Vaudrey, puis Laity, Parquin, de Querelles, de Gricourt, Mme Éléonore Brault, veuve Gordon, et le comte de Bruc.

Vis-à-vis des accusés s'asseyent, chacun au-dessous de son client, MM. Ferdinand Barrot, Thiériet, professeur de droit à la Faculté de Strasbourg ; Parquin, Chauvin-Beillard, Martin et Liechtenberger, défenseur de Mme Brault et de M. de Bruc.

Le colonel Vaudrey, en grand uniforme, portant la décoration d'officier de la Légion d'honneur, est d'une assez haute taille ; ses cheveux noirs et courts laissent à découvert un front élevé, mais un peu fuyant ; sa moustache qui retombe, couvre la lèvre supérieure ; une royale assez longue descend en pointe sous sa lèvre inférieure. Il est dans toute la vigueur de l'âge ; ses traits sont mâles et décidés. Il promène sur l'auditoire un coup d'œil assuré.

M. Laity est revêtu de l'uniforme de lieutenant d'artillerie; il est petit, blond, et porte moustache ; ses traits sont graves et réguliers.

Le commandant Parquin est vêtu d'une redingote bleue et porte à sa boutonnière la décoration d'officier de la Légion d'honneur ; il est d'une très-haute taille ; il ressemble beaucoup à Me Parquin, son frère.

M. de Querelles a l'uniforme de lieutenant d'infanterie légère ; il est grand, blond et porte moustache ; son nez est aquilin ; ses traits, assez prononcés, n'ont rien de bien remarquable.

M. de Gricourt, qui est petit et assez frêle, est mis avec recherche. Il porte un habit bleu à boutons dorés et ciselés ; un gilet noir à grandes fleurs bleues, et un jabot artistement plissé. Malgré de longues moustaches blondes, retroussées, sa figure régulière et distinguée a conservé une expression enfantine.

Mme Gordon, qui, à son entrée dans la salle, paraît légèrement émue, a bientôt recouvré un calme parfait ; on s'aperçoit que dans le premier moment elle cherche, en baissant la tête, à éviter les regards qui de toutes parts sont dirigés sur elle ; mais peu à peu elle s'enhardit, et quelques mouvements de tête qui pourraient paraître empreints d'un peu de coquetterie, permettent à l'auditoire de voir son visage. Ses traits sont réguliers, ses yeux noirs et vifs ; deux bandeaux de cheveux noirs soigneusement lissés se dessinent sur un front élevé et bien fait : l'ensemble de ses traits est agréable, mais sa physionomie a quelque chose de dur et de trop prononcé.

Elle porte un élégant chapeau de satin blanc, une robe de soie noire et un collet de dentelle à larges broderies.

M. de Bruc, revêtu d'un habit bleu boutonné jusqu'au cou et orné d'un ruban rouge, porte moustache comme les cinq autres accusés. Ses cheveux sont châtains, lissés avec soin, et une raie les sépare sur le côté de la tête. Ses traits sont réguliers, graves, et l'on y reconnaît aisément l'empreinte de la souffrance.

Entre le banc des accusés et la Cour, deux tables sont occupées par les pièces de conviction. Ce sont : deux uniformes de lieutenant-général, plusieurs paires d'épaulettes, dont deux paires à graines d'épinards; cinq chapeaux à trois cornes, entr'autres un petit chapeau semblable à celui que portait l'Empereur, et orné de riches galons d'or; une épée à poignée d'or, plusieurs sabres de cavalerie, une aigle impériale dorée, des ceinturons, des hausse-cols, etc.

M. LE PRÉSIDENT. En vertu de notre pouvoir discrétionnaire, et en raison de la longueur présumée des débats, nous ordonnons l'adjonction à MM. les jurés de deux jurés supplémentaires.

On fait rentrer les témoins au nombre de quatre-vingt-deux.

On fait prêter serment aux jurés. Le second du premier banc le prête en allemand.

M. LE PRÉSIDENT. Vous ne parlez donc pas français?

Le juré fait signe que non.

Un interprète s'approche de lui, lit la formule du serment en allemand, et le juré le prête dans la même langue.

M. le président interroge chacun des accusés sur ses noms, prénoms, etc.

M. LE PRÉSIDENT. Accusé Vaudrey, quels sont vos noms?

L'ACCUSÉ VAUDREY. Claude-Nicolas Vaudrey.

D. Votre âge? — R. Cinquante et un ans.

D. Le lieu de votre naissance? — R. Semur (Côte-d'Or).

D. Votre profession? — R. Colonel d'artillerie, officier de la Légion d'honneur.

M. LE PRÉSIDENT. Accusé Parquin, quels sont vos noms?

L'ACCUSÉ PARQUIN. Denis-Charles Parquin.

D. Votre âge et le lieu de votre naissance? — Quarante-neuf ans né à Paris.

D. Votre profession? — R. Chef d'escadron en disponibilité, officier de la Légion d'honneur.

M. LE PRÉSIDENT. Accusé de Gricourt, quels sont vos noms?

L'ACCUSÉ DE GRICOURT. Raphaël, comte de Gricourt.

D. Votre âge et le lieu de votre naissance? — R. Vingt-trois ans, né à Paris.

D. Votre profession? — R. Officier d'ordonnance du prince Louis Bonaparte.

M. LE PRÉSIDENT. Accusé de Querelles, quels sont vos noms?

L'ACCUSÉ DE QUERELLES. Henri-Richard-Sigefroid de Querelles.

D. Votre âge et le lieu de votre naissance? — R. Vingt-cinq ans, né à Reuwiller.

D. Quelle est votre profession? — R. Officier d'ordonnance du prince Louis-Napoléon.

M. LE PRÉSIDENT. Accusé Laity, quels sont vos noms?

L'ACCUSÉ LAITY. François-Armand Laity.

D. Votre âge et le lieu de votre naissance? — R. Vingt-quatre ans, né à Lorient.

D. Votre profession? — R. Lieutenant de pontoniers.

M. LE PRÉSIDENT. Accusée Brault, quels sont vos noms?

L'ACCUSÉE BRAULT. Éléonore Brault, veuve de sir Thomas Gordon, commissaire des guerres.

D. Votre âge et le lieu de votre naissance? — R. Vingt-huit ans, née à Paris.

D. Votre profession? — R. Artiste.

M. LE PRÉSIDENT. Accusé de Bruc, quels sont vos noms?

L'ACCUSÉ DE BRUC. Frédéric comte de Bruc.

D. Votre âge et le lieu de votre naissance? — R. Quarante-trois ans, né à Paris.

D. Votre profession? — Chef d'escadron, officier de la Légion d'honneur.

On fait ensuite, au milieu d'un profond silence, la lecture de l'arrêt de renvoi et de l'acte d'accusation.

Cette lecture est fort longue; les accusés sont dans une complète impassibilité; Mme Gordon seule, à la lecture du passage qui la concerne, baisse les yeux et semble embarrassée.

La lecture de l'acte d'accusation et de l'arrêt de renvoi

étant terminés, l'interprète traduit ces pièces et en lit la version en allemand.

Cette manière de procéder, nécessitée par la présence d'un juré qui n'entend pas la langue française, a de graves inconvénients : on s'en entretient sur tous les bancs. D'abord par la traduction de l'acte d'accusation, le juré qui n'entend pas le français connaîtra il est vrai les arguments de l'accusation, mais comment connaîtra-t-il les moyens de la défense ? Les avocats plaideront-ils successivement en français, puis en allemand ? Les deux langues leur sont-elles également familières ? Un interprète traduira-t-il leurs plaidoyers ? que serait-ce d'ailleurs qu'une pareille traduction ? serait-ce là une défense bien complète ? Le moindre inconvénient de cet incident est de doubler la durée des débats.

Lorsque la double lecture est terminée, M. le président fait lever chacun des accusés, et leur rappelle successivement ce dont ils sont accusés.

L'interprète répète en allemand.

M. l'avocat-général a la parole pour exposer l'affaire.

M. L'AVOCAT-GÉNÉRAL. MM. les jurés, l'acte d'accusation dont la lecture vient de vous être faite, a déjà dû vous donner une idée exacte des faits qui amènent sept accusés devant vous. Cette lecture a dû vous convaincre qu'il ne s'agissait pas d'un crime vulgaire, et que l'attentat qui vous est déféré avait une plus haute portée.

« La révolte organisée, l'anarchie bouleversant le royaume, l'appel au trône d'un homme qui n'est pas même Français, malgré le nom qu'il porte : voilà quels étaient les projets des accusés !

« C'est une révolte militaire, c'est l'anarchie substituée à l'ordre, c'est la cité en proie à mille dangers dont nous venons demander compte à ces insensés. Les attentats auxquels le pays est en proie depuis quelque temps, vous signalent la nécessité d'une répression sévère. Il ne faut pas que l'ordre et la prospérité de la France soient sacrifiés aux intérêts d'un vil et bas égoïsme. A vous, messieurs, il appartient d'opposer une digue à ce torrent dévastateur ; on essayera, sans doute, de vous présenter les accusés comme des insensés, comme des hommes qui ont cédé à des inspirations folles et qui ne méritent pas d'être autrement qualifiés. Nous le dirons hautement, messieurs, nous avouons aussi qu'il n'appartient à personne de renverser ainsi un trône dont la stabilité est garantie par cinq ans de luttes au nom de la liberté; mais aussi reconnaissons qu'il faut réprimer avec vigueur toutes ces tentatives criminelles. Il suffit de faire un pas hors de la voie de l'honneur pour faire ensuite un chemin rapide dans la voie du crime. Les difficultés sont aplanies par le génie du mal. Il est peu de crimes qui ne soient le résultat d'une première aberration; mais c'est quand l'homme tend à s'égarer qu'il faut lui montrer la voie véritable. Vous apprendrez d'ailleurs que les accusés agissaient avec l'assurance du succès; qu'ils avaient longtemps combiné, préparé l'exécution de leurs projets, qu'ils n'ont reculé devant aucun obstacle, qu'ils n'ont mis bas les armes que lorsqu'ils y ont été forcés. La culpabilité est ici évidente, et nous le disons avec regret, beaucoup trop évidente. Je dois vous soumettre quelques observations sommaires.

« Depuis deux mois un vocabulaire nouveau s'est introduit parmi nous. Les mots de complot, d'attentat, ont retenti dans cette cité ordinairement si paisible. Dans les crimes ordinaires, un intervalle immense sépare la réalisation de la conception. Il suffit qu'une rétractation soit possible pour qu'on l'attende, pour qu'on la provoque. Ce n'est que lorsque l'exécution commence qu'on sévit. En matière de complot, c'est tout différent; la répression ne doit pas même attendre la tentative, car une tentative heureuse aurait pour résultat d'éviter au coupable la rigueur de nos lois. Le complot est donc un crime, l'attentat en est un autre. On appelle attentat une entreprise contre l'Etat, qui reçoit une exécution quelconque. Le complot n'a pas besoin de réalisation pour être frappé. Avant la loi de 1832, le complot et l'attentat étaient sur la même ligne; il y avait dans cette assimilation quelque chose d'immoral et d'impolitique; d'immoral, car on plaçait sur la même ligne deux crimes dont l'un était plus grave que l'autre; d'impolitique, car il était dangereux de fermer toute voie au repentir. La loi nouvelle ne frappe plus indistinctement; elle gradue et diversifie les peines: elle établit trois degrés de culpabilité. Le premier, c'est la proposition non agréée; elle entraîne une peine peu sévère; le second degré, c'est lorsque la proposition est agréée; il y a alors association, il y a complot : la criminalité augmente; le troisième degré, c'est l'exécution du complot, ou la tentative du complot.

« Vous tiendrez facilement le fil de ce système d'accusation, et vous serez en état de faire bonne justice; car la loi n'a point perdu de vue ces différents degrés ; elle ne veut que ce qui est nécessaire, elle punit et ne venge pas. Vous puiserez votre conviction dans vos consciences éclairées ; vous serez inflexibles pour le crime, indulgents pour la faiblesse, et vous sortirez d'ici avec votre propre estime et le sentiment d'une conscience pure. »

L'huissier procède à l'appel des témoins, au nombre de quatre-vingt-sept ; on remarque l'absence de M. le général Excelmans et celle de M. le préfet du Bas-Rhin.

M. Alphonse Raindre, capitaine au 16e régiment d'infanterie légère, premier témoin appelé, dépose :

« Mes relations avec le prince Louis datent du mois de juillet. J'appris par M. de Franqueville, mon commandant, que le prince devait aller à Offenbourg, chez M. Mazillier, où j'étais bien reçu. Je demandai et j'obtins d'aller à cette réunion. On parla beaucoup de Napoléon ; on l'admira comme tout le monde l'admire en France. Les autres sujets de conversation furent insignifiants. Le prince s'occupait beaucoup de physique. Trois jours après, un jeune homme m'apporte une lettre du prince qui me priait de me rendre à Kehl, *au Pied de Chevreuil.* Son domestique vint me prendre, et je me rendis dans cette ville à trois heures. Vers cinq heures, je vis arriver une méchante carriole de louage dans laquelle était un jeune Suisse que j'avais vu avec le prince à Offenbourg. Il me conduisit à une chambre et revint bientôt avec le prince, qui paraissait souffrant, et dont le visage était en partie couvert d'un mouchoir. Il s'enferma avec moi et me dit : « Capitaine, vous avez du courage et de la loyauté, et je crois pouvoir me confier à vous. Vous aimez trop l'empereur pour ne pas aimer sa famille. Un mouvement est près d'éclater : j'ai compté sur vous, et je me mettrai moi-même à la tête. » Je fus extrêmement surpris ; il s'en aperçut et parut piqué.

« Je conviens, dit-il, que c'est nouveau, mais nous avons des moyens sûrs d'exécution.

« Je lui déclarai ma façon de penser, il comprit ma franchise, et sembla m'en savoir gré. Une conversation s'engagea entre nous ; je tâchai de le détourner de ses idées. Il croyait l'armée mécontente depuis la révolution de juillet ; et il pensait que les vieux compagnons d'armes de son oncle l'auraient soutenu; je lui dis qu'il était inconnu de la France, que la famille de l'empereur était plus ignorée peut-être que les Bourbons quand ils rentrèrent chez nous.

« Je lui parlai de l'esprit des troupes de Strasbourg, et je vis qu'il comptait surtout sur cette garnison. Je lui parlai des conflits qui avaient eu lieu souvent entre le militaire et le civil, des affaires de Lyon, de Grenoble, de Paris, où les troupes ne fraternisèrent jamais avec le peuple et restèrent fidèles à leurs devoirs. Je vis bien qu'il comptait sur la garnison de Strasbourg. Je pensai qu'une imagination semblable pouvait se jeter dans les aventures pour peu qu'elle rencontrât d'autres personnes prêtes à la seconder.

« Deux jours je fus fort agité. Je pris le parti d'aller trouver le commandant Franqueville qui avait des intérêts à ménager du côté du prince, et qui d'ailleurs était dévoué à la chose publique. J'étais donc certain de sa prudence et de ses ménagements à l'égard de ce jeune homme. Je fus envoyé à Neufbrisack pour le service, et quand je revins, M. de Franqueville me déclara que le prince était trop décidé; qu'il avait dû en parler au général. Depuis je n'ai pu rien savoir de plus dans cette malheureuse affaire.

M. de Grigourt prenant la parole : « J'ai vu le prince, il m'a honoré de toute sa confiance et j'ai cru pouvoir m'ouvrir à lui et il m'a dit....

M. LE PRÉSIDENT. Ne vous occupez pas du prince, nous ne savons pas ce qu'il vous a dit, et nous n'avons pas à nous en occuper. La déposition est étrangère à M. de Gricourt, il n'a donc rien à dire dans ce cas-ci.

M. RAINDRE. Si le prince était ici, il n'aurait pas un mot à rectifier dans mon récit.

Me PARQUIN. C'est là le malheur de l'affaire, que le prince ne soit pas ici.

Me CHAUVIN. Il est malheureux que le prince soit absent; mais puisqu'on a entendu avec bienveillance la déposition du témoin, je demande qu'on entende Monsieur avec une bienveillance égale.

Me FERDINAND BARROT. Je demanderai au témoin si, lorsqu'il a quitté le prince, il n'a pas eu la pensée que ses projets n'étaient que le résultat d'une imagination impressionnable ?

LE TÉMOIN. Je suis convaincu que le prince n'avait aucun rapport avec l'armée en général.... L'opposition qui s'est renforcée....

Me FERDINAND BARROT. Je ne demande pas à M. le capitaine des théories; je lui demande s'il a cru que le prince conspirait sérieusement ?

LE TÉMOIN. Je n'ai attribué aucune importance sérieuse à

ses projets. Autrement je l'aurais averti, en le quittant, que j'allais les révéler. J'ai été dans une position cruelle pendant deux jours; je suis allé enfin trouver mon commandant, je me suis jeté dans ses bras et lui ai exposé ma position.

Me MARTIN. Il peut arriver souvent que les dépositions ne regardent que le prince. Mais, nous demandons qu'on les débatte, car dans le sens de la défense, il est ici le principal accusé, bien qu'il soit absent. J'espère que nous n'aurons pas besoin de renouveler cette demande, et dans tous les cas, je prie la Cour de ne rien décider sur ce point.

M. LE PRÉSIDENT. Passons là-dessus, car, en vérité, les débats se prolongeront bien assez, à cause de la nécessité d'une traduction, sans que nous perdions notre temps à ces discussions.

Le commandant Franqueville, depuis lieutenant-colonel, déclare que le prince écrivit au général Voirol; que lui, témoin, conduisit chez le préfet le général qui avait reçu la lettre par un jeune émissaire, en instruisit le préfet et le pria de surveiller les étrangers, surtout ceux qui viendraient de Bade.

Me BARROT. Et M. le préfet suivit-il exactement cette recommandation?

M. LE PRÉSIDENT. Ah! c'est ce qui viendra plus tard. Le témoin sait-il quel était l'émissaire?

LE TÉMOIN. Non, monsieur.

M. LE PRÉSIDENT. Comme nous devons passer à une autre série de témoins, l'audience est renvoyée à demain.

L'audience est levée à trois heures et demie.

AUDIENCE DU 7 JANVIER.

Deux heures avant l'ouverture de l'audience une foule immense se presse aux portes, remplit les couloirs et déborde jusque dans les cours. Les portes sont ouvertes à neuf heures et l'enceinte étroite de l'audience est remplie en un instant; on entend au dehors des plaintes et des cris; la force armée, bloquée au milieu de la foule, reste quelque temps impuissante à ramener l'ordre. Le calme se rétablit enfin. On annonce la Cour.

M. le président donne aux huissiers des ordres pour maintenir le silence pendant les débats. Les accusés sont introduits.

Les accusés ont conservé le costume qu'ils avaient hier. M. de Gricourt seul, dont on avait hier remarqué la mise tant soit peu coquette et recherchée, est plus simplement vêtu.

M. de Querelles est en petite tenue.

Les débats commencent.

M. LE PRÉSIDENT. Faites appeler le témoin Geslin.

L'HUISSIER. Il est absent.

M. L'AVOCAT GÉNÉRAL ROSSÉE. Nous requérons que le témoin comte de Geslin, de Saint-Brieuc, domicilié à Paris, soit condamné à l'amende, et que lecture soit faite de sa déposition.

La Cour condamne le comte de Geslin à l'amende de 100 fr., et ordonne que sa déposition sera lue.

Il résulte de la déclaration écrite du témoin que le sieur de Bruc lui a écrit de Bade à Paris pour faire retenir deux appartements, l'un rue de Vaugirard, 17; l'autre rue de la Ville-l'Evêque, 28; le premier pour lui; l'autre pour sa femme. Gricourt, qu'il a vu à Paris, lui a proposé de faire partie de la conspiration de Strasbourg, en lui promettant le grade de général. Suivant le témoin, cette conspiration avait déjà manqué deux fois, il y a seize ou dix-sept mois; elle avait dû également éclater d'abord à Strasbourg, puis en Suisse.

L'interprète traduit cette déposition au juré allemand, comme il a fait jusqu'à présent pour les moindres particularités des débats.

Pendant l'accomplissement de cette longue formalité, les accusés causent à l'oreille de leurs défenseurs. Il est aisé de voir que cette singularité d'un juré étranger à la langue française, ne pouvant saisir les débats que par l'incomplète et froide traduction d'un interprète plus ou moins habile, plus ou moins exact, est le sujet de leur court entretien.

Me CHAUVIN-BÉLIARD. Je déclare dès à présent que si je ne fais pas d'observations sur cette déposition, c'est parce que j'espère encore que le témoin viendra lui-même, et que je pourrai appliquer en face à ce témoin les qualifications qui lui conviennent. (M. l'avocat général se lève.) Je prierai M. l'avocat général de prendre, auprès du parquet de Paris, des renseignements sur la moralité de cet individu, et sur l'espèce de considération dont il jouit à Paris.

M. L'AVOCAT GÉNÉRAL. Nous n'avons pas à nous enquérir

de la moralité du témoin, et nous n'avons de leçons à recevoir de qui que ce soit.

Me CHAUVIN. Ce n'est pas une leçon, Monsieur l'avocat général, que je prétends ici vous donner, mais il est juste que la balance soit égale entre l'accusation et la défense. Vous faites donner lecture de la déposition d'un témoin absent, il est bien juste que nous connaissions la valeur de cette déposition. Je répète que j'espère voir ici M. Geslin, et pouvoir lui dire ce que je pense de sa personne. C'est mon droit, et croyez que sans m'écarter de mes devoirs, je saurai le faire respecter. L'accusation s'empare de la déposition de ce témoin, la défense a le droit d'examiner ce qu'il est, ce qu'il a été, quels ont pu être ses motifs de conduite, son intérêt, quels ont été ses antécédents. Au surplus, il viendra, et la défense s'expliquera.

M. LE PRÉSIDENT. Gricourt, vous avez entendu la déposition de M. Geslin. D'après cette déposition, il paraît que vous étiez l'agent, l'émissaire du prince, et que vous étiez chargé de recruter des partisans à sa cause?

M. DE GRICOURT. Monsieur le président, j'ai connu M. Geslin comme un homme sans valeur aucune, sans consistance aucune dans le monde. Je le connaissais comme un de ces individus qui procurent de l'argent aux jeunes gens, et j'avais alors besoin d'une somme de 20 000 fr. M. Geslin est connu à Paris pour ce qu'il est. Il a dit qu'un autre complot de même nature avait dû éclater à Strasbourg : M. Geslin en a menti, car le prince ne savait pas où il se ferait proclamer; s'il ne choisirait pas Lyon ou une autre ville. Je voudrais que M. Geslin fût ici, et je lui dirais en face qu'il en a menti.

M. LE PRÉSIDENT. Je vous engage à vous exprimer avec plus de modération.

M. DE GRICOURT. Je voudrais bien savoir un peu s'il existe quelque chose qui vienne à l'appui d'une pareille déposition. Je laisse à la conscience des honnêtes gens le soin d'apprécier la déposition d'un homme qui se cache. Cela n'est pas clair; quelles sont les preuves apportées par ce M. Geslin, à l'appui de sa déposition?

M. LE PRÉSIDENT. Il y a une lettre au dossier, émanant de M. de Bruc, écrite le 29 octobre, qui est parfaitement conforme à la déposition du témoin.

M. DE GRICOURT. J'aurais été indigne de la confiance du

prince, si j'avais voulu lui recruter des partisans comme M. Geslin.

M. LE PRÉSIDENT. C'est vous cependant qui avez fait part à M. de Querelles des projets du prince Louis?

M. DE GRICOURT. Oui, monsieur; et c'est à Nancy que je lui en parlai pour la première fois.

Me CHAUVIN : Cela est sans importance, et dans un autre ordre d'idées au surplus.

M. LE PRÉSIDENT. Monsieur, j'espère que vous n'avez pas la prétention de diriger les débats. L'impartialité sera ma devise ; je prétends être libre d'adresser aux accusés les questions qui peuvent éclaircir les faits douteux. Je vous prie de ne pas m'interrompre.

Me CHAUVIN. J'ai été bien malheureux dans mes expressions ou bien mal compris par M. le président, s'il a pu penser un instant qu'il fût dans mes intentions de m'écarter du respect que je lui dois, ainsi qu'à la Cour, dans l'observation que j'ai cru devoir faire. Je proteste ici de ce respect dont je ne m'écarterai jamais. Il n'est pas dans ma pensée de m'immiscer en rien à la direction des débats; mais il comprend aussi la gravité et l'étendue des devoirs qui me sont imposés.

M. FERDINAND BARROT. Nous sommes arrivés ici pénétrés de respect pour la magistrature, et animés du désir de le lui témoigner en toute occasion, sans pourtant vouloir en rien nous départir de nos droits.

M. LE PRÉSIDENT. Faites sortir tous les accusés, à l'exception du colonel Vaudrey.

Cet ordre est exécuté, les accusés sont amenés hors de l'enceinte : le plus grand silence s'établit. Le colonel se lève et répond d'une voix forte et accentuée aux questions suivantes qui lui sont adressées.

Interrogatoire de Vaudrey.

M. LE PRÉSIDENT : Colonel Vaudrey, à quelle époque avez-vous connu vos co-accusés?

L'ACCUSÉ. Je n'ai connu qu'un de mes co-accusés avant le complot, Mme Gordon.

M. LE PRÉSIDENT. Quand avez-vous reçu des propositions?

L'ACCUSÉ : Le 29 juin, à Bade, de la bouche du prince.

D. Etiez-vous seul? — R. J'étais avec Mme Gordon; j'avais vu Mme Gordon au bal, et je fus présenté au prince par un colonel. Je causai avec le prince qui me donna rendez-vous pour le lendemain.

D. Vous fit-il part de ses projets? — R. Il me parla d'abord de la grandeur de l'Empire ; il me dit qu'il croyait être accueilli par une grande partie de l'armée, et qu'il avait des intelligences dans plusieurs garnisons.

D. Vous-a-t-il signalé ces garnisons? — R. Les garnisons de l'Est, notamment. Il m'a dit qu'il comptait sur plusieurs généraux sans me les désigner. Il m'a fait alors des propositions directes, je résistai et je lui fis diverses objections.

D. Vous désigna-t-il quelques régiments plus spécialement? — R. Personne en particulier; je sais seul qu'il comptait sur plusieurs officiers-généraux.

D. Vous étiez donc dans le complot dès cette époque. — R. J'avais refusé d'y prendre part, ce ne fut que la veille de l'entreprise, qu'ayant revu le prince, je me laissai entraîner.

D. Pourquoi n'avez-vous pas toujours résisté? — R. Eh! monsieur le président, il est des circonstances où il est bien difficile de se conduire. Je croyais que le prince avait des sympathies acquises dans plusieurs régiments. Au temps dont je parle, le prince me fit l'envoi d'un ouvrage qu'il publia, une lettre accompagnait cet envoi. Je lui fis mes compliments à Bade, et je lui exprimai mon admiration pour l'Empire.

D. Avez-vous cette lettre? — R. Si l'on y tenait, je pourrais la faire chercher dans mes papiers.

D. Ainsi, avant le 30 octobre, vous n'avez connu parmi vos complices que Mme Gordon. Mais à quelle date faites-vous remonter vos relations avec elle? — Au mois de juin.

M. GIRARD, *procureur du Roi*. C'est une erreur, vous n'avez été à Bade que le 30 juillet, et Mme Gordon n'est venue que le 15 du même mois à Strasbourg.

M. VAUDREY. C'est chez M. de Franqueville et le général Voirol que je fis connaissance avec Mme Gordon. Elle est arrivée à Strasbourg le 15 juin, je crois, à l'hôtel de la Ville-de-Paris. Elle a donné un concert le 24 ou le 25 juillet. Mes relations avec elle remontent à peu de jours avant mon départ pour Bade.

D. Il paraît que votre intimité avec Mme Gordon a été de jour en jour croissante, car on a saisi une lettre que vous lui écriviez, et où vous lui révéliez vos pensées, vos secrets les plus intimes. Pourriez-vous nous dire ce que signifiaient dans cette lettre les inquiétudes que vous éprouviez et la défiance qu'on avait en vous ? — R. Je n'ai rien à dire de mes relations avec Mme Gordon, elles ne regardent personne et appartiennent à ma vie privée. J'affirme que ma lettre n'avait aucun sens politique. Quant à la défiance dont on parle, il s'en était élevé en effet quelque peu entre nous deux et ma correspondance s'en ressentait.

M. le président donne lecture de quelques passages de cette lettre où Vaudrey proteste da sa fermeté dans l'action et du peu de fondement des défiances que lui manifestait Mme Gordon, du courage qu'il montrerait quand il faudrait se produire en public. La lettre se termine par un passage où l'on remarque les expressions suivantes :

« Ma volonté se montrera supérieure à celle des autres, et je ne resterai pas en arrière quand il faudra agir. »

L'ACCUSÉ. Cette lettre, je le répète, n'a aucun rapport avec le complot; durant tout le mois d'octobre j'ai été absent de Strasbourg.

M. LE PRÉSIDENT. Le général Voirol vous a demandé, à votre retour de Bade, si vous aviez vu le prince ; l'honneur vous commandait de révéler le complot ; pourquoi ne l'avez-vous pas fait? Comme citoyen français ne deviez-vous pas à votre chef la révélation des dangers que courait la patrie? — R. Je n'ai pas cru que cela fût de mon devoir; l'honneur n'ordonne jamais une trahison.

D. Quelle est la signification des phrases de votre lettre à Mme Gordon? — R. Mon Dieu ! il s'agissait d'affaires particulières.

D. Mme Gordon n'est-elle pas venue vous joindre à Dijon dans votre maison de campagne? — R. Mme Gordon m'a écrit de venir la joindre dans cette maison ; je me suis mis en route immédiatement.

D. Vous avez demeuré avec Mme Gordon à Dijon jusqu'au 24 octobre? — R. Oui.

D. Est-ce elle qui vous a sollicité de revenir à Strasbourg? — R. Oui, monsieur; mais cela n'a pas précisément hâté mon retour. C'est l'expiration de mon congé qui m'a fait revenir.

D. En quittant Dijon, ne vous êtes-vous pas arrêté dans

une autre localité avant de revenir ici?—R. Je suis descendu à Colmar. J'étais indisposé, mais pas au point de ne pouvoir voyager. Je suis resté à Colmar vingt-quatre heures, le 29 octobre.

D. De Colmar n'avez-vous pas fait une excursion? — R. Oui, monsieur.

D. Mais vous étiez indisposé? — R. Ainsi que je l'ai dit, pas assez pour ne pouvoir voyager. Je suis allé à Neufbrisack, dans le grand-duché de Bade. J'avais l'intention de revenir sur la rive droite du Rhin. Je suis allé à Fribourg.

D. Mme Gordon, avec qui vous voyagiez, Mme Gordon, qui est d'une complexion délicate, vous accompagnait par nécessité et non par partie de plaisir. Lorsqu'elle a fait le voyage, elle a dû recevoir deux lettres où on lui demandait rendez-vous. (Ces lettres ont été saisies à la poste.) Ce rendez-vous, d'après ces lettres, devait avoir lieu à Fribourg, où vous étiez. C'est Persigny, qu'on surnommait le *géant*, qui demandait le rendez-vous. Tout cela n'indique pas une partie de plaisir. — Je n'ai pas vu M. de Persigny; je ne le connais pas.

D. Cependant vous logiez dans le même hôtel que Persigny et Mme Gordon; vous avez reçu une lettre dans laquelle on lui disait qu'elle était attendue, *ainsi que son ami*. — R. Je l'ignore.

D. L'accusation soutient que vous n'avez fait ce voyage que pour fixer le jour où le complot devait être exécuté. — R. Cela n'est pas. Je n'ai pas vu le prince à Fribourg, comme le prétend l'accusation. Le 28 octobre, j'ai repris le commandement de mon régiment.

D. Le prince est arrivé le même jour que vous, et vous l'avez vu le 29. — Oui, monsieur.

D. Comment cet entretien a-t-il eu lieu? — R. Le soir, je revenais de dîner de chez le colonel Costaz; un individu, enveloppé d'un manteau et s'entourant de mystère, m'aborda et me dit que le prince voulait me parler. Il me conduisit au bord du canal, où je vis le prince, qui me déclara sa résolution de ne plus différer l'exécution de son dessein et me pria de le présenter à mon régiment.

D. Et vous acceptâtes? — R. L'entrevue dura deux heures; je fis beaucoup d'objections. Le prince m'assura qu'il était décidé à se présenter devant mon régiment, même sans mon assentiment; il me dit qu'il avait pour lui plusieurs officiers supérieurs ; je crois même qu'il me parla du général Voirol. (Mouvements divers.)

M. LE PRÉSIDENT. Vos assertions sont peu vraisemblables. Un colonel aller à un rendez-vous où il est amené par un inconnu, et cela pour préméditer le bouleversement de la France ! Ce n'est pas d'ailleurs sur des allégations futiles que vous avez dû vous décider.

LE COLONEL VAUDREY. Je vous ai déjà dit que le prince comptait sur le concours d'un grand nombre de régiments.

D. Vous a-t-il nommé des chefs de corps? vous avez nommé le général Voirol. — R. Non, mais j'ai pu penser qu'il s'était assuré de la coopération du général.

M. LE PRÉSIDENT. Tout à l'heure vous l'avez nommé; ainsi vous n'avez plus hésité à la fin; cependant la nuit porte conseil.

L'ACCUSÉ. J'ai enfin pris mon parti.

M. LE PRÉSIDENT. Parti bien malheureux pour vous, bien malheureux pour votre régiment qui est marqué au front d'une tache éternelle..... pour votre femme, pour vos enfants !

D. Et quelle devait être la marche qu'on aurait suivie ? — R. Un appel au peuple.

D. L'argent que vous avez fait distribuer (6 ou 700 francs) était-il à vous ou au prince ? — R. A moi.

Et que vous avait promis le prince ? — R. Rien. Je ne suis pas de ceux qui se vendent.

D. Le matin aviez-vous vu le prince ? — R. Un officier vint me prévenir qu'il était prêt.

D. Pourquoi avez-vous distribué des cartouches à votre régiment ? — R. Le mouvement pouvait ne pas être unanime, mais une fois le prince reconnu, il prit seul le commandement du régiment.

D. N'avez-vous pas dit, lorsque le prince arriva, qu'une révolution venait d'éclater en France et que le roi n'était plus sur le trône ? et n'avez-vous pas crié : *Vive l'Empereur?* — R. Je n'ai pas dit qu'une révolution *venait d'éclater*, mais *allait éclater*. Je n'ai pas parlé du roi.

D. Vous avez crié : *Vive l'Empereur !* — R. Oui, monsieur.

D. N'était-ce pas proclamer la mort ou la déchéance de Louis-Philippe ?

L'accusé ne fait pas de réponse.

D. Le prince n'a-t-il pas harangué le régiment ? — R. Il lui a dit qu'il avait compté sur le 4e, car c'était le régiment où avait servi l'Empereur, et qui lui ouvrit les portes de Grenoble. Il leur montra alors son aigle.

D. Quand vous êtes arrivé au logement du colonel Leboul, alors que le régiment marchait dans les rues, n'avez-vous pas donné ordre d'arrêter cet officier? — R. Non, monsieur, on était en marche; on ne s'est pas arrêté.

D. Et vous êtes ainsi arrivé à la préfecture? — Oui, monsieur.

D. Et quand vous êtes arrivé chez le général Voirol, que vous a-t-il dit? — R. Il a été fort étonné; il m'a dit qu'il me rendait responsable de tout ce qui arriverait.

D. Et cela ne vous a pas arrêté? — R. Non, monsieur le président, car il y aurait eu alors lâcheté..... Il était d'ailleurs bien inutile, dans ma position, de me dire que j'étais responsable; j'étais naturellement responsable. Le général fut arrêté.

D. Et vous avez persisté dans votre projet? — R. Pouvais-je reculer, monsieur!

D. Quand vos projets ont été déjoués, qui a arrêté le prince? — R. Je me suis rendu moi-même quand j'ai vu que tout était perdu.

D. N'y a-t-il pas eu de sang versé? — R. S'il y en a c'était bien peu de chose : quelques égratignures.

D. N'avez-vous pas envoyé un sous-officier à Mme Gordon quand tout fut perdu? — R. Oui, monsieur; mais elle n'a pas su par moi ce que j'avais prémédité avec le prince : elle n'était pas ma confidente quant au complot.

L'interprète traduit en allemand l'interrogatoire de M. le colonel Vaudrey et les paroles prononcées par M. le président. Après cette traduction, l'accusé Vaudrey se lève :

LE COLONEL VAUDREY. Vous m'avez fait une question sur l'argent que j'avais distribué, c'est-à-dire sur six ou sept cents francs; vous paraissiez croire que cet argent était destiné à corrompre les soldats, ce qui n'est pas supposable; cette somme était trop minime pour que j'eusse osé l'entreprendre. Je pensais que les soldats devant passer la journée en courses, ils n'auraient pas le temps de rentrer à la caserne pour manger la soupe.

Après quelques questions sans grande importance adressées à l'accusé par M. l'avocat général, l'accusé Vaudrey est emmené.

M. LE PRÉSIDENT. Introduisez l'accusé Laity.

Le colonel Vaudrey est emmené hors de la salle et le lieutenant Laity est introduit.

Interrogatoire de Laity.

M. LE PRÉSIDENT. Quels sont ceux de vos co-accusés que vous connaissiez avant la journée du 30 octobre?

LAITY. Je ne connaissais que le colonel Vaudrey et M. de Gricourt.

D. Ne connaissiez-vous pas aussi de Persigny? — R. J'avais eu quelques relations avec lui au mois de juin.

D. A quelle époque avez-vous été initié au complot? — R. Le 25 juillet.

M. LE PRÉSIDENT. Dans l'intérêt de l'honneur et de votre patrie, pouvez-vous dire qui vous a initié au complot?

LAITY, avec fermeté. Dans l'intérêt de l'honneur, je refuse de le dire.

M. LE PRÉSIDENT. Vous devez compte à la justice de ce qui s'est passé. — R. Tout ce que je puis vous dire, c'est que le 26 juillet j'eus connaissance des projets du prince; je crus devoir demander d'abord si ses intentions étaient démocrates et républicaines....

D. Que fut-il répondu? — R. Mes opinions à moi sont démocrates et républicaines; je devais donc m'informer de celles du prince. Sur la réponse qu'on me fit, j'acceptai.

D. Vous avez dû reconnaître votre erreur? — R. Je crois encore que le prince aurait convenu à la France et à l'armée. Il y a eu erreur, et voilà tout.

D. Connaissez-vous les moyens dont on pouvait disposer? — R. Je connaissais l'esprit du régiment du colonel Vaudrey; quant au colonel, c'est le 27 octobre que je sus qu'il appuierait le mouvement. J'en reçus la confidence d'un de mes amis, de celui-là même qui m'a initié au complot.

D. Quel est-il? — R. J'ai déjà refusé de le nommer.... je refuse encore.

D. N'avez-vous pas eu une entrevue avec le prince? — R. Je l'ai vu au mois d'août à Strasbourg. Je puis même fixer la date; c'est le premier ou le deuxième dimanche du mois d'août, après l'arrivée du roi de Naples.

D. Dans quelle maison avez-vous vu le prince?

L'accusé ne répond pas.

M. LE PRÉSIDENT. Quelle est cette maison? — R. Je ne veux pas le dire.

D. Quel fut votre entretien avec le prince? — R. Le prince nous donna lecture des proclamations qu'il avait préparées.

D. Ensuite?

LAITY, avec émotion. Le prince avait les larmes aux yeux: « Depuis vingt ans, nous dit-il, on nous prive de notre patrie.... ne sommes-nous pas Français cependant, Français par le sang, par le cœur.... Vous aussi m'abandonnerez-vous...! » Alors je fis serment de le suivre. Je n'ai pas manqué à mon serment.

M. LE PRÉSIDENT. Vous aviez prêté serment à votre drapeau : ce serment-là, l'avez-vous tenu?

L'accusé ne répond pas.

M. LE PRÉSIDENT. Vous avez entendu hier le capitaine Raindre : vous auriez dû agir comme lui.

L'accusé sourit.

D. Quelles étaient les personnes réunies avec le prince? — R. Quinze officiers environ.

D. Vous refusez de les faire connaître? — R. Bien entendu.

D. C'est une satisfaction que vous devez à la patrie. — — R. Je refuse.

D. Persigny vous a-t-il dit quelle serait la forme de gouvernement adoptée? — R. Celle qui conviendrait le mieux au pays.

D. Qu'aurait-on fait à Strasbourg? — R. On aurait armé la garde nationale, puis on aurait marché sur Paris.

(On sait que la garde nationale de Strasbourg avait été dissoute parce qu'elle avait choisi, dit-on, ses officiers dans le parti républicain.)

D. Comment auriez-vous traité la ville? — R. Je ne sais pas. Je n'étais pas à la tête du complot.

D. Avez-vous entendu parler de l'établissement d'un grand prévôt?—R. Ceci est une erreur de l'accusation. Quand un corps de troupes est en marche, il y a un grand prévôt avec le trésorier. L'accusation avait cru voir que ce grand prévôt était un magistrat chargé de pouvoirs extraordinaires, et qu'on voulait établir des cours prévôtales.

D. Le matin du 30, à quelle heure avez-vous été chez le prince? — R. A quatre heures du matin avec Persigny.

D. N'avez-vous pas hésité avant de vous y rendre?

L'accusé ne répond pas.

M. LE PRÉSIDENT. Vous aviez juré fidélité au roi, à la patrie?

LAITY. A la patrie, oui, mais non à un prince qui la gouverne mal. (Mouvement.)

M. LE PRÉSIDENT, avec bonté. Réfléchissez à ce que vous devez dire, car nous serions obligé de sévir contre vous, et il est à désirer que vous ne nous mettiez point dans ce cas. Soyez calme, et pesez vos expressions. Vous avez une tête ardente, et nous avons quelque indulgence; mais, dans votre intérêt, pesez vos paroles.

LAITY. Eh! je ne....

M. LE PRÉSIDENT, interrompant. Calmez-vous et répondez. Vous êtes allé au quartier d'artillerie? — R. Non, monsieur, je suis allé au quartier des pontonniers.

D. Vous avez distribué de l'argent? — R. Oui, monsieur.

D. D'où le teniez-vous? — R. Une partie m'appartenait; une autre partie m'avait été donnée par le prince qui avait prévu le cas où nous aurions été obligés de fuir.

D. Qu'avez-vous fait au quartier des pontonniers? — R. J'y ai trouvé les officiers: j'ai crié : *Vive l'Empereur!* Mes six compagnies m'ont répondu, et nous nous sommes mis en marche. La moitié de nos hommes m'a quitté sur la place Saint-Étienne.

M. LE PRÉSIDENT: Ainsi vous avouez complétement avoir participé au complot du 30 octobre?

LAITY, avec calme: Oui, monsieur.

Pendant cet interrogatoire, l'accusé a conservé toute son assurance. Sa parole est brève, assurée, mais sans arrogance; son attitude ne cesse pas un moment d'être digne et convenable.

Laity sort de l'audience. On introduit le commandant Parquin.

Interrogatoire de Parquin.

M. LE PRÉSIDENT. Depuis quelle époque connaissez-vous le prince Louis?

LE COMMANDANT PARQUIN. Je l'ai connu en 1822; c'est alors que j'ai épousé Mlle Cochelet, dame d'honneur de la reine Hortense. J'ai acheté en 1824 le château de Wolberg, qui est à cinq minutes de distance du sien, et je l'ai habité jusqu'en 1830; c'est de cette époque que datent surtout mes relations avec le prince. En 1830, je repris du service en France, avec l'autorisation d'habiter mon château.

M. LE PRÉSIDENT. Comment avez-vous pu trahir vos serments?

LE COMMANDANT PARQUIN, avec feu. Il y a trente-trois ans que, comme citoyen et soldat, j'ai prêté serment à Napoléon et à sa dynastie; je ne suis pas comme ce géant diplomate qui en a prêté treize. Le jour où le neveu de Napoléon vint me rappeler celui que j'avais fait à son oncle, je me crus lié, et je me dévouai à lui corps et âme.

Je le répète, les serments que j'ai pu prêter depuis, je ne les ai considérés que comme des serments de forme, et le jour où l'un des héritiers de la dynastie à laquelle j'avais juré fidélité est venu me le rappeler, je ne me suis souvenu que de mon serment de 1804.

M. LE PRÉSIDENT. Il n'est pas ici question de diplomatie ou de diplomate. Celui auquel vous voulez faire allusion est un homme dont les hautes capacités ont rendu de grands services au pays et qui lui ont mérité une grande réputation...

M. PARQUIN. Oh! oh!

M. LE PRÉSIDENT. Je vous engage donc à ne pas vous écarter de votre cause et à vous renfermer, dans votre intérêt, dans une défense calme et raisonnée.

L'accusé explique qu'il a fait trois voyages à Strasbourg, depuis le 10 juin jusqu'en octobre. Le dernier eut lieu le 24 octobre.

M. LE PRÉSIDENT. Vous aviez la confiance du prince; à quelle époque vous fit-il part de ses projets?

M. PARQUIN. La veille de l'exécution. Le samedi, à midi, je vis le prince. « Parquin, me dit-il, j'ai rompu mon ban, je vais arborer l'aigle impériale. J'apporte ici ma tête. Je vais marcher à la tête de la garnison; me suivez-vous? » Je lui répondis : Prince, partout où vous courrez des dangers, je serai près de vous. (Mouvement.)

M. LE PRÉSIDENT. Ainsi, vous avez donné les mains à cette félonie.... Mais vos serments?

M. PARQUIN, s'animant par degrés. Je vous ai déjà dit que j'étais lié par mon premier serment, et je ne crois pas que quatre millions de votes nationaux aient depuis constitué un autre serment. (Mouvements divers, agitation.)

D. A-t-on soupé chez Persigny? — R. Je l'ignore.

D. Dans quelles occupations s'est passée la nuit? Quelles étaient les personnes réunies auprès du prince? — R. Il y avait Gricourt, Querelles, Lombard... Nous nous sommes occupés activement de l'affaire du lendemain; le prince nous dicta des proclamations... Si elles sont ici, vous pouvez les lire.... oui, oui, lisez-les! elles sont admirables, ces proclamations! Il y a là dedans du style de *l'autre*.... Oh! les heures nous semblaient bien lentes.... L'horloge était de plomb.... Elles sont longues, les heures de l'attente... Oui! mille francs! mille francs! Nous les aurions payées mille francs.

M. LE PRÉSIDENT. Pouvez-vous nous rendre compte de ce qui s'est fait en outre? — R. Je puis vous le dire; mais je vous ferai observer que je n'étais pas initié à tous les détails du complot; mon seul rôle était de rester auprès du prince et de mourir à côté de lui. Persigny était l'agent principal du prince.

D. Mais le colonel Vaudrey a dit qu'il n'en était pas ainsi. Il existerait ici une contradiction. — Je ne dis que ce que j'ai lu dans l'instruction.

D. Vous rappelez-vous que le colonel Vaudrey ait annoncé qu'une grande révolution s'était accomplie, et qu'il ait dit que l'empereur allait marcher à leur tête? — R. Il a dit que cette révolution *s'accomplissait*; je ne sais s'il s'est servi du mot *empereur*; je sais seulement qu'après qu'il eut parlé ce furent des cris, dans le régiment, de *Vive l'Empereur!* ma foi, comme je n'en ai pas entendu dans la garde impériale quand j'en faisais partie.... (Vive sensation; l'accusé paraît dans un grand état d'exaltation.) Oh! c'est que ça allait bien; ils criaient *Vive l'Empereur* comme je n'ai jamais entendu crier dans nos beaux jours....

M. LE PRÉSIDENT. Que fîtes-vous ensuite?

M. PARQUIN. Nous allâmes chez le général Voirol, qui selon le prince, ne devait pas se mettre à la tête du mouvement, mais se laisser enlever. Le général Voirol refusa de lui obéir. Le prince me dit alors: « Parquin, il faut nous assurer du général. » Et je me chargeai de sa garde. Le général parut alors à sa porte, et cria: « Soldats! on vous trompe. » Je répondis par le cri de *Vive l'Empereur!* Il fut obligé de se retirer; il s'échappa ensuite. Je me rendis à la Finckmatt où je fus arrêté. On sait tout ce qui se passa alors; je n'ai plus rien à vous dire, cela vous regarde. Cependant je vous demanderai la permission de faire une observation.

« On m'a fait ignoblement dire, dans la procédure, au

moment où l'on m'a arrêté moi-même : « Ne m'arrêtez pas; laissez-moi fuir ! » J'ai dit : « Arrêtez-moi; mais ne m'assassinez pas ! » J'ai porté les mains en avant, et mon sang a coulé ; je puis en montrer encore des traces.... » (L'accusé présente à la Cour son gant encore ensanglanté.)

M. LE PRÉSIDENT. Mais le sang de la France....

M. PARQUIN. Je parle de mon sang, à moi.

(L'interprète traduit avec tout le flegme alsacien les réponses si pleines de chaleur du commandant Parquin).

Le commandant Parquin se retire, et le lieutenant de Querelles est introduit.

Interrogatoire de de Querelles.

M. LE PRÉSIDENT. Comment avez-vous été initié au complot? — R. J'habitais Nancy; je vis M. de Gricourt qui me dit qu'il faisait partie d'un complot, et qui me proposa de m'y associer. Il se confia ainsi à moi parce qu'il savait bien que je n'aurais pas l'infamie d'abuser de sa confiance. J'acceptai instantanément.

D. Sur quelles bases aviez-vous placé l'espoir de la réussite, vous et les autres adhérents? — R. D'abord sur le mécontentement général qui règne évidemment dans tous les corps de l'armée (mouvement); et puis sur l'effet que produirait la vue du prince sur l'esprit du soldat.

D. Vous a-t-on donné des noms d'officiers supérieurs? Pouviez-vous compter sur des partisans influents? — R. Pas positivement; cependant on nous avait promis le concours d'officiers supérieurs.

D. Mais votre jeunesse vous égarait, vous auriez dû réfléchir que votre patrie allait être plongée dans l'anarchie? — R. Ce que vous me dites là n'est pas encore bien prouvé.

D. Mais vous n'avez pas dû connaître l'empereur, vous êtes trop jeune pour cela; comment donc son neveu pouvait-il vous inspirer tant d'admiration? — R. J'avais entendu parler de lui, je le vis moi-même et le reconnus pour un brave et digne jeune homme, qui méritait tout l'intérêt qu'on lui portait parmi nous.

D. Vous vous êtes adressé à un sculpteur pour avoir une aigle impériale. — R. Oui, mais je parvins à me procurer celle qui avait appartenu au 7e de ligne, au régiment de Labédoyère. (Mouvement.)

D. Pourquoi Persigny a-t-il quitté la résidence de Nancy pour celle de Strasbourg? — R. Je l'ignore.

D. Et vous persistez à dire que c'était dans l'intérêt du complot que vous êtes venu à Nancy? — R. Oui, monsieur.

D. Avait-on pris un jour pour l'exécution du complot, après avoir vu à Nancy Gricourt et Persigny? N'avait-on pas, par exemple, choisi le 15 août, jour de la fête de l'empereur? — R. Non.

D. A Strasbourg, vous avez fait en quelques jours une dépense très-forte : vingt-neuf francs par jour, terme moyen. N'avez-vous pas cherché, par des invitations à dîner fréquentes, adressées à vos camarades, à vous concilier leur esprit? — R. Je n'ai pas besoin de les inviter à dîner pour en être aimé.

M. LE PRÉSIDENT. Sans doute, mais ce pouvait être un moyen de vous lier davantage avec eux, et de les préparer à recevoir vos confidences plus favorablement. Persigny vous a écrit une lettre signée Desrousseaux? — R. Oui, monsieur.

D. C'était pour vous appeler à Strasbourg? — R. Oui, monsieur.

D. Quand vous êtes arrivé à Strasbourg, Persigny ne vous a-t-il pas dit que le colonel Vaudrey serait avec vous? — R. Oui, mais le 28, et même le 29 au soir, nous n'étions pas bien sûrs que le colonel Vaudrey voudrait faire la démarche qu'il a faite.

D. Que vous dit le prince? — R. Il me donna la main, et me fit même l'honneur de m'embrasser. (Sourires dans l'auditoire.)

D. Le 29 a-t-on fait un souper chez le prince? — R. Nous avons dîné à la *Maison-Rouge*, Gricourt et moi : le prince a dîné fort tard avec un peu de poulet, je crois.

D. N'aviez-vous pas détaché les poids qui servent à fermer la porte, afin que le bruit des grelots ne vous trahît pas, à cause du grand nombre d'individus qui se rendaient chez vous. — R. Je ne sais pas.

D. Quelles séductions a-t-on employées auprès de vous?

L'ACCUSÉ, avec chaleur. On ne m'avait rien promis, et certainement nous n'aurions pas vendu notre épée....Jamais! Il m'était permis de penser que je pourrais plus facilement me faire tuer à la guerre ou obtenir loyalement de l'avancement. Mais on ne nous avait rien promis.

D. Vous avez dit à quelqu'un : J'étais lieutenant ce matin; je serai chef de bataillon ce soir. — R. J'en portais en effet les insignes; mais cette épaulette n'était pas ce qui me faisait agir.

D. N'avez-vous pas dit à quelqu'un : Voilà le champ de l'honneur; c'est là qu'est la gloire? — R. Je ne me rappelle pas ce que j'ai dit : dans ces moments-là, voyez-vous, on ne va pas chercher ses mots, et ce qu'on a dit on l'oublie bien vite. Il n'y a que le fond qui reste; mais j'ai fait tout ce que j'ai pu pour entraîner le plus de monde possible. (Agitation.)

M. LE PRÉSIDENT. Vous pouvez vous retirer.

M. de Querelles s'approche de son défenseur, Me Martin. Les gendarmes paraissent vouloir s'y opposer. M. de Querelles les repousse doucement en s'adressant du geste à M. le président.

M. LE PRÉSIDENT. Laissez l'accusé communiquer avec son défenseur.

M. de Querelles s'assied derrière Me Martin et cause avec lui en souriant.

M. ROSSÉE, procureur général, à de Querelles. Que signifie cette lettre adressée par vous à Persigny, dans laquelle on lit *le colonel V.?*

L'ACCUSÉ. Je savais en effet que le colonel Vaudrey devait faire partie du mouvement, mais je n'avais sur ce point, lorsque cette lettre fut écrite, aucune donnée certaine.

Il est une heure et demie, l'audience est suspendue.

A deux heures, la Cour rentre en séance. M. le président annonce que l'audience est reprise.

Plusieurs jurés font observer que M. Dyl, l'un d'eux, est absent. On se dispose à envoyer chercher ce juré à son domicile, lorsque M. Dyl entre dans la salle : il va reprendre sa place et l'audience continue.

M. LE PRÉSIDENT. Faites entrer l'accusé Gricourt.

M. de Gricourt est introduit.

Interrogatoire de de Gricourt.

M. LE PRÉSIDENT. Accusé de Gricourt, à quelle époque êtes-vous entré en relation avec le prince Louis Bonaparte, et comment l'avez-vous connu?

L'ACCUSÉ. L'été dernier, j'étais allé aux eaux de Bade où

l'on me proposa de voir la reine Hortense. J'en avais le plus grand désir, et j'acceptai avec joie. Elle me reçut parfaitement. Du château du commandant Parquin où j'étais descendu, nous allions très-souvent chez le prince, et chez sa mère que ma famille avait beaucoup connue autrefois. Il y a même parenté par alliance entre ma famille et celle du prince. D'autres motifs de relations existaient encore : la terre de Saint-Leu avait été vendue à la reine Hortense par ma grand'mère.

D. A quelle époque le prince vous fit-il part de ses projets? — R. C'est ce que je ne puis vous dire, parce que ça ne me regarde pas seul.

D. Vous aviez beaucoup d'attachement pour le prince? — R. Oui, le prince était très-bon. Il aimait la France qui n'avait jamais cessé d'être son pays. Mon affection pour lui était justifiée à tous égards.

D. Vous avez initié M. de Querelles dans le complot? — R. Cela est vrai.

D. Avez-vous dit à M. de Querelles quels étaient les régiments sur lesquels on comptait le plus? — R. Je lui ai parlé assez vaguement de nos projets, car je ne savais pas moi-même quels seraient positivement nos moyens d'exécution. Je me souviens que je ne lui ai pas dit le nom des officiers qui devaient nous aider; M. de Querelles était trop discret pour insister.

D. Quand avez-vous connu M. de Bruc? — R. Je le connais depuis quatre ans au moins; jamais je ne lui ai parlé du complot; son opinion ne doit laisser supposer aucune participation de sa part.

D. Saviez-vous quels rapports existaient entre de Bruc et Persigny? — R. J'ai su qu'ils avaient eu des relations ensemble pour une expédition que M. de Bruc voulait tenter à Tripoli, et pour laquelle il avait réalisé une somme considérable; car l'accusation a calomnié M. de Bruc, qui appartient à une riche et noble famille; elle l'a représenté comme dénué de tout et pressé par un vif intérêt d'argent, tandis que sa position est brillante et qu'il est homme d'honneur et de désintéressement.

D. Combien de temps avez-vous passé à Nancy? — R. Deux mois, je crois.

D. Vous y êtes arrivé dans votre voiture? — R. Non, en diligence; mais j'ai acheté un cheval à Nancy.

D. Vous étiez à Nancy pour attirer des adhérents au prince

qui avait placé en vous sa confiance? — R. J'avais toute la confiance du prince, mais je n'étais pas le dépositaire de tous ses secrets.

D. Vous avez voulu vous procurer un aigle; par quel moyen avez-vous essayé d'y parvenir, à qui vous êtes-vous adressé? — R. Monsieur le président, pour ce qui m'est personnel je répondrai, mais ici je dois me taire de peur de compromettre d'autres personnes.

D. Avez-vous vu Mme Gordon à Strasbourg ? — R. J'ai eu l'honneur de me trouver à côté d'elle une fois à table d'hôte.

D. L'avez-vous vue à Bade avec le prince? — R. Je crois l'avoir vue dans le même salon que le prince. Je me rappelle que le jour même où j'ai dîné à côté de Mme Gordon, elle devait chanter le soir.

D. Vous avez demeuré chez M. Bohrer, restaurateur, rue Brûlée ? — R. Oui, monsieur.

D. Avez-vous annoncé au prince, à Bade, que vous aviez fait un nouvel adhérent dans la personne de M. de Querelles? — R. Je ne répondrai pas à cette question, monsieur le président; elle ne m'est pas personnelle.

D. Savez-vous si le prince a été à Strasbourg au mois d'août ? — R. Je ne sais pas.

D. Le prince vous a-t-il prévenu de son arrivée à Strasbourg ? — Oui, monsieur, et depuis lors je ne l'ai pas quitté, je conviens de tout.

D. Ainsi vous convenez avoir marché avec le prince? — Oui, monsieur, j'ai toujours marché à ses côtés.

D. Avoir tenu l'aigle impériale? — Oui, monsieur, certainement.

D. Avoir marché à la caserne de Finckmatt, sabre en main, et enfin n'avoir cédé qu'à la force? — R. Cela est vrai, monsieur, je vous répète que je conviens de tout.

L'interprète traduit verbalement les demandes et les réponses de cet interrogatoire.

M. le président se dispose à procéder à l'interrogatoire de la dame Gordon. (Mouvement général de curiosité.)

Interrogatoire de Mme Gordon.

M. LE PRÉSIDENT : Quand avez-vous connu Persigny ?

LA DAME GORDON. À Bade.

D. Vous logiez à la *Ville-de-Paris*, vous avez dû y voir de Gricourt et Persigny ? — Je les ai vus, mais je n'avais avec eux aucune relation.

D. Vous connaissiez de Querelles ? — Nullement. M. de Querelles n'a jamais dîné à table d'hôte où j'aurais pu avoir occasion de le voir.

D. N'a-t-il pas été question entre vous et Persigny des projets de complot ? — R. Jamais.

D. En quittant Bade où êtes-vous allée ? — R. A Paris.

D. Vous avez donné votre adresse à Persigny ? — R. Non, monsieur.

D. Et en arrivant à Paris, n'avez-vous pas vu M. de Gricourt ? — R. Oui, monsieur.

D. Si vos relations avec Persigny ont été aussi vagues que vous le prétendez, comment se fait-il qu'il vous ait écrit une lettre que M. de Bruc devait vous remettre ? — R. Je l'ignore.

M. LE PROCUREUR GÉNÉRAL. Voici cette lettre.

M. le procureur général donne lecture de cette lettre écrite dans des termes qui annoncent une grande intimité.

Persigny qui a signé cette lettre du nom de *Géant* recommande à l'accusée de *s'occuper de leur fabrique.*

LA DAME GORDON. Cette lettre n'a jamais été remise.

M. LE PRÉSIDENT. Où avez-vous connu le colonel Vaudrey ? — R. Chez le général Voirol.

D. Comment le jour du complot, après avoir fui de chez le colonel Vaudrey, allez-vous chez Persigny, où l'on vous retrouve détruisant des papiers qui se rattachaient au complot ? — J'avais vu passer M. de Persigny au désespoir, je l'accompagnai chez lui ; et là, je l'avoue, je l'aidai à brûler des papiers ; mais jamais auparavant je n'entrai dans son domicile.

D. Chez Persigny vous avez été prendre dans un tiroir une ceinture et un passe-port ? — Cela n'est pas.

D. Vous l'avez reconnu dans un interrogatoire. — R. Jamais, monsieur.

M. ROSSÉE. Il n'y a pas eu d'aveu, en effet, mais on a saisi chez l'accusée un carnet où étaient écrits ces mots : *Prendre dans la commode une ceinture et un passe-port.* On a cherché dans cette commode, chez Persigny, et on n'a pas trouvé la ceinture et le passe-port. On en a conclu que l'accusée les y avait pris.

M. LE PRÉSIDENT. Vous étiez très-liée avec le colonel Vaudrey ? — R. Non, monsieur. (Chuchotements.)

M. LE PRÉSIDENT. Prenez garde ; car le colonel Vaudrey a avoué qu'il avait eu avec vous des relations qui étaient devenues de jour en jour plus intimes. (L'accusée garde le silence.) A Bade, vous avez logé avec le colonel Vaudrey. — R. Je l'ai vu à Bade, mais j'avais pris un logement pour moi seulement et ma femme de chambre.

D. A Dijon, vous logiez au *Chapeau-Rouge*. Vous avez reçu du colonel une lettre qui vous a causé une vive émotion ? — R. Non, monsieur.

D. En revenant à Strasbourg, vous êtes-vous arrêtée en route ? — Oui, à Colmar. J'étais indisposée et j'ai été obligée de m'arrêter, bien que j'aime à aller vite en voyage.

D. Vous êtes cependant allée ailleurs, selon le colonel Vaudrey. — R. Oui, monsieur, nous sommes allés à Neuf-Brisack, ou Vieux-Brisack, je ne sais pas bien.

D. Vous êtes allés aussi à Fribourg. Or, dans une pareille saison et indisposés tous deux, on ne comprend pas un voyage d'agrément. Vous prétendez que vos relations avec le colonel Vaudrey n'étaient point intimes ; cependant il est constant que vous avez logé dans son appartement. (Une assez vive rougeur couvre les joues de la dame Gordon.) — R. Par suite d'un accident de voyage, je m'étais démis l'épaule ; je souffrais beaucoup. Deux chirurgiens étaient presque constamment près de moi pour me soigner. Il me semble que ce sont là des circonstances qui me justifient suffisamment contre les apparences. (Chuchotements.)

D. Avez-vous connu M. de Bruc ? — Non, monsieur.

D. Le matin de l'exécution du complot, en voyant partir le colonel Vaudrey, ne lui avez-vous pas dit : « Dieu vous bénisse ? » — R. J'ai pu lui dire cela ; je ne connaissais pas ses projets ; mais en le voyant sortir sitôt, et par certaines circonstances, j'avais pu certainement en deviner quelque chose ; j'ai pu faire des vœux pour sa sûreté.

M. L'AVOCAT GÉNÉRAL ROSSÉE. Madame, n'avez-vous pas

fait plusieurs voyages de Bade à Strasbourg? — Non, monsieur, un seul.

D. Où êtes-vous descendue ici? — R. Je n'ai logé nulle part; je suis repartie le même jour pour Bade.

D. Cependant le colonel Vaudrey a dit que vous étiez descendue chez lui? — R. Le colonel s'est trompé.

M. le président n'adresse pas d'autres questions à la dame Gordon. Cette accusée a soutenu son interrogatoire avec beaucoup de présence d'esprit.

Interrogatoire de de Bruc.

M. LE PRÉSIDENT. Accusé de Bruc, levez-vous.

L'ACCUSÉ DE BRUC, avec véhémence. Monsieur le président, je dois déclarer avant tout que ce que dit l'acte d'accusation sur mes relations d'intérêt avec le prince est rempli de faussetés....

M. LE PRÉSIDENT. Calmez-vous, et modérez vos expressions. La justice ne dit point de faussetés; la justice ne cherche que la vérité.

M. DE BRUC. Mais moi qui ne connais pas toutes ces formalités-là, je ne peux pas vous dire autre chose si ce n'est que c'est faux. Je n'ai vu qu'une fois le prince en ma vie, à Aarau, et pour le consulter sur une affaire d'intérêt; et si je le voyais je ne le reconnaîtrais peut-être pas. Il est en route pour les États-Unis, et il ne manquera pas d'écrire la vérité. Je ne l'ai vu qu'à Aarau, une seule minute, le temps de changer de chevaux.

D. Il ne vous a point dit ses projets? — R. Non.

D. Vous connaissez Persigny? — R. Il y a un an et demi, deux ans que je le connais.

D. N'étiez-vous pas à Strasbourg en septembre? — Oui, monsieur.

D. Quelles étaient vos relations d'intérêts avec Persigny? — Elles se rattachent à une expédition sur Tripoli.

D. Vous avez d'abord nié connaître Persigny? — J'ai été arrêté à Genève, d'abord pour un passe-port raturé; j'ai été interrogé, et comme on m'a demandé si je connaissais Persigny, j'ai deviné qu'on voulait me comprendre dans l'affaire de Strasbourg, et j'ai d'abord nié cette liaison avec Persigny, pour m'éviter des embarras.

D. Pourquoi ce passe-port était-il raturé? — R. Parce qu'il était suranné et que je voulais prolonger mon congé.

AUDIENCE DU 9 JANVIER.

La foule qui se presse pour assister aux débats de ce procès est plus considérable encore qu'aux dernières audiences. Au moment de l'ouverture des portes, l'encombrement est tel, que la troupe est forcée de repousser violemment les flots de curieux qui menacent d'envahir la salle.

L'audience est ouverte à dix heures.

M. le président résume les interrogatoires subis à la dernière audience par les accusés. Ce résumé est traduit en langue allemande par l'interprète.

M. LE PRÉSIDENT. Appelez un témoin.

M. L'AVOCAT GÉNÉRAL. Nous avons une question à adresser à la dame Gordon. Accusée Gordon, la procédure contient une lettre que le colonel Vaudrey vous a adressée à Dijon. Dans cette lettre, le colonel vous dit que quand le moment d'agir sera venu, il ne sera pas le dernier; dans un autre endroit, il dit qu'il n'est pas homme à céder à des menaces. Le colonel a déclaré que ces paroles avaient trait à une affaire particulière. Pourriez-vous dire quelle était cette affaire?

LA DAME GORDON. Cela n'avait aucun rapport au complot; il s'agissait de quelque chose qui nous était tout personnel.

M. L'AVOCAT GÉNÉRAL. Mais ce mot de *menaces*, à quoi pouvait-il s'appliquer?

LA DAME GARDON. Je répète que cela avait rapport à des affaires tout à fait étrangères au débat.

On introduit M. de Geslin, témoin assigné. M. de Geslin, appelé samedi, n'avait pas comparu.

M. LE PRÉSIDENT. M. de Geslin, pourquoi ne vous êtes-vous pas présenté samedi?

M. DE GESLIN. C'est la faute de la voiture, qui est restée quatre jours et demie en route au lieu de trois, par le mauvais temps.

Sur les conclusions du procureur général, la Cour relève le témoin de l'amende prononcée contre lui.

M. le président adresse au témoin les questions d'usage. Il déclare se nommer Edouard de Geslin, propriétaire, né à Saint-Brieuc, et demeurer n° 3, rue de l'Echiquier, à Paris.

Je connais, dit-il, MM. de Gricourt et de Bruc. Lorsqu'on est venu chez moi pour prendre mes papiers, le 5 novembre, j'avais des lettres de MM. de Bruc et de Persigny, lettres fort insignifiantes. Le lendemain on vint m'arrêter moi-même; le juge d'instruction, M. Legonidec, me questionna sur ces lettres; je lui donnai des explications qui lui parurent satisfaisantes. M. de Gricourt ne m'a parlé de rien. M. de Persigny, en présence de M. de Gricourt, il est vrai, m'a fait des propositions quand je l'ai vu dans le grand-duché de Bade. Les lettres trouvées chez moi ne pouvaient compromettre en rien M. de Gricourt.

D. Que vous proposa Persigny? — R. Tu seras général, me dit-il, et l'argent ne te manquera pas.

M. LE PRÉSIDENT. C'était en effet un fort bel avancement.

LE TÉMOIN. Je sers depuis l'an IX de la République, et je ne suis que capitaine. Cet avancement eût été pure justice.

M. LE PRÉSIDENT. Je ne dis pas le contraire. (On rit.)

LE TÉMOIN. Au reste, j'ignore pourquoi vous faites cette observation, puisque je n'ai pas accepté le grade qu'on m'offrait.

M. LE PRÉSIDENT. Ainsi vous persistez à dire que M. de Persigny, en présence de Gricourt, vous a fait la proposition d'entrer dans un complot qui aurait pour but de placer Napoléon II sur le trône, et qu'on vous aurait promis le grade de général?

LE TÉMOIN. Oui, mais M. de Gricourt ne m'a parlé de rien.

M. LE PRÉSIDENT. Accusé de Gricourt, qu'avez-vous à dire sur cette déposition? — R. Rien. J'avais déclaré n'avoir parlé de rien à M. de Geslin, il vient de faire la même déclaration.

D. Mais vous étiez présent à la proposition qui lui fut faite.

M. DE GESLIN, vivement. M. de Gricourt était présent, mais Persigny m'entraîna à l'écart pour me faire cette confidence.

M. LE PRÉSIDENT. Vous aviez cependant incriminé M. de Gricourt dans votre premier interrogatoire.

M. DE GESLIN. M. de Gricourt ne m'a jamais rien proposé, et je n'ai pu dire pareille chose. Je ne connais que la vérité et rien ne m'empêchera de la dire. (Sensation dans l'auditoire.)

Le colonel Eggerlé est appelé; il est absent.

M. LE PRÉSIDENT. Nous allons passer aux faits particuliers.

On appelle le témoin Bachlé.

Le témoin, qui dépose en allemand, est sommelier à Fribourg; il connaît M. de Gricourt, Mme Gordon et Persigny. M. de Gricourt est venu loger à l'hôtel Zachringue sous le nom de Manuel; le lendemain il alla au Val d'Enfer, Mme Gordon arriva aussi avec un monsieur portant le nom de Cessay, et passa, en arrivant, un quart d'heure dans la chambre de Manuel. Le lendemain M. Cessay et Mme Gordon partirent.

(On verra par la suite des débats que ce nom de *Manuel* s'applique suivant ceux-ci à Persigny, et suivant ceux-là à une autre personne.)

M. LE PRÉSIDENT. Est-il certain que le 25 octobre au soir, la dame Gordon, après avoir été avertie que Manuel était dans une chambre de l'hôtel, soit descendue pour communiquer avec lui?

LE TÉMOIN. C'est moi-même qui spontanément ai parlé de Manuel à madame; elle ne m'en avait pas parlé elle-même; mais je savais qu'elle avait eu déjà plusieurs entrevues avec lui à Bade.

Le colonel Vaudrey, interpellé, ne nie pas que ce fût lui qui accompagnait Mme Gordon; seulement il répète que ce voyage était de pur agrément.

M. LE PRÉSIDENT, à Mme Gordon : Avez-vous quelque chose à faire observer sur les termes de cette déposition?

Mme GORDON. Le témoin se trompe; il ne m'a nullement parlé de M. Manuel; il ne se serait pas permis de me dire de descendre dans la chambre d'un homme qui était déjà couché; je n'ai jamais connu M. de Gricourt sous le nom de Manuel. Je suis sortie un instant de chez moi pour prendre un bouillon; je suis allée ensuite voir le colonel, et enfin je suis rentrée.

M. le président adresse en allemand quelques questions au témoin qui répond; l'interprète dit en français: « Le témoin persiste à dire que ce qu'il a déjà déposé est l'exacte vérité. »

Mme Gordon persiste de son côté dans ses dénégations.

M. L'ASSESSEUR MOERLEN, vice-président du Tribunal. Je

désire savoir si M. et Mme de Cessay n'ont pas logé dans la même chambre?

LE TÉMOIN. Madame occupait le n° 18, et le colonel le n° 19.

GRICOURT. Le témoin a déclaré m'avoir vu à Fribourg; il se trompe complétement; j'ai passé les derniers jours du mois d'octobre à Strasbourg, et je ne pouvais être à Fribourg le 25.

M. LE PRÉSIDENT. Que le témoin recueille ses souvenirs.

LE TÉMOIN. Gricourt est bien le même que Manuel, et je ne le connaissais que sous ce nom.

GRICOURT. Je dois même dire que quand je dînais à Bade chez Chabert, le témoin était garçon de l'hôtel, et me servait. Il doit se rappeler qu'il était notamment chargé de mettre de côté les bouteilles que j'entamais et sur lesquelles était mon étiquette.

LE TÉMOIN. Cela est vrai.

M. LE PRÉSIDENT. Témoin, est-ce le même individu qui a pris une voiture de louage à l'hôtel pour aller au *Val-d'Enfer?*

LE TÉMOIN. Oui, c'est le même.

M. LE PRÉSIDENT. Il est donc bien difficile que le témoin se trompe sur l'identité de Manuel avec Gricourt.

GRICOURT. Je n'ai pas quitté Strasbourg à cette époque.

LAITY. Je puis certifier que, le 26, Gricourt était à Strasbourg.

M. LE PRÉSIDENT . Cela est bien possible, mais ne prouve pas qu'il n'ait pu être à Fribourg le 26 au matin.

M. GÉRARD, procureur du roi. Pardon, monsieur le président, mais l'instruction établit que le 26 à midi Gricourt était encore à Fribourg.

M. LE PRÉSIDENT. Et M. de Bruc, quand était-il à Fribourg?

M. DE BRUC. J'y étais le 29 au matin; j'en suis parti le 29 au soir.

M. GÉRARD. Quand le témoin était à Bade, a-t-il connu Persigny?

— R. Non.

M. F. BARROT. Voilà une déposition qui doit embarrasser l'accusation plus que nous; car jusqu'ici elle avait soutenu avec persistance et avec raison que c'était Persigny qui avait été à Fribourg et non Gricourt. Je prie M. le président de vouloir bien faire donner lecture de la déposition faite par le témoin devant le bailli de son canton; il y a un signalement qui dit : Manuel avait des cheveux noirs et des moustaches noires, et M. de Gricourt est très-blond ; ce n'est donc pas lui.

On lit la déposition tout entière. Le signalement du jeune homme que le témoin désigne est ainsi conçu : « L'homme était grand ; il portait des moustaches et des favoris noirs. » (Gricourt est petit et blond.)

LE TÉMOIN. Je persiste à dire que je n'ai connu qu'aujourd'hui l'accusé sous le nom de Gricourt.

L'aubergiste de l'hôtel de Fribourg, Allemand, dépose en allemand :

« Je reconnais M. et Mme de Cessay (le colonel Vaudrey et Mme Gordon). Le 25 octobre, un monsieur et une dame se présentèrent et repartirent le lendemain. A dix heures se présenta un M. Bayard, chef de bataillon de Paris, qui resta jusqu'au lendemain (M. de Bruc). Avant l'arrivée de M. et Mme de Cessay, vint un monsieur de vingt-trois à vingt-huit ans qui alla se promener au *Val-d'Enfer*, s'amusant à faire rouler des pierres du haut des montagnes. L'autre monsieur alla au spectacle le soir.

M. LE PRÉSIDENT. Le M. Bayard de Paris n'est-il pas M. de Bruc ?

— R. Je ne l'ai vu qu'en passant.

D. Et M. de Gricourt, le reconnaissez-vous ? — R. C'est peut-être lui, mais je l'ai vu également bien peu.

D. Colonel, avez-vous quelque chose à dire ? — R. Rien.

D. Et vous, madame Gordon ? — R. Rien non plus.

D. Prévenu de Bruc, d'où vient que vous alliez au spectacle, ayant les bras cassés, comme vous l'avez dit, ou au moins foulés ?

— R. Je ne souffrais pas assez pour garder la chambre. Au reste tout ça ne fait rien à l'affaire, il me semble.

M. LE PRÉSIDENT. Le témoin a dit que c'était le lendemain de l'arrivée de M. et Mme de Cessay qu'était arrivé M. de Bruc. Ceci n'est-il point une erreur du registre d'inscription ?

LE TÉMOIN. J'ai déposé mon registre, où les dates sont consignées.

M. LE PRÉSIDENT : De Bruc, il y a eu beaucoup de contradictions entre vos interrogatoires et vos lettres ; vous annonciez à Persigny que vous aviez les bras cassés ; vous dites aussi que vous étiez à Fribourg avec le général Contreglise, et le général n'était pas avec vous ?

DE BRUC. C'est vrai, mais j'étais avec une autre personne que je ne peux nommer.

Schinckler (Philippe), âgé de vingt-deux ans, sommelier dans la même auberge, dépose des mêmes faits que les deux précédents : un monsieur qu'il ne connaît pas arriva à Fribourg, suivi d'un domestique, et se fit préparer de l'eau sucrée. Il commanda une voiture pour le lendemain matin, et trois chevaux de poste. Le lendemain il partit. C'était, sauf erreur du témoin, dans la nuit du 28 au 29.

M. LE PRÉSIDENT. D'après l'accusation, ce serait dans la nuit du 25. (Il s'agirait du prince Louis Bonaparte.)

M. L'AVOCAT-GÉNÉRAL. Le témoin peut-il nous dire à quelle auberge est descendu ce monsieur? — R. A l'auberge de *l'Homme sauvage*.

Le colonel d'artillerie en retraite, Eggerlé, est présent, il est entendu :

« J'ai connu Vaudrey, qui est un de mes anciens camarades: je l'ai rencontré à Bade, le samedi, 31 juillet ou le samedi suivant, 7 août : c'était au bal. Le prince Napoléon survint ; et je lui nommai le colonel Vaudrey, comme c'est mon habitude, quand un tiers survient.

Me BARROT. Ainsi, cette rencontre de M. de Vaudrey avec le prince Napoléon était tout à fait fortuite.

LE TÉMOIN. Oh! tout à fait.

Diemer, hôtelier à *la Ville de Paris*, à Strasbourg, reconnaît M. Parquin, Mme Gordon, M. de Gricourt, M. de Persigny et M. de Bruc. Ils ont logé chez lui, il ne sait pas bien à quelle époque.

Le témoin se dispose à consulter des notes.

M. LE PRÉSIDENT. Vous devez déposer de mémoire et sans aucun secours étranger.

M. DE GRICOURT. J'en conviens, je reconnais que j'ai logé à l'hôtel de *la Ville de Paris*.

D. Et dans l'intention de trouver des adhérents au prince.

DE GRICOURT. Je n'ai pas dit cela. Mais je le veux bien, si vous le voulez.

M. L'AVOCAT-GÉNÉRAL. On ne vous demande pas une déclaration de complaisance.

DE GRICOURT. Je suis venu dans l'intention de rendre au prince tous les services que je pourrais.

M. LE PRÉSIDENT. Madame Gordon, vous convenez d'avoir logé à cet hôtel le 15 juillet, et d'y être restée quinze jours? — R. Oui, monsieur.

M. LE PRÉSIDENT, au témoin. Avez-vous encore les comptes de ces messieurs? — R. Oui, monsieur.

M. LE PRÉSIDENT. MM. de Gricourt et de Persigny ont dû dépenser, du 15 au 20, une somme de quatre cents et quelques francs, avant même que M. de Querelles n'arrivât.

LE TÉMOIN. Cela se peut, mais il ne faut pas faire beaucoup d'*extra* à l'hôtel pour arriver à cette somme. (On rit.)

M. LE PRÉSIDENT. Je ne prétends pas dire que vous surfaites.... (On rit encore.)

M. DIEMER, sérieusement. D'ailleurs cela ne regarderait personne.

Martin, âgé de vingt-cinq ans, sommelier à *la Ville de Paris*, dépose des mêmes faits.

M. LE PRÉSIDENT. Mme Gordon dînait-elle avec ces messieurs?

R. Non, elle dînait à table d'hôte.

JACQUES OFFACHER, propriétaire à Strasbourg. Dans le courant de septembre dernier, un jeune homme que j'ai connu sous le nom de Manuel a logé chez moi. Il était maladif. Ce M. Manuel ne recevait pas de fréquentes visites, du moins à ce que je crois.

D. Avait-il une correspondance suivie? — R. Les facteurs venaient dans la maison, mais pas trop souvent.

M. LE PRÉSIDENT. Gricourt, avez-vous été chez Manuel, c'est-à-dire chez M. de Persigny, dans son logement?

R. Oui, monsieur.

MM. de Querelles et Parquin avouent avoir connu également ce logement où ils allaient. C'est dans ce logement que se tint le conciliabule présidé par le prince.

Mme Gordon déclare aussi qu'elle alla dans cette maison le 30 octobre, au matin.

LE TÉMOIN. M. de Persigny occupait une pièce donnant sur le quai; il lui était facile de se sauver.

D. Vous n'avez pas su que le prince était chez vous le 29? — R. Non, monsieur.

D. Manuel vous payait-il en mains propres le prix du loyer? — R. Non, c'était à ma femme.

Joseph Bohrer, restaurateur, rue Brûlée, à Strasbourg, connaît le comte de Gricourt; il a logé chez lui en juin.

CHRISTINE RUTSHMAN, couturière à Strasbourg. A l'époque où M. Manuel occupa une chambre chez M. Offacher, rue de la Fontaine, je fis la chambre de M. Manuel; il était indisposé et prenait des bains. J'ai vu venir un monsieur que je ne connaissais pas. M. de Querelles a déjà avoué que c'était lui, pendant l'instruction.

M. le président revient sur le voyage de M. de Bruc à Aarau.

M. de Bruc répète les mêmes particularités sur son entrevue de dix minutes avec le prince.

M. L'AVOCAT GÉNÉRAL. Comment le prince a-t-il su que vous arriviez? — R. Il avait été averti par un officier du poste français, et puis Persigny, je crois, lui avait écrit. Je passai le 10 octobre à Bade en revenant d'Aarau.

M. GÉRARD, procureur du roi. Vous avez dit que c'était le 10 septembre. — R. Non, je n'ai pas dit cela.

M. LE PRÉSIDENT. Le témoin peut-il nous donner le signalement de Persigny? — R. C'était un homme très-maigre, teint pâle, moustaches et cheveux noirs, mais les moustaches moins foncées que les cheveux.

M. LE PRÉSIDENT. Que le témoin regarde M. de Gricourt. Pourrait-on confondre M. de Gricourt et M. de Persigny? — R. Oh! non.

DE GRICOURT. Au contraire, on nous a souvent confondus à Strasbourg, et souvent on venait me souhaiter le bonjour en m'appelant Persigny.

LE TÉMOIN. Je ne crois pas qu'il eût été facile de se tromper.

Schlopper (Louis), de Soleure, sommelier à *l'Ange*, auberge de Colmar, dépose : Le 25 octobre, M. Vaudrey et Mme Gordon sont passés à Colmar; ils sont descendus à une heure et demie à l'auberge; ils y ont dîné, ont pris une voiture pour aller promener le long du Rhin, à Vieux-Brisach, et de Vieux-Brisach à Fribourg. Ils sont revenus le lendemain, et sont partis définitivement à neuf heures du soir. Avant d'aller à Vieux-Brisach, le colonel n'avait pas réglé la dépense.

Cross, cocher, a conduit les deux voyageurs. « Je les conduisis jusqu'au Rhin; ce monsieur m'a dit d'éviter New-Brisach.

M. LE PRÉSIDENT. Monsieur Vaudrey, vous aviez déclaré que vous n'aviez pas fait cette recommandation?

LE COLONEL VAUDREY. Je ne me souviens pas de cette circonstance qui me semble sans importance.

Mme Gordon déclare ne pas se rappeler ce fait insignifiant.

Hochtett, directeur des diligences à Colmar, a fait l'appel

des voyageurs ; il a pu très-bien voir M. Vaudrey et Mme Gordon, qu'il reconnaît maintenant.

L'audience est suspendue.

Après une demi-heure de suspension, l'audience est reprise.

L'audition des témoins continue.

HERMANN SCHOLTER, sommelier à Fribourg. Environ quinze jours avant l'affaire du 30 octobre, le prince Louis Bonaparte a passé par la ville de Fribourg : on l'appelait le baron de Dettfort ou Bedfort.

ANNE-MARIE BUSCHEL, sans profession. Je connais M. de Querelles pour l'avoir logé dans ma maison pendant deux jours. (C'est dans cette maison qu'a couché le prince Louis.) Le 27, un monsieur était venu louer la chambre, et puis il est revenu ensuite avec une autre personne. Plusieurs personnes sont ensuite venues les voir, suivant ce que m'a dit ma domestique, car, pour moi je n'y faisais pas attention, et l'une d'elles avait des outils, des tenailles, un marteau, etc., etc.; il y avait au nombre de ces personnes un officier.

M. LE PRÉSIDENT. Monsieur de Querelles, on a saisi chez vous une caisse; on y a saisi également un chiffre pour correspondre avec Persigny. — R. Cela est vrai.

D. Vous teniez ce chiffre de Persigny? — R. Non, monsieur.

D. Mais puisque c'est pour correspondre avec Persigny, il est probable que c'était lui qui vous l'avait donné? — R. A cet égard, je n'ai point à répondre. Je pouvais correspondre avec d'autres qu'avec lui.

Agathe Frey, de Soleure, servante du précédent témoin, donne des détails semblables à ceux dans lesquels est entrée sa maîtresse.

M. LE PRÉSIDENT. Quel jour M. de Querelles a-t-il couché dans la maison?

LE TÉMOIN. La nuit du 27 au 28.

M. LE PRÉSIDENT. En êtes-vous bien sûre?

LE TÉMOIN. Oui.

DE QUERELLES. C'est ce qui prouve l'adresse avec laquelle la substitution a été faite. Le prince a couché cette nuit dans ma chambre; je suis descendu rapidement le soir, et je suis revenu le lendemain matin de très-bonne heure, de sorte qu'on ne put s'apercevoir de mon absence.

AUGUSTE BRAWN, propriétaire à Strasbourg. Le 27 octobre, un officier s'est présenté chez moi pour louer un appartement garni pour un de ses amis. Le soir du 27 on apporta une caisse, et deux messieurs vinrent à l'appartement.

M. LE PRÉSIDENT. Reconnaissez-vous parmi les accusés la personne qui s'est présentée pour arrêter le logement?

Le témoin désigne l'accusé de Querelles.

M. LE PRÉSIDENT. Le 29 au soir il y eut chez vous une réunion nombreuse?

LE TÉMOIN. Je ne sais pas.

D. Vous n'en avez rien su? — R. Absolument rien.

D. Comment se fait-il qu'un assez grand nombre de personnes se soient introduites dans votre maison sans que vous vous en soyez aperçu? — R. Voici comment : on avait enlevé les contre-poids des portes, de manière qu'on pouvait les ouvrir ou les fermer sans qu'on entendît rien. Quand après le complot on est venu pour faire des perquisitions, on a été obligé de faire ouvrir la porte, car la clef en avait été emportée.

M. LE PRÉSIDENT, au commandant Parquin. Lors de la réunion du 29 combien étiez-vous?

M. LE COMMANDANT PARQUIN. Je ne sais au juste.

M. LE PRÉSIDENT. Étiez-vous bien une douzaine?

R. Peut-être bien, mais pas dans le commencement. Ce n'est que dans la nuit que sont arrivés plusieurs officiers.

D. MM. Laity et de Gricourt étaient-ils à la réunion? — R. Oui, monsieur le président.

D. Êtes-vous restés sur pied toute la nuit? — R. Une grande partie de la nuit; le prince ayant besoin de repos a fini par se jeter sur un lit où il est resté pendant deux heures environ, jusqu'à ce qu'on soit venu nous prévenir que le régiment était prêt.

D. Aviez-vous déjà pris le costume d'officier général? — Non, j'étais vêtu comme je le suis aujourd'hui, d'un simple habit bleu. Mais à propos, puisque nous parlons de costume.... Je me rappelle que j'avais un manteau vert, et je prendrai la liberté de demander au témoin si, après que nous avons eu quitté le logement, il n'a pas trouvé chez lui mon manteau? (Mouvement d'hilarité.)

Le témoin proteste qu'il n'a pas vu le manteau de M. Parquin.

M. L'AVOCAT GÉNÉRAL. Ce manteau aura probablement été emporté par un des officiers qui ont pris la fuite au moment où ils ont vu que l'entreprise échouait. Dans leur précipitation ils se sont jetés sur les premiers manteaux qui leur ont tombé sous la main; et c'est ainsi que le manteau de M. Parquin aura été échangé.

L'ACCUSÉ PARQUIN. C'est possible, mais toujours est-il qu'on doit me remettre un des manteaux laissés en échange. (Nouveau mouvement d'hilarité.)

La femme..., servante de M. Brawn, confirme par sa déposition les détails donnés par son maître.

KIENFER, domestique de place. Dans la matinée du 30, j'ai été chargé de retirer, à la mairie, le passe-port de M. de Gricourt.

RIGMER qui se qualifie de *courrier*, dépose : Le 30 octobre au matin, qui était un dimanche, le valet de chambre du prince Napoléon m'a chargé de porter une lettre au château d'Arenenberg pour Mme la duchesse de Saint-Leu. (La reine Hortense.)

M. LE PRÉSIDENT. A quelle heure avez-vous été chargé de cette commission?

LE TÉMOIN. C'était, je crois, vers six heures du matin.

D. Êtes-vous sûr que c'était avant ou après le complot? — R. C'était avant; car je n'ai appris tout ce qui s'était passé que quand je suis revenu.

D. Ainsi vous vous étiez acquitté fidèlement de votre commission? — R. Oui certainement, et j'ai eu pour ça deux cents francs.

ISAAC DURR, maître de l'auberge de *la Fleur*, à Strasbourg. Le 28 au matin, une voiture s'est arrêtée à ma porte; des voyageurs en sont descendus; ils ont pris une tasse de lait. Le 20, avant que de repartir, ils ont pris une goutte d'eau-de-vie. J'ai su depuis que c'était le prince et ses partisans.

M. LE PRÉSIDENT. Nous allons entendre le général Excelmans. (Mouvement de curiosité.)

Le général Excelmans est introduit.

M. LE PRÉSIDENT. Vos noms et votre âge?

LE GÉNÉRAL. Joseph Excelmans, âgé de soixante ans, pair de France.

M. LE PRÉSIDENT. Général, vous pouvez vous asseoir.

Le général s'assied.

M. LE PRÉSIDENT. Connaissez-vous un ou plusieurs des accusés?

LE GÉNÉRAL EXCELMANS, après avoir regardé attentivement chacun des accusés : Je connais le commandant Parquin.... Je ne connaissais pas M. de Bruc avant le 20 octobre.... Cependant je crois que je l'avais vu une fois.... Le 20 ou le 21 octobre, M. de Bruc vint me voir à Paris. Après quelques mots insignifiants, il me remit une lettre écrite par le prince Louis Bonaparte. Dans la première partie de ce billet, le prince me priait de l'aller voir en Suisse où il était alors.... Il avait besoin, disait-il, de me consulter.... « Que me veut le prince? dis-je à M. de Bruc.... Je ne puis avoir avec lui des relations qui ne pourraient s'allier avec mon caractère et ma position. Je refusai donc d'accéder à la demande du prince, et j'ajoutai que le prince courait risque de compromettre et lui-même et sa famille. »

M. de Bruc insista. « Je pars pour la Suisse, me dit-il, je puis vous offrir une place dans ma voiture. Cette démarche de votre part est inoffensive.—Je refuse, » lui répondis-je. Je dis à M. de Bruc de m'excuser auprès du prince de ce refus que je devais faire; j'ajoutai que j'avais aussi des excuses à lui demander pour avoir manqué aux convenances vis-à-vis de lui en ne lui écrivant pas pour le remercier de m'avoir envoyé son *Manuel d'artillerie*. « Veuillez donc, dis-je à M. de Bruc, présenter mes excuses au prince et le remercier: mais encore une fois qu'il ne se compromette pas; qu'il ne compromette pas sa famille. S'il nourrit encore quelques projets sur la France, dites-lui bien qu'on le trompe ou qu'il se trompe : il n'a pas de parti en France.... il y a chez nous une grande vénération, une profonde admiration pour la mémoire de l'Empereur, mais voilà tout; et c'est folie que de songer au renversement de ce qui est. » En disant ces mots, je saluai M. de Bruc; il se retira, et je n'ai rien su depuis.

M. LE PRÉSIDENT. Monsieur de Bruc, qu'avez-vous à dire? —R. Rien. Ce qu'a déclaré M. Excelmans est conforme à ce que j'ai dit.

D. Mais alors quelle était votre mission? — R. Ma mission était de remettre une lettre; je l'ai remise, et voilà tout.

D. Mais vous avez parlé des hésitations du général, qui ne paraît pas avoir hésité? — R. Je suis retourné chez le général une seconde fois, ne l'ayant pas trouvé la première : c'est là ce que j'avais appelé des hésitations; je me suis mal expliqué. (Chuchotements dans l'auditoire.) Je n'ai pas parlé politique à M. Excelmans.

M. EXCELMANS. C'est vrai.

M. LE PRÉSIDENT. Monsieur le général, quel était, je vous prie, le contenu de ce billet?

M. EXCELMANS. Je l'ai là; le voici.

On passe le billet à M. le président, qui, après l'avoir fait reconnaître à M. de Bruc, en donne lecture.

En voici le texte exact :

Arenenberg, 11 octobre.

« Général,

« Je profite d'une occasion sûre pour vous dire combien je serais heureux de pouvoir vous parler. Vos honorables antécédents, votre réputation civile et militaire me font espérer que, dans une occasion difficile, vous voudrez bien m'aider de vos conseils. Le neveu de l'Empereur s'adresse avec confiance à un vieux militaire et à un vieil ami. Aussi espère-t-il que vous excuserez la démarche qui pourrait paraître intempestive à tout autre qu'à vous, général, qui êtes digne de comprendre tout noble sentiment. Le lieutenant-colonel de Bruc, qui mérite toute ma confiance, veut bien (M. le président a lu à l'audience : *qui tient* toute ma confiance. C'est une erreur involontaire que nous rectifions d'après la pièce originale) se charger de décider avec vous du lieu où je pourrai vous voir.

« En attendant, général, veuillez recevoir l'expression de mes sentiments et de ma considération.

« Napoléon-Louis BONAPARTE. »

M. LE PROCUREUR DU ROI. Comment se fait-il que cette lettre ait été remise à Aarau? Je vois qu'elle est datée d'Arenenberg.

M. DE BRUC. Je l'ignore; mais j'affirme qu'elle m'a été donnée à Aarau par le prince lui-même.

Me LIECHTENBERGER. Dans ce moment, je n'élèverai pas un débat sur le contenu de cette lettre; mais, dans la conversation, M. de Bruc a-t-il fait au général une proposition de complot, comme le porte l'acte d'accusation?

M. EXCELMANS. Il ne m'a été fait aucune proposition de ce genre.... D'ailleurs, elle eût été inutile.... Je connais mes devoirs et je me rappelle mon serment. Si M. de Bruc m'eût parlé d'un complot, je l'aurais fait arrêter, ou plutôt je l'aurais traité comme un fou. (Sensation.)

M. LE PRÉSIDENT. Cela suffit, général, vous pouvez vous asseoir.... Huissier, faites placer M. le général Excelmans.

Le général Excelmans se retire et l'huissier lui donne un fauteuil.

Le témoin Dufour, capitaine en retraite, domicilié à Brisach, dépose : J'ai vu M. de Bruc au café; on parla de la guerre; il dit qu'on ne faisait plus la guerre; que le grand homme n'y était plus. On l'appelait Bayard, mais il nous dit qu'il s'appelait de Bruc, chef d'escadron en retraite; il s'était blessé au bras, qu'il portait en écharpe. Il nous dit : *Je viens de Strasbourg, ou bien j'y vais.*

M. DE BRUC. Je dis à ces messieurs : « C'est mon domestique qui s'appelle Bayard. » On parla des campagnes de 1813 et 1814, que j'ai faites. Quant au nom de Bayard, je prends toujours ce nom en voyage, parce que je voyage avec le passe-port de mon domestique. J'aime mieux ça.

D. A Paris, vous n'avez pas logé chez vous? — R. Non, parce que ma femme, dont je suis séparé, m'avait demandé la permission de venir à Versailles chez moi, pour voir sa mère. Je ne voulais pas, étant à Paris, me trouver avec elle. Vous voyez que je ne fais pas plus de mystère de tout cela que n'en a fait l'acte de l'accusation. (Sourires.) Quant au nom de Bayard, je le garde volontiers à cause de mes créanciers; je les paye le 1er janvier, mais je n'aime pas qu'ils viennent m'ennuyer pendant le reste de l'année. (On rit.)

M. LE PRÉSIDENT. N'avez-vous pas dit que les chefs de l'armée étaient aujourd'hui trop âgés et qu'il fallait les renouveler?

DE BRUC : C'est vrai, je l'ai dit et je le pense : je crois qu'en effet ce serait une mesure très-sage.

M. FRANÇOIS BOULOT, lieutenant au 46e de ligne : Je me trouvai un jour dans un café avec M. de Bruc, que je ne connaissais pas. Nous parlâmes état militaire; nous parlâmes de l'ancienne armée. Il me disait que tous les généraux d'aujourd'hui devaient leur gloire à l'Empereur. Je désirais savoir qui il était; mais il évitait de me dire son nom. « Je suis chef d'escadron de 1823, » me disait-il. Je pris un annuaire militaire et je cherchai. Enfin, pressé de questions, il finit par me dire : « Allons, puisque vous y tenez tant, ne cherchez pas davantage, je m'appelle de Bruc. Je m'en vais faire un voyage en Suisse. »

HOFMANN, capitaine instructeur au 6e cuirassiers. J'ai connu à Versailles M. de Gricourt qui travaillait à se faire recevoir à Saint-Cyr. A Brisach, M. de Bruc dit qu'il me connaissait. Voici quelles avaient été mes relations avec lui : à Versailles, M. de Bruc me fit prier par M. de Gricourt de garder ses chevaux; j'en demandai la permission à mon colonel, et je l'obtins. Quelques jours après, M. de Bruc me fit une visite de remercîment, et je ne le revis plus.

M. LE PRÉSIDENT. Monsieur de Bruc, avez-vous quelque chose à dire?

M. DE BRUC. Mon Dieu non! Je n'ai qu'à remercier encore une fois M. le capitaine Hofmann d'avoir pris soin de mes chevaux. (On rit.)

M. GÉRARD. Vous aviez dit dans l'instruction que la conduite de M. de Bruc à Brisach avait semblé si singulière qu'on l'avait pris pour un espion.

M. HOFMANN. En effet, on l'avait dit, parce que M. de Bruc avait paru très-préoccupé.

M. DE BRUC. Mon Dieu! je n'étais pas préoccupé, car j'ai passé la soirée à boire et à fumer, et puis j'ai été me coucher.

L'entrepreneur de la diligence de New-Brisach dépose qu'il a conduit M. de Bruc de Colmar à Brisach le 28, et le 29 jusqu'au Rhin.

Le conducteur de la même voiture dépose des mêmes faits.

FRANÇOIS VANHMANN, sommelier à *la Fleur*. M. de Bruc est arrivé à l'hôtel de *la Fleur* le 31 octobre; il est allé au domicile de M. Thomas, où il est resté une demi-heure.

M. DE BRUC. En effet, et je suis parti de Strasbourg pour Colmar, où ma malle devait arriver.

M. LE PRÉSIDENT. On vous voit toujours sur les grandes routes.

M. DE BRUC. C'est vrai, je voyage beaucoup. (On rit.)

D. Et pourquoi aviez-vous altéré votre passe-port? — R. Je vous l'ai dit, c'était pour passer la frontière sans être inquiété, étant militaire.

D. Vous aviez des épaulettes de capitaine dans votre malle; comment accordez-vous cela avec votre dessein de cacher que vous êtes militaire?

M. DE BRUC. Ces épaulettes n'étaient pas pour moi; c'était Persigny qui m'avait chargé de les lui acheter.

D. Vous pensiez donc que Persigny était capitaine?

M. DE BRUC. Je n'en savais rien du tout, en vérité.

D. Mais alors, pourquoi lui achetiez-vous des épaulettes de capitaine? — R. Je n'avais pas à m'occuper de ça. Il m'avait prié de lui faire acheter des épaulettes, eh bien! je lui avais acheté des épaulettes.

M. THOMAS, propriétaire. Je ne sais absolument rien de l'affaire.

M. LE PRÉSIDENT. Connaissez-vous les accusés?

LE TÉMOIN. Je connais M. de Bruc, et je crois bien qu'il n'était pas de la conspiration. Le 31 octobre, après l'attentat, il vint me voir. Il arrivait de Kehl. Je lui racontai toute l'affaire, qu'il paraissait complétement ignorer. Pendant que nous étions à causer, on vint me demander si je n'avais pas un conspirateur caché chez moi. Je ne savais ce que cela voulait dire. On revint une seconde fois. Je dis de faire entrer. C'était un garçon de café; il dit en s'adressant à M. de Bruc : « Monsieur, c'est M. Manuel qui m'envoie. » A quoi M. de Bruc répondit : « Je ne connais personne de ce nom et ne sais ce que vous voulez dire. » Enfin, je reçus une troisième visite; et cette fois, c'étaient des agents de police qui me demandèrent si je n'avais vu personne.

AUDIENCE DU 10 JANVIER.

L'affluence est aussi considérable que les jours précédents; plusieurs dames, au risque de compromettre leurs fraîches toilettes, s'entassent et se pressent dans la petite tribune qui leur est réservée.

A dix heures, l'audience est ouverte.

Les accusés sont introduits. Mme Gordon porte une élégante robe de velours noir : en arrivant à l'audience, elle se débarrasse de son chapeau qu'elle avait constamment gardé pendant le cours des audiences précédentes : elle est coiffée avec beaucoup de coquetterie.

On continue l'audition des témoins.

M. HERMANN, commissaire de police. Par suite des ordres qui me furent donnés, je me suis transporté au domicile de M. de Persigny pour y saisir les papiers et les effets qui pouvaient se rattacher au complot du 30 octobre. Je vis Mme Gordon assisse près du poêle, elle brûlait des papiers.

M. LE PRÉSIDENT, à Mme Gordon. Quels sont les papiers que vous étiez occupée à brûler?

Mme GORDON. Je n'ai pas besoin de le cacher, c'étaient des biographies de Napoléon.

D. Ne doit-on pas supposer, au contraire, que c'étaient

des pièces qui pouvaient mettre sur la trace du complot? — R. Non; si cela était, je le dirais : M. de Persigny ne m'avait rien confié.

M. LE PRÉSIDENT, à M. de Bruc. Il a été saisi un reçu de 1400 francs au domicile de M. de Persigny. Comment expliquez-vous ce reçu?

M. DE BRUC. Ce reçu, je vous l'ai déjà dit, n'a rapport qu'à des affaires particulières entre moi et M. de Persigny, affaires concernant la conquête de Tripoli. Ces projets sur Tripoli ne devraient cependant pas paraître nouveaux au Tribunal, car il y a déjà longtemps que les journaux en ont entretenu le public.

RATER, facteur à la poste de Strasbourg. Le 31 octobre, je portai chez M. de Persigny une lettre à l'adresse d'un nommé Manuel. Cette lettre a été saisie entre mes mains.

La lettre est représentée à M. de Bruc et au témoin : tous deux la reconnaissent.

M. LE PRÉSIDENT, à M. de Bruc. Dans le premier interrogatoire, vous avez nié que cette lettre fût de vous, monsieur de Bruc. — J'ai déjà dit qu'en niant, j'espérais me délivrer des embarras de cette affaire. Je puis certifier que cette lettre n'a pas trait aux affaires du 30 octobre.

M. LE PRÉSIDENT. Cependant, elle concorde parfaitement avec tout ce qui s'est passé. Voici cette lettre.

M. le président donne lecture de cette lettre, dont il discute avec l'accusé divers passages.

Fribourg....

« Mon cher ami, je suis arrivé ici le 27, vous cherchant et vous attendant.... »

D. Vous n'avez pu être à Fribourg le 27, et vous n'y êtes arrivé que le 29. — J'y étais le 27.

« .... Je suis avec le général Contreglise, mon parent, qui vient de repartir très-mécontent.... »

D. Seconde erreur, le général Contreglise n'était pas avec vous.

M. de Bruc ne répond pas.

« .... Quant à moi, je me suis cassé le bras en route, et

les hésitations du général Excelmans, qui a fini par refuser, m'ont retenu deux jours en route.... »

Hier vous êtes convenu que le général n'avait pas hésité.

« .... et m'ont obligé de retarder mon voyage. Je vais tâcher d'aller vous voir à Strasbourg, si je puis. Dans le cas contraire, je serai obligé d'aller à Nancy, voir mon parent. Mon bras cassé me fait beaucoup souffrir. J'avais apporté des épaulettes.... »

D. Ces épaulettes étaient pour Persigny ? — Je ne sais pas ce qu'il en voulait faire.

« .... Écrivez-moi à Paris. Je viens d'écrire au prince pour tout remettre au mois de mars.... »

D. Que vouliez-vous donc remettre au mois de mars?

M. DE BRUC. Cela s'appliquait à mes affaires.

M. LE PRÉSIDENT. Voici le post-scriptum :

« Tous ces voyages sont ruineux.... »

D. Que veulent dire ces mots? — R. J'étais fatigué de voyager pour les affaires d'intérêt que j'avais avec Persigny. Le prince aussi savait bien de quoi il s'agissait, et il l'écrira en France des États-Unis.

D. Vous ne pouvez pas dire quelles étaient ces affaires pour lesquelles il vous fallait le concours du général Contreglise? — R. Le général n'est pas venu.

M. le président termine la lecture de la lettre :

« Il faudrait, la troisième fois, ne plus se tromper : pour cela, j'ai un plan que je vous communiquerai la première fois que je vous verrai, au mois de janvier. »

M. LE PRÉSIDENT. N'est-il pas bien évident que s'il se fût agi d'une affaire sans conséquence vous n'auriez pas eu besoin de concerter votre plan avec M. de Persigny?

M. DE BRUC. Il est impossible de regarder comme une affaire sans importance mes projets sur Tripoli.

M. LE PRÉSIDENT. Vous parlez dans cette lettre de la *troisième fois*. Or, on voit dans la déclaration de M. Geslin que le complot avait déjà échoué deux fois. — R. Il n'était pas question de complot.

M. LE PRÉSIDENT. Je vous demande encore ce que vous vouliez remettre au mois de mars?

M. DE BRUC. Je répète qu'il s'agissait de mes affaires.... Au reste, quant aux observations que vous m'avez faites sur la confiance que le prince avait paru me témoigner, je dois vous dire une chose que jusqu'à présent j'avais passée sous silence : Je suis très-proche parent du prince par la famille Beauharnais; il ne m'avait vu qu'une fois, mais cette parenté et mon titre d'officier français devaient suffire pour que l'on pût me charger d'une mission de confiance.

D. Si vous êtes parent de Louis Bonaparte par les Beauharnais, on doit supposer bien plus encore que le prince vous a consulté avant d'agir comme il l'a fait. — R. Non, monsieur.

L'huissier donne ensuite lecture d'une déposition du sieur Thélon, valet de chambre du prince Louis, pour établir que le passage du prince Louis coïncide à peu près avec l'époque où M. de Bruc passa dans cette ville.

M. LE PRÉSIDENT. Colonel Vaudrey, vous voyez qu'à l'époque où vous fîtes le voyage de Fribourg, se trouvaient dans cette ville M. de Persigny et M. de Gricourt, tous deux agents du prince. L'accusation en tire la conséquence que votre voyage avait pour but de vous aboucher avec ces deux personnes. On doit le supposer avec d'autant plus de raison que vous n'aviez aucun motif apparent pour faire ce voyage dans une mauvaise saison. Vous êtes parti de Dijon le 24, et, bien que souffrant, vous êtes arrivé, après avoir voyagé toute la nuit, à Colmar le 25; vous quittez Colmar le 25 à trois heures après midi, et vous êtes à Fribourg à neuf heures du soir; vous repartez le lendemain de grand matin : ce ne peut pas être un voyage d'agrément. — R. On ne peut tirer aucune preuve contre moi de ce voyage.

M. LE PRÉSIDENT. Ce sont du moins de fortes présomptions.

On donne lecture de la déposition du sieur Martin, postillon à Fribourg, qui a conduit Persigny à la Steig, près du Val-d'Enfer, à deux lieues de Fribourg, et qui l'a ramené dans ce dernier endroit.

Dorothée Brenner, âgée de dix-huit ans, couturière à Strasbourg, dépose :

J'ai connu tous les accusés, à l'exception de M. le colonel

Vaudrey, et de M. le lieutenant Laity. J'ai été chargée de porter trois lettres au commandant Parquin; j'ai remis ces trois lettres à leur adresse. Le dimanche qui a suivi le complot, j'ai vu Mme Gordon dans la chambre de M. Persigny. J'ai en outre porté deux autres lettres que j'ai laissées dans le poêle de la *Ville-de-Paris*.

M. LE PRÉSIDENT. A quelles dates avez-vous porté ces trois lettres? — R. Le jeudi matin, 27, le jeudi soir et le lendemain vendredi, 28.

M. PARQUIN. Je n'ai reçu qu'une lettre de M. Persigny, celle que Mademoiselle m'a apportée.

M. LE PRÉSIDENT, au témoin. Était-ce de Manuel ou de Persigny que vous teniez ces lettres? — R. De Persigny; en me donnant ces lettres, il me recommanda de les remettre en mains propres, ou en cas d'absence de M. Parquin, de les rapporter.

M. PARQUIN. J'ai reçu une lettre de Mademoiselle; je lui ai fait une réponse. Voilà tout ce que j'ai à dire. (L'accusé s'assied.)

M. LE PRÉSIDENT, à M. de Querelles. Le témoin vous connaît-il pour être venu chez Persigny? — R. Oui, monsieur.

M. DE GRICOURT. Le témoin ne m'a-t-il pas vu venir chez Persigny dans les derniers jours du mois d'octobre?

Mlle DOROTHÉE. Deux ou trois fois; il s'y est arrêté chaque fois quelque temps.

M. LE PRÉSIDENT. Manuel s'est-il absenté?—R. Une fois, mais il est revenu le lendemain; c'est, je crois, dans les derniers jours de la semaine.

M. DE GRICOURT. Le témoin s'est trompé sur le nombre de fois que j'ai été chez M. de Persigny; dans les quinze derniers jours, je suis presque constamment resté chez M. de Persigny.

M. LE PRÉSIDENT, à Mme Gordon. Vous reconnaissez qu'on vous a vue chez Persigny? — Oui, monsieur.

M. LE PRÉSIDENT, à M. de Bruc. Avez-vous été chez M. de Persigny? — R. Oui.

D. Et chez M. Thomas? — R. Non, M. Thomas n'était pas alors à Strasbourg.

D. Ce témoin vous a vu chez Manuel? — R. Je ne connais pas ce témoin.

LE TÉMOIN. C'est le 17 octobre que j'avais vu pour la dernière fois M. de Bruc chez M. Manuel.

D. Comment vous rappelez-vous cette date? — R. C'était le jour où j'ai commencé à faire l'ouvrage de Manuel.

D. Y avait-il quelquefois des réunions mystérieuses chez Manuel : s'enfermait-on soigneusement? — Dans les derniers jours seulement on a fermé la porte; mais je demeurais dans une autre maison, et je n'y allais que quand M. Manuel me demandait.

D. Manuel recevait-il une nombreuse correspondance? — R. Non, il ne recevait pas beaucoup de lettres.

D. Vous rappelez-vous qu'on ait fait un souper le 20? — R. Oui, monsieur.

D. Combien y avait-il de personnes? — R. Trois personnes avec M. de Persigny : M. de Gricourt, M. de Querelles et un autre qui avait quelque embonpoint.

D. De Querelles, qu'avez-vous à dire? — R. Je suis allé assez tard avec M. de Gricourt dans la maison du prince et je disais en route à M. de Gricourt : « La conspiration manquera, car le prince va mourir de faim. » Le 29 au soir je n'ai pas mangé chez Persigny.

M. LE PRÉSIDENT. De Gricourt, qu'avez-vous à dire?

M. DE GRICOURT. Le 29 au soir, le prince n'avait rien pris de toute la journée; nous lui fîmes porter une aile de poulet et une bouteille de vin. Voilà le fameux souper dont parle le témoin. (On rit.)

LE TÉMOIN. C'est un poulet et une bouteille de vin que j'ai portés au domicile de Persigny.

Une discussion s'engage entre M. Parquin et le procureur du roi sur la question de savoir si M. Parquin a été averti le 28 ou le 29. M. Parquin soutient que c'est le 29.

M. LE PROCUREUR DU ROI. Le prince est arrivé à onze heures, car les portes de la ville se ferment à onze heures. Il pouvait vous initier ce soir-là. Votre première déclaration faite le 30 octobre est positive et formelle.

M. DIEMER, hôtelier de la *Ville-de-Paris*. M. Parquin logeait chez moi : le 28, il est rentré de fort bonne heure.

M. LE PRÉSIDENT. Nous allons passer aux dépositions qui se rapportent directement à l'attentat. Nous ne nous étions occupés encore que du complot. (Mouvement d'attention.)

JACQUES WEBER, cabaretier à *la Comète*. Le 30 octobre, à huit heures du matin, j'entendis du bruit. Plusieurs femmes dans la rue me dirent que le prince Napoléon était à Strasbourg; je vis un homme vêtu d'un pantalon rouge. Des enfants criaient : *Vive l'Empereur!* Ce même homme, vêtu en aide de camp, se dirigea vers la halle au blé.

M. LE PRÉSIDENT, à M. de Querelles. Ces enfants qui criaient, ne sont-ils pas ces trois cents *gueulards* que vous demandiez dans certaine lettre?

M. DE QUERELLES. Non, monsieur. Nous n'en avons pas eu besoin; tout le monde était assez bien disposé.

M. LE PRÉSIDENT. Mais la population est restée assez froide devant cette démonstration. La population de Strasbourg aime le travail.

M. DE QUERELLES, souriant. Il m'a semblé qu'elle aimait aussi l'aigle impériale.

M. LE PRÉSIDENT. Faites venir le témoin Jacquet, qui doit déposer sur ce qui s'est passé à la caserne d'Austerlitz. (Mouvement de curiosité.)

M. JACQUET (Victor), adjudant au 4e d'artillerie. Le 30 octobre dernier, j'étais de semaine à la caserne; à cinq heures un quart du matin, M. Vaudrey, mon colonel, entra au quartier et me fit appeler par le maréchal des logis de garde; quelques minutes après, je descendis et je le trouvai à la salle des rapports, où il m'attendait. Il me dit aussitôt de faire sonner aux maréchaux des logis chefs, ainsi que l'assemblée du régiment. Je ne fis d'abord exécuter que la première sonnerie, parce qu'il ne m'avait pas dit en quelle tenue je devais faire descendre la troupe; après le lui avoir demandé, je fis sonner l'assemblée et descendre le régiment à pied en armes, et en petite tenue. Il me dit ensuite de faire monter à cheval dix hommes et un maréchal des logis dans chaque batterie à cheval, ainsi que l'adjudant Gall.

Le régiment étant presque entièrement réuni, je demandai au colonel s'il fallait faire prévenir les officiers de se rendre à leurs batteries : « Non, dit-il, mais formez les escadrons. » Comme j'avais fait prévenir secrètement l'adjudant-major de semaine, de ce qui se passait à la caserne, celui-ci vint et forma lui-même les escadrons, après que je lui eus rendu compte de ce que m'avait dit le colonel.

M. Vaudrey me donne de nouveau l'ordre de faire sonner aux maréchaux-des-logis chefs, et en ma présence il remit à chacun d'eux deux pièces de vingt francs en or pour être distribuées de suite aux canonniers de leurs batteries. Il donna vingt francs seulement aux maréchaux des logis chefs de la batterie de dépôt. « Combien, me dit-il, y a-t-il d'escadrons formés? Les hommes armés de mousquetons sont-ils ensemble, ainsi que ceux armés de sabres? » Je m'en informai, et lui rendis compte que trente-cinq hommes étaient à cheval à la porte de la caserne et que quatre escadrons, deux pelotons, plus cinq files étaient rangés en bataille dans la cour du quartier. Le colonel me dit d'aller chercher l'adjudant chargé des munitions, de faire délivrer dix cartouches par homme; d'écrire à la 9e batterie, casernée au quartier Saverne, de prendre les armes et de rester ainsi dans la caserne jusqu'à nouvel ordre. « Comme je ne sais pas, ajouta-t-il, à quelle heure le régiment rentrera à la caserne, vous ferez boire les chevaux et leur ferez donner de l'avoine. — Faut-il faire prévenir les officiers? — Non. » Le colonel avait son manteau et il était en tenue de dimanche. Il déposa son manteau à la salle des rapports, sortit dans la cour, s'avança jusqu'à la grille du quartier, et je vis aussitôt entrer un état-major composé de sept ou huit personnes, à la tête desquelles était *Napoléon II*. (On rit.)

Cet état-major placé au milieu de la cour, le prince lut sa proclamation que voici à peu près : « Soldats du 4e régiment d'artillerie, une révolution vient d'éclater en France. Louis-Philippe n'est plus sur le trône; Napoléon II, empereur des Français, vient prendre les rênes du gouvernement. Criez : « *Vive l'Empereur !* »

Le cri fut unanime à peu près. (Sensation.) La musique, placée par son ordre en tête du régiment, joua un ban qu'il fit cesser presque aussitôt. Le prince commença un discours dans lequel il engageait le 4e régiment d'artillerie à se mettre de son parti, en rappelant les services de son oncle dans ce même régiment et en promettant de l'avancement à tout le monde. Il prit une aigle des mains d'un officier d'état-major et la présenta à tout le régiment. Il la remit ensuite au colonel en disant : « Je la confie au brave colonel Vaudrey, qui comme moi saura la défendre. »

Le prince commanda ensuite par quatre files à droite, et le régiment défila, musique en tête, en prenant la rue des Orphelins. M. Vaudrey et Napoléon II avec son état-major étaient à la tête du régiment.

Je restai à la caserne et ne revis plus le régiment qu'à sa rentrée, qui eut lieu environ deux heures après.

Pendant que le régiment sortait de la caserne, un officier vint me dire de faire prévenir MM. les officiers, par l'ordre du colonel, de se rendre à leurs batteries. Je fis sonner aux maréchaux des logis de semaine et exécuter l'ordre que je venais de recevoir.

Trois quarts d'heure après la sortie du régiment, un capitaine d'état-major, à la tête d'une trentaine de canonniers du régiment, m'amena un monsieur ayant un ruban à sa redingote. Il me donna ordre de le mettre au cachot et de le serrer de près, en ajoutant que je répondais sur ma tête de sa personne. Ce monsieur paraissait triste et tremblait de tous ses membres. (Sourires dans l'auditoire.) Il était tenu par deux canonniers. Je répondis que je n'étais pas aux ordres de tous les officiers de l'armée, et qu'en ma qualité d'adjudant de semaine je n'avais d'ordres à recevoir que de mon adjudant-major de semaine. Il me dit que ce monsieur était le préfet de la ville, et que, par l'ordre de M. Vaudrey, mon colonel, je devais de suite le mettre au cachot. Là encore, il me répéta que j'étais responsable sur ma tête de sa personne. Je conduisis le prisonnier à la salle de police où étaient renfermés quatre sous-officiers. M. le préfet, car c'était lui, me fit observer que l'odeur de ce lieu était malsaine. Je pris sur moi de l'en faire sortir, et malgré M. le capitaine d'état-major qui ne nous quittait pas avec son détachement, je le conduisis dans une chambre de sous-officiers, au premier étage. Je plaçai près de lui un maréchal des logis et un canonnier en faction, en dehors de la chambre, dans le corridor. Ce capitaine sortit de la caserne avec son détachement et je ne le revis plus.... J'oubliais de dire qu'avant d'exécuter ses ordres je lui demandai son nom, il me le dit aussitôt. Je l'avais oublié et je me suis rappelé plus tard que c'était Persigny.

Environ une demi-heure après, plusieurs officiers du régiment vinrent à la caserne, me dirent que notre colonel nous avait tous trompés, et me demandèrent le préfet. Je les conduisis moi-même à la chambre où il était renfermé. J'ouvris la porte et je le leur remis. Ils sortirent de suite de la caserne avec lui, et je ne les revis plus.

Voilà ce que je sais.

M. LE PRÉSIDENT, au colonel Vaudrey. Qu'avez-vous à dire sur ce témoignage?

LE COLONEL VAUDREY. Cette déposition est exacte; cependant, je dois rectifier un point. Quand on a été prêt à marcher, j'ai dit : « Vous préviendrez les officiers *quand j'en donnerai l'ordre.* » Je n'ai pas dit : « Une révolution vient d'éclater; » mais « va éclater. » Quant à ce qui concerne le préfet, je n'y étais pas. Je n'ai pas prononcé le nom du roi.

M. JACQUET. Je ne persisterai pas à dire que mon colonel a dit : « Vient d'éclater; » mais je le crois encore.

D. S'il vous avait dit qu'une révolution allait éclater, qu'auriez-vous fait?

M. JACQUET. J'aurais fait des réflexions.

D. Et s'il eût dit : « Venait d'éclater? » — J'aurais suivi mon colonel..... c'est ce que j'ai fait.

L'ACCUSÉ LAITY, se levant. Je demande la parole. L'adjudant Jacquet s'est trompé ; on n'entraîne pas des militaires par des promesses, on ne les fait marcher qu'au nom de l'honneur. C'était au nom de l'honneur qu'on en appelait aux soldats du 4e. Ce que le témoin Jacquet a dit sur ce que le colonel aurait parlé de Louis-Philippe, est faux ; il n'a pas été question de Louis-Philippe. Il est également faux que Louis-Napoléon ait promis de l'avancement.

M. LE PRÉSIDENT. Comment pouviez-vous parler d'honneur, lorsque vous manquiez à l'honneur en manquant à vos serments?

LAITY. Chacun comprend l'honneur à sa façon.

M. GÉRARD. Il a été trouvé dans le carnet du prince une proclamation qui a été récitée mot pour mot à la caserne; or, dans cette proclamation écrite, il a promis de l'avancement aux sous-officiers.

M. PARQUIN. Je dois dire que le prince n'a pas promis d'avancement.

DE QUERELLES. Je ferai la même déclaration.

DE GRICOURT. Et moi aussi, monsieur le président.

M. LE PRÉSIDENT, au témoin Jacquet. Lorsqu'on a fait distribuer des cartouches, cela ne vous a-t-il pas paru extraordinaire?

LE TÉMOIN. On distribuait quelquefois des cartouches, mais cela se faisait ordinairement la veille ; j'ai donc été très-surpris d'entendre le colonel donner l'ordre de distribuer les cartouches le matin.

D. Les distributions d'argent ordonnées par le colonel étaient aussi un fait inusité et dont vous avez dû être frappé? — R. Sans aucun doute ; mais le bruit s'est répandu que notre colonel venait d'être nommé maréchal de camp. Au reste, je ne me serais pas permis de faire une question à mon colonel. Je pensais qu'il voulait payer sa bienvenue.

LE COLONEL VAUDREY. J'ai déjà expliqué que j'avais fait

distribuer de l'argent; parce que d'après les mouvements ordonnés, il y avait des hommes qui ne devaient point rentrer en ville de la journée, et il fallait tout prévoir et leur donner les moyens de subvenir à leurs besoins.

M. LE PRÉSIDENT, au témoin. Le colonel commandait-il le régiment?

JACQUET. J'étais à la caserne, je ne puis répondre à cette question.

M. LE PRÉSIDENT. Croyez-vous que le régiment aurait suivi d'autres officiers que ses chefs?

JACQUET. C'est possible, en voyant les officiers avec le colonel, et en les voyant revêtus d'uniformes d'officiers supérieurs.

D. Commandant Parquin, vous occupiez le premier grade parmi cet état-major; quel devait être l'intermédiaire entre le prince et le régiment?

PARQUIN. Le régiment a été divisé en quatre détachements, et des officiers étrangers ont pris le commandement de ces divers détachements.

M. GÉRARD, procureur du roi. Colonel Vaudrey, veuillez nous faire connaître les motifs qui vous ont entraîné dans ce mouvement militaire.

LE COLONEL VAUDREY. Ces motifs sont dans les proclamations du prince. J'étais d'ailleurs très-attaché à la famille de l'Empereur.

M. GÉRARD. Vous aviez dit dans votre interrogatoire que vous aviez été froissé par deux officiers supérieurs.

M. VAUDREY. C'est vrai; mais ce n'est point là le principal motif de ma conduite.

Me BARROT. Il est dit dans l'acte d'accusation que les souvenirs de l'Empire, si l'on en croit le colonel, paraîtraient avoir exercé une grande influence sur M. de Vaudrey, et même, à ce sujet, l'accusation ajoute que M. de Vaudrey n'est pas homme sur qui les souvenirs de l'Empire puissent exercer quelque influence.

M. GÉRARD. Laity, quand un sergent-major s'est retiré, vous l'avez menacé de lui faire perdre tous ses droits à l'avancement.

LAITY. C'est vrai, je l'ai menacé de donner son grade à un autre.

Me THIERIET. Le sergent sera-t-il entendu?

M. LE PRÉSIDENT. Oui.

M. GÉRARD, à Jacquet. Avez-vous entendu dire à votre colonel que Louis-Philippe n'était plus sur le trône?

JACQUET. Je crois bien l'avoir entendu.

JEAN-BAPTISTE GALL, adjudant d'artillerie. Le 30 octobre, vers cinq heures du matin, un maréchal des logis vint me dire que le colonel était dans le quartier. Peu de temps après j'entendis sonner l'assemblée, je me pressai de descendre; je vis alors le colonel se promenant dans la salle du quartier, avec le lieutenant Rouge. Je vis alors le capitaine Aporta formant les escadrons avec mon colonel. Alors le prince arriva, le colonel tira le sabre et s'écria : « Une grande révolution vient d'éclater en France; Louis-Philippe est renversé; *Vive l'Empereur!* » Et tout le monde répéta ce cri. Le prince harangua à son tour et présenta une aigle au colonel Vaudrey ; les cris recommencèrent. Près de la grille de la caserne le prince vint me prendre la main en me disant : « Bonjour, mon brave camarade. » Je ne sus que lui répondre; je suivis le mouvement et continuai ma route. Nous pensions que nous allions nous réunir au 3e régiment. Mais nous allâmes jusqu'au quartier Finkmatt, en laissant des postes chez M. Leboul, chez M. le préfet, et chez M. le lieutenant général. Arrivés dans la caserne Finkmatt, nous criâmes *Vive l'Empereur;* tous les soldats du 46e se mirent aux fenêtres et répétèrent *Vive l'Empereur*. Une grande partie du régiment s'était déjà réunie à nous, quand des officiers survinrent.... on nous dit alors qu'on nous trompait; la scène changea, et après des pourparlers et une lutte de près d'une demi-heure, plusieurs de nos chefs furent arrêtés. Pendant ce temps-là, on s'empara de mon sabre, qui se trouvait dans mon fourreau, et quoique je protestasse que j'étais inoffensif, on ne voulut pas me le rendre. Sur ces entrefaites survint le colonel Tallandier, qui s'entretint avec mon colonel, alors celui-ci nous dit : « Canonniers, retirez-vous; obéissance à la loi. »

M. LE PRÉSIDENT. Colonel Vaudrey, vous avez annoncé qu'une révolution allait éclater dans toute la France. Vous saviez cependant que ce mouvement ne s'opérait qu'à Strasbourg, et que vous n'étiez même pas sûr de votre arme.

LE COLONEL VAUDREY. J'avais promis mon concours au prince. Je demande d'ailleurs qu'il soit constaté que j'ai dit, suivant le témoin, non pas une révolution a éclaté, mais une révolution éclate.

M. LE PRÉSIDENT, au témoin. Vous rappelez-vous bien exactement ce qu'a dit le colonel Vaudrey?

LE TÉMOIN. Je ne sais pas au juste, mais nous avons tous compris que le gouvernement était renversé.

M. LE PRÉSIDENT. Colonel, dans tous les cas vous auriez annoncé une grande révolution. Vous saviez bien qu'il n'en était rien. Comment avez-vous pu vous laisser entraîner à compromettre tout votre régiment? Vous dévouer, on conçoit encore cela, mais paralyser toute la carrière de ces malheureux officiers, jeter une sorte de tristesse et de honte sur tout un régiment!...

VAUDREY. Je ne l'ai pas compromis.

M. LE PRÉSIDENT. Vous perdiez votre régiment, vous le rendiez hostile à la patrie.

VAUDREY. Il était hostile au prince, et non à la patrie.

LE COMMANDANT PARQUIN. Je demande à expliquer comment le prince a honoré le témoin d'une poignée de main. Le prince, en sortant du quartier, a vu l'adjudant qui le saluait comme les autres, alors il s'est approché et lui a tendu la main.

M. ROSSÉE, procureur général. Adjudant Gall, le colonel ne vous a-t-il pas dit de faire enfoncer les portes du magasin pour avoir des cartouches, parce que l'on mettait du retard à en distribuer aux soldats? — R. Non, monsieur, je crois qu'en effet l'ordre a été donné, mais non pas à moi.

M. LE PRÉSIDENT. A la Finckmatt, un de vos hommes n'a-t-il pas été blessé?

LE TÉMOIN GALL. J'ai vu ce soldat en rentrant au quartier: c'était en voulant empêcher l'arrestation du colonel qu'il a été blessé. (Avec émotion.) Je demande maintenant à répondre à ce qu'a dit M. Parquin à mon sujet. Je n'ai point, comme il le prétend, été saluer le prince; c'est le prince qui est venu à moi me prendre la main. M. le président a parlé tout à l'heure de la honte qui pourrait rejaillir sur le régiment par suite de cette affaire où on l'avait compromis; ce que je sais, c'est que 15 ou 20 sous-officiers viennent d'être renvoyés, et je ne sais encore ce qu'on fera des autres. (Mouvement.)

M. LE PRÉSIDENT. Colonel Vaudrey, vous voyez ce dont vous avez été cause.

L'ACCUSÉ VAUDREY. Je le regrette très-vivement.

CONSTANT DEGUERSE, adjudant au 4ᵉ. J'entendis le 30 au matin le colonel Vaudrey faire distribuer, vers 5 heures et demie, 10 cartouches à chaque homme, et 40 fr. par batterie. Vers 6 heures le prince Bonaparte arriva avec son état-major. Le prince et le colonel Vaudrey haranguèrent tous deux le régiment, et leur allocution fut couverte des cris de *Vive l'Empereur!* Ce fut alors que je commençai à comprendre qu'il s'agissait d'une entreprise insensée, mais je compris aussi que la prudence m'obligeait de suivre le régiment.

Arrivés à la caserne de la Finkmatt, nous fûmes accueillis aux cris de *Vive l'Empereur!* mais, je m'entendis de suite avec le lieutenant Plaignier, et d'accord avec lui, je fis tous mes efforts pour faire comprendre aux artilleurs et aux soldats qu'on les trompait. Nous y réussîmes en partie, et l'arrivée des officiers supérieurs décida l'arrestation de tous les conjurés. On a fait des reproches aux sous-officiers du régiment; mais tous rentrèrent dans leur devoir aussitôt qu'ils eurent reconnu leur erreur.

M. LE PRÉSIDENT. Colonel Vaudrey, qu'avez-vous à dire sur cette déposition?

LE COLONEL VAUDREY. Je n'ai rien à dire sur la déposition du témoin, seulement que je lui portais un vif intérêt; que c'est moi qui l'ai fait nommer sous-officier, adjudant et que j'allais bientôt le faire passer officier.

M. LE PRÉSIDENT. Adjudant Guerse, en quels termes était conçue l'allocution du colonel?

LE TÉMOIN. Je ne me le rappelle pas bien, je crois seulement qu'il a dit qu'une révolution éclatait et que Louis-Philippe n'était plus sur le trône.

JALLIER (Jean), adjudant au 4e d'artillerie. Le 30 octobre, on sonna l'assemblée vers les cinq heures et trois quarts; je descends, je vois distribuer des cartouches. Quelque temps se passe et j'entends le colonel déclarer au régiment qu'une révolution éclate. Le prince parla après lui. Je suivis ensuite le régiment vers la caserne Finkmatt, mais je restai dans le faubourg de Pierre, je n'entrai dans la caserne que plus tard, pour voir ce qui s'y passait, et nous rentrâmes alors dans notre quartier.

M. LE PRÉSIDENT. Accusé Vaudrey, avez-vous quelque observation à faire?

L'ACCUSÉ. Non, monsieur le président.

M. LE PRÉSIDENT. Adjudant, avez-vous déjà vu faire des distributions d'argent dans les régiments où vous avez servi? — R. Non.

D. N'avez-vous pas vu dans cette distribution un moyen de se concilier la bienveillance du soldat? — R. Non, je n'ai jamais eu cette pensée.

D. Avez-vous entendu le colonel prononcer, dans son allocution, le nom de Louis-Philippe ? — R. Non, monsieur.

L'huissier lit la déposition du sieur Parker, adjudant au 4e d'artillerie. Il y est dit que le colonel Vaudrey le fit appeler dans la matinée du 30 octobre, de cinq à six heures du matin, et lui donna l'ordre de distribuer des cartouches. Pendant qu'il faisait cette distribution, le colonel harangua le régiment ; mais le témoin était trop loin pour l'entendre. Seulement, à la fin de son allocution, les cris de *Vive l'Empereur !* se firent entendre, pendant que quelques voix des extrémités, qui n'avaient rien entendu, criaient *Vive le Roi !* Le régiment suivit bientôt après le colonel, et le témoin resta à la caserne, où il avait la garde des cartouches. Le témoin fait observer que c'est seulement depuis cinq ou six mois que le colonel Vaudrey a fait mettre un magasin de cartouches dans la caserne.

M. ROSSÉE. Dans l'intérêt de la défense, je ferai observer que la dernière partie de cette déposition sera rectifiée par une autre déclaration.

M. VAUDREY. En ce cas, je n'ai rien à dire.

PIERRE DESMAREST, capitaine d'artillerie. Le 30 octobre, je fus averti vers les cinq heures et demie que le régiment prenait les armes. Arrivé à la caserne, je vis plusieurs officiers se promenant dans la cour. J'allai à la salle des rapports : je vis qu'on venait de distribuer des cartouches ; en entrant dans cette salle, je vis le colonel avec le lieutenant Rouge. Le colonel me demanda comment je me portais ; il sortit quelques instants après, rentra et donna 200 francs pour les sous-officiers. Il sortit, et je le suivis immédiatement. Je vis le régiment prenant les armes, et j'allai me placer à ma batterie. Le colonel Vaudrey prit la parole ; je ne l'entendis pas, et il cria *Vive l'Empereur*. J'avais eu la pensée, en voyant distribuer des cartouches, que Louis-Philippe avait été tué et qu'on proclamait le duc d'Orléans. Cependant, l'homme que l'on présentait était petit, et le duc d'Orléans était grand, bel homme. Je fus bientôt détrompé quand j'entendis crier *Vive Napoléon*. Je ripostai en criant *Vive le Roi*. Les canonniers répétèrent ce cri ; je leur dis qu'on les trompait ; mais voyant que le régiment était entraîné, je mis mon sabre avec force dans le fourreau. Le régiment défila, et je sortis, bien décidé à faire mon devoir. En sortant, le lieutenant Rouge me dit que c'était une révolution qui éclatait et que le lieutenant général était à la tête. J'allai rendre compte au lieutenant-colonel de ce qui venait de se passer, et je l'engageai d'aller avec le 3e ; nous allâmes donc vers le quartier Saint-Paul. Aux bains Saint-Guillaume, je vis un de mes maréchaux-des-logis de garde à la porte du général Voirol. Je voulus détourner ce sous-officier; il ne voulut écouter ni moi ni son lieutenant-colonel. Quelques instants après, des officiers du 3e vinrent délivrer leur colonel, et nous vîmes arriver aussi le lieutenant général : tout était fini.

M. LE PRÉSIDENT. Vous avez rencontré le lieutenant Rouge avec le colonel dans la salle des rapports. N'avez-vous pas demandé, par la suite, au lieutenant Rouge ce qui avait été dit dans la salle des rapports?

M. DESMAREST. Non, monsieur.

D. Avez-vous appris plus tard que le colonel ait promis au lieutenant Rouge le grade de capitaine ou de chef d'escadron? — R. Oui, monsieur le président, je l'ai su de M. Rouge.

LE COLONEL VAUDREY. Je prie M. Desmarest de dire à quel moment le lieutenant Rouge lui fit cette confidence? — R. Deux ou trois jours après l'événement.

M. LE PRÉSIDENT, au témoin. Comment vous, capitaine, vous êtes-vous contenté de vous retirer après avoir vu le mouvement opéré par le colonel?—R. J'ai crié *Vive le Roi*, mais je n'ai pu rien faire de plus, car je dois le dire, toute la colonne sortit avec le plus vif enthousiasme, et si j'avais voulu faire autre chose, le colonel Vaudrey m'aurait fait arrêter à l'instant. J'ai fait tout ce qu'il m'a été possible de faire.

M. LE PRÉSIDENT. En vous réunissant avec le lieutenant Rouge et un ou deux officiers, vous auriez peut-être pu éviter à votre colonel et à votre régiment la flétrissure qui accompagne toujours la trahison.

LE TÉMOIN, avec feu. Je répète, monsieur le président, que j'ai fait tout ce que, dans l'état des choses, je pouvais faire.

LE COLONEL VAUDREY. Monsieur le président, veuillez demander au témoin ce que fit M. Rouge lorsque la colonne quitta la caserne?— R. Je n'en sais rien, je le perdis alors de vue.

M. GÉRARD, procureur du roi. Colonel Vaudrey, auriez-vous annoncé au lieutenant Rouge que M. Voirol devait se mettre à la tête du mouvement? — R. Non, monsieur.

M. MOELERN, assesseur. Colonel Vaudrey, vous avez dit que vous n'aviez pas voulu que les officiers vinssent au quartier pour ne pas les entraîner dans le mouvement. Cette sollicitude ne me paraît pas devoir exister dans un chef de conjurés. — R. C'est cependant ainsi, monsieur le président.

LE LIEUTENANT JACQUES BOCAVE, du 4e d'artillerie. Lorsque le mouvement eut lieu, je logeais près du quartier. Le 30 octobre, j'entendis sonner le réveil, et peu de temps après l'assemblée. Je me rendis de suite au quartier pour m'informer de ce que c'était. Je rencontrai un adjudant qui me dit que le colonel était au quartier, et avait défendu de prévenir les officiers. Je rentrai chez moi. Mais, ayant vu passer des hommes à cheval au grand galop, et voyant un grand mouvement autour de la caserne, je ne pus rester tranquille; je revins à la caserne, où je vis entrer plusieurs personnes en uniforme, que je ne connaissais pas. Le colonel Vaudrey proclama empereur le prince Louis-Napoléon. Le prince harangua la troupe, et lorsqu'il termina il était tellement ému qu'il me sauta au cou et m'embrassa presque convulsivement. Tout cela s'était passé aux cris répétés de *Vive l'Empereur*. Je suivis le régiment, tout étourdi de ce qui se passait ; on me donna l'ordre de suivre un détachement où se trouvait un capitaine d'état-major qui m'était inconnu. Je demandai à ce capitaine ce que nous allions faire, il me dit que nous allions arrêter le préfet (on rit) ; je ne trouvai pas convenable de m'acquitter d'une pareille mission (nouvelle hilarité), et je refusai formellement.

M. LE PRÉSIDENT. Lieutenant Bocave, étant à proximité du prince, puisqu'il vous embrassa, vous avez dû entendre l'allocution que fit le colonel au régiment.

LE LIEUTENANT BOCAVE. Je me rappelle seulement avoir entendu dire à M. Vaudrey qu'une révolution venait d'éclater en France.

M. VAUDREY. Il résulte de la déposition du témoin que je n'avais pas interdit aux officiers l'entrée de la caserne, puisque le témoin a pu venir se placer auprès de la batterie sans que personne l'en ait empêché. Je le prierai de bien recueillir ses souvenirs pour déclarer si j'ai dit qu'une révolution *éclatait* ou *venait d'éclater*.

M. BOCAVE. Personne ne s'est opposé à mon entrée dans la caserne ; quant au fait de l'allocution, je ne puis rien préciser.

M. LE PRÉSIDENT. Lieutenant Bocave, vous avez suivi les premiers mouvements du régiment ; avez-vous cru à la réalité du fait qui vous était annoncé? — Oui, monsieur, jusqu'au moment où je ne vis paraître à notre tête aucun des chefs supérieurs.

D. Était-ce le prince ou le colonel Vaudrey qui commandait le régiment? — R. J'étais à la queue de la colonne quand le régiment a défilé, et je ne puis savoir la personne qui marchait en tête; je le suivis ainsi jusqu'au moment où, tout à fait détrompé par l'arrestation du préfet, je rentrai chez moi.

D. Pourquoi n'avez-vous pas empêché vos artilleurs d'arrêter le préfet? — R. Je n'aurais pu réussir, mes hommes ne m'auraient pas écouté.

D. Vous auriez dû faire quelque tentative, surtout puisque vos soldats marchaient sous le commandement d'un chef étranger? (Légers murmures.) — R. Il est très-facile, monsieur le président, de raisonner sur des événements lorsqu'ils sont accomplis, et de dire ce qu'on aurait pu faire; mais dans le moment on est fort embarrassé.

M. ROSSÉE, procureur général. Le lieutenant Bocave se rappelle-t-il qu'à la fin de la harangue, le prince Louis Bonaparte ait promis un grade supérieur à tous les officiers ou sous-officiers du régiment? — R. Cette promesse n'a pas été faite.

M. ROUGE, lieutenant au 4e régiment d'artillerie. Le 30 au matin, j'entendis sonner à cheval; je me hâtai de me rendre à la caserne et me mis en tenue. En arrivant au régiment, j'allai trouver le colonel Vaudrey, qui se promenait dans la cour. Je l'abordai; il ne me donna aucune explication de ce qui se passait. Quelque temps après, il entra dans la salle des rapports; je l'y suivis. Il me dit qu'une révolution *allait* s'opérer en France, et il m'offrit le grade de capitaine, puis il ajouta vivement que le prince Louis Bonaparte arrivait dans la cour du quartier. Il me dit qu'il comptait sur le lieutenant général et sur une partie de la population. Je lui répondis que je ne pouvais entrer dans cette conspiration. Une seconde après, nous quittâmes la salle des rapports; le prince et son état-major arrivèrent. Vous savez ce qui se fit; je vis défiler devant moi le régiment. De là je rentrai chez moi, et me rendis de suite au 3e d'artillerie.

M. LE PRÉSIDENT. Colonel, qu'avez-vous à dire?

VAUDREY. Avant l'arrivée du prince Louis, je fus avec le témoin dans la salle des rapports; je dis à M. Rouge que le prince Napoléon arrivait dans la caserne, qu'une révolution allait s'opérer, et que tous ceux qui y prendraient part y trouveraient sans doute avantage. Mais je n'ai pas fait une proposition que je ne pouvais faire, car je n'avais pas été investi du droit de conférer ce grade.

M. LE PRÉSIDENT. Lieutenant Rouge, que répondez-vous à cela ?

M. ROUGE. Le colonel me parla d'être commandant dans une batterie.

M. le procureur du roi lit la déposition du témoin ; on y voit : « Vous aurez le grade de capitaine ce matin, et de chef d'escadron ce soir. »

LE LIEUTENANT ROUGE. J'ai pu dire chef d'escadron pour commandant.

M. LE PRÉSIDENT. Lieutenant Rouge, vous avez fait votre déposition le 6 novembre ; alors, votre mémoire devait être fraîche. Persistez-vous dans votre première déposition, ou vous en référez-vous à ce que vous venez de dire ?

Me F. BARROT. Mais la loi, en obligeant le témoin à répéter sa déposition, a accordé à cette dernière déposition plus d'importance qu'à la première.

M. GÉRARD. Mais il nous est permis de rapprocher les deux dépositions, qui sont sur ce point identiques, puisque le témoin reconnaît l'avoir dit.

Me F. BARROT. Ah ! permettez ; les deux dépositions, sur ce point, sont toutes contraires.

M. LE PRÉSIDENT. Vous tirerez parti de cette différence, mais attendez.

M. ROUGE. Le colonel doit m'avoir dit que si je prenais part au mouvement, je serais capitaine le matin et commandant le soir ; mais M. Vaudrey ne m'a point dit qu'il me nommerait lui-même.

VAUDREY. Je ferai observer que dans l'artillerie il n'y a pas de commandant ; on appelle commandant le capitaine en premier d'une batterie.

Me BARROT. Je tiens à constater que M. Vaudrey n'a point cherché à entraîner le lieutenant Rouge en lui faisant une promesse directe de grade. Dans la première déposition, M. Rouge est beaucoup plus explicite. Aujourd'hui, il est établi qu'il s'agit seulement d'une conversation dans laquelle on lui aurait fait entrevoir un avancement s'il prenait part à un mouvement, sans chercher à l'y entraîner par des promesses formelles.

M. LE PRÉSIDENT. Lieutenant Rouge, répondez : vous a-t-on fait des promesses formelles ?

LE LIEUTENANT ROUGE. Oui, monsieur ; mais je ne sais pas

si c'est en son nom ou au nom d'un autre que M. le colonel Vaudrey me fit des promesses.

M. VAUDREY. Je ferai observer qu'il serait bien étonnant que, lorsque plusieurs officiers se trouvaient là, je n'eusse fait des promesses qu'à M. Rouge.

M. LE PRÉSIDENT, au témoin. Vous avez dit que le colonel vous avait annoncé la coopération du général Voirol. — R. On m'a parlé d'un lieutenant général, et j'ai cru que c'était le général Voirol; le colonel m'a parlé de la garnison, qui devait seconder le mouvement.

M. APORTA, capitaine au 4e régiment d'artillerie. Appelé à remplir les fonctions d'adjudant-major le 30 octobre, je fus averti que le régiment était sous les armes. Un officier me dit qu'il supposait qu'il y avait une émeute au quartier. Je demandai à l'adjudant Jacquet ce qui se passait; il n'en savait rien. J'entrai dans la salle des rapports, où je vis le colonel et M. Rouge. « Mon colonel, lui dis-je, me voilà. — C'est bien, monsieur; formez les pelotons. » Je sortis pour exécuter cet ordre; je l'exécutai avec beaucoup de peine, car tout le monde n'était pas présent. Je rentrai dire à mon colonel qu'il y avait sous les armes quatre escadrons. Un instant après, on me donna l'ordre de séparer les hommes qui avaient des sabres de ceux qui avaient des mousquetons. J'exécutai cet ordre, quand le colonel fit une allocution que je n'entendis pas, mais qui fut suivie des cris de *Vive l'Empereur !* Alors plusieurs étrangers entrèrent à la caserne; les mêmes cris se firent entendre. Le colonel commanda par quatre files à droite, et le régiment sortit de la caserne et se dirigea vers la rue des Orphelins. A la rue Sainte-Catherine, un peloton fut détaché de la colonne; on demanda un officier; j'indiquai M. Bocave : c'était pour arrêter le préfet, mais je l'ignorais. Je suivis encore mon régiment; mais m'étant bientôt aperçu qu'il s'agissait d'une révolution, je quittai les soldats avec d'autres officiers, et nous prîmes le parti d'aller délivrer notre étendard et le colonel du 3e d'artillerie. Impossible de pénétrer chez le colonel Leboul : le maréchal des logis fut inaccessible. Un instant après, étant rentré au quartier, l'adjudant Jacquet me dit : « M. le préfet est en prison dans la caserne. » (On rit.) Je voulus pénétrer auprès du préfet. Le sous-officier qui était de garde croisa le sabre sur moi et m'ordonna de me retirer. J'invoquai mon grade. « Je vous reconnais, dit-il, mais vous n'entrerez pas ; j'obéirai à ma consigne. » Je crus alors devoir user de ruse.

« J'étais, dis-je, avec tous vos camarades ce matin. » J'entrai alors. Le préfet me raconta la manière dont il avait été traité. (Nouveau mouvement d'hilarité.) Et pendant que j'étais là, arrivèrent plusieurs autres officiers qui venaient le chercher. Nous l'accompagnâmes à moitié route de son hôtel, après quoi il me remercia. Son escorte s'était grossie, et elle était assez forte pour qu'il pût rentrer en sûreté. Alors je cherchai à ramener à moi le plus d'hommes possible. J'en avais déjà réuni un grand nombre, quand je vis rentrer le régiment dans le plus grand ordre. Aucun cri ne se faisait entendre, et un calme parfait régnait dans toute la troupe.

M. LE PRÉSIDENT. Capitaine Aporta, jusqu'au moment où vous vous aperçûtes de la trahison, qui commandait le régiment? — R. Je pense que c'était le colonel.

D. Vous a-t-il été transmis des ordres au nom du colonel, depuis la sortie de la caserne? Savez-vous qui avait désigné les détachements pour arrêter M. Leboul et M. le préfet? Pensez-vous que des hommes se seraient détachés de la colonne sans avoir des ordres du colonel? — R. Dans ce moment l'enthousiasme était si grand que je suis persuadé que tous les hommes de la colonne auraient marché partout où l'on eût voulu.

D. Pensiez-vous marcher sous les ordres du prince ou du colonel? — R. Sous ceux du colonel; mais j'ai eu dans tous ces moments-là comme un voile sur les yeux.

M. LE PRÉSIDENT. Voici encore un homme, colonel Vaudrey, dont vous avez compromis la carrière en l'entraînant, sans qu'il s'en doutât, dans le mouvement que vous avez opéré.

M. VAUDREY. Je ne pense pas avoir nui en rien à la carrière de M. Aporta, qui est un brave soldat; il peut dire si j'ai cherché à l'entraîner.

LE TÉMOIN. En aucune façon. Le malheur a voulu que je fusse de semaine ce jour-là, autrement je serais resté chez moi.

JEAN-PIERRE TORTEL, lieutenant-colonel au 4e d'artillerie. Le 30 octobre, au matin, jétais aussi chez moi, lorsque trois capitaines vinrent me prévenir que le colonel Vaudrey avait emmené le régiment aux cris de Vive l'Empereur. Je sortis avec eux. En passant aux bains Saint-Guillaume, je vis que le colonel Leboul était gardé à vue; je sommai le maréchal des logis qui le gardait de me laisser entrer. « J'obéis, me dit-il, à des ordres supérieurs, et vous n'entrerez pas. » Je me suis emparé de l'étendard du régiment sur la place du Breuil;

nous avons appris que le colonel Vaudrey venait d'être arrêté, alors nous sommes revenus sur la place d'armes.

LE PRÉSIDENT. Lieutenant-colonel, il a été dit dans une déposition qu'il était contraire à la règle ordinaire d'avoir des cartouches dans un quartier. On pourra conclure de ce fait que dès longtemps M. Vaudrey aurait nourri le projet qu'il a mis à exécution dans la matinée du 30 octobre.

M. TORTEL. Des cartouches à balles sont délivrées à chaque régiment, lorsque l'on commence les exercices à la cible. Cette année le mauvais temps avait empêché les exercices, aussi les cartouches qui se trouvaient dans la caserne avaient été prises pour cet usage.

M. LE PRÉSIDENT. Avant l'exécution du complot, le colonel Vaudrey s'était absenté. Quel jour est-il revenu, et lui avez-vous remis le commandement du régiment? — R. Le 27 octobre au matin.

M. LE PRÉSIDENT. Immédiatement après son retour, le colonel n'a-t-il pas dîné chez vous? — R. Il dîna chez moi le 29.

D. Le colonel avait-il l'air vivement préoccupé? — R. Il ne m'a pas paru préoccupé; à la fin du repas, il était à la hauteur de la gaieté de tous les convives.

D. Quelle était l'opinion du régiment sur M. Vaudrey? — R. Tout le monde lui était dévoué.

D. Savez-vous si le colonel Vaudrey a eu à se plaindre des officiers supérieurs? — R. Lorsqu'en 1830 M. Vaudrey fut nommé colonel, le comité d'artillerie s'est opposé à son avancement. Je sais qu'à une époque où l'on pensait avoir la guerre on voulut l'envoyer à Bastia, tandis que le colonel brûlait de faire campagne.

D. N'avez-vous pas su que le colonel Vaudrey avait désiré passer aide de camp du duc d'Orléans? — R. Je crois qu'il y a pensé à une certaine époque.

M. VAUDREY. Je prie M. le président de demander à le M. colonel Tortel, si je ne lui ai pas, le 27, donné des ordres pour le lendemain sur la tenue et la comptabilité du régiment? — R. M. Vaudrey m'a donné à ce sujet plusieurs ordres pour le lendemain.

LE COLONEL VAUDREY. Je prierai encore M. le président de demander au témoin si, pendant les journées des 27, 28 et 29 octobre, je ne me suis pas occupé avec lui d'un tableau d'avancement pour le régiment? — R. C'est très-vrai, pendant les journées des 27 et 29.

M. VAUDREY. Il résulte donc des dépositions du témoin que, pendant ces trois jours, je ne m'occupai nullement du complot. Le témoin a dit qu'à une certaine époque, j'avais désiré passer aide de camp du duc d'Orléans ; le fait est vrai. M. de Bassano, avec lequel je suis allié, crut devoir, en 1830, faire des démarches à ce sujet ; cela n'eut pas de suite. Je vous ferai remarquer l'époque où ces démarches eurent lieu : c'était en 1830.

M. LE PROCUREUR DU ROI. Vous aviez aussi demandé des places pour vos parents, une bourse pour votre fils? — R. Oui, une bourse pour mon fils aîné ; je ne l'ai point obtenue.

M. LE PROCUREUR DU ROI. Un sous-officier a dit aujourd'hui que plusieurs officiers du régiment allaient être renvoyés ; je demande au témoin si ce fait est vrai? — R. Je pense que l'intention du général est de faire partir du régiment les officiers qui ont été chefs de poste. On a dû faire une enquête.

D. N'avez-vous pas été étonné de voir le colonel arriver le 29 octobre? — R. Le colonel m'avait dit ne devoir quitter Dijon que le 27 ; lorsqu'il revint quelques jours plus tard, il me dit qu'il avait hâté son retour parce qu'il prenait le commandement de l'école militaire.

L'ACCUSÉ VAUDREY. M. Tortel doit se rappeler que je n'avais qu'un congé d'un mois et que je suis parti le 26 septembre. — R. C'est vrai.

M. VAUDREY. M. le procureur du roi a voulu laisser planer sur moi le soupçon d'ingratitude ; je dirai que toutes les démarches faites pour moi l'ont été par mes parents. La seule démarche que j'aie faite, c'était pour obtenir mon retour de Bastia, qui était presque un lieu d'exil.

Me BARROT. D'après ce que vient vous dire M. Vaudrey, ce n'était donc pas faveur, mais justice qu'il sollicitait en demandant son retour de Bastia. M. Vaudrey avait glorieusement suivi le mouvement de Juillet, et donné alors l'impulsion à son régiment. Il ne devait donc pas s'attendre à être pour ainsi dire exilé à Bastia. Il avait sollicité une bourse pour l'un de ses enfants et ne l'a point obtenue.

L'audience est levée à quatre heures et renvoyée au lendemain.

AUDIENCE DU 11 JANVIER.

L'affluence est aussi considérable que les jours précédents. La foule se presse pour assister à cette audience, dans laquelle doivent être entendus M. le préfet et M. le général Voirol.

A neuf heures et demie, l'audience est ouverte.

M. LE PRÉSIDENT. Nous allons entendre les témoins relatifs à l'arrestation du colonel Leboul.

On appelle le colonel Leboul ; il est absent.

M. LE PRÉSIDENT. Appelez le témoin Marcot.

MARCOT, canonnier au 4e d'artillerie. Quand nous avons été rangés dans la cour de la caserne, le colonel et quelques autres, dont un jeune homme qui avait le petit chapeau, sont venus. Le colonel nous a parlé d'une révolution, de l'Empereur.... Alors, on a crié *Vive l'Empereur ! vive Napoléon II !*... J'ai crié comme les autres : mais après ça, j'ai dit à un camarade : « Ah çà !... quel empereur? quel Napoléon? » (On rit.) Un camarade m'a dit que c'était le neveu de l'Empereur ; un autre que c'était son fils ; un autre, un vieux de la batterie, m'a dit que c'était l'Empereur en personne (éclats de rire).... à quoi j'ai dit que je ne le croyais pas. Alors on a défilé par la Krutnau, par le pont Saint-Guillaumin, puis devant le logement du colonel Leboul, dont l'on m'ordonna de garder la porte à la tête de dix canonniers. Un officier qui était près de mon colonel, m'aborda et me dit : « Promettez-vous de garder fidèlement ce poste? — Oui, puisque c'est le colonel qui me l'ordonne. — Ne laissez entrer ni sortir personne. » J'étais étonné, mais je me dis que puisque c'était mon colonel qui ordonnait, je devais obéir. Bientôt l'officier qui était près du colonel, revint et me dit encore : « Me répondez-vous du poste? — Oui, je vous en réponds. J'ai donné ma parole d'honneur : c'est la consigne, je ne connais que ma consigne, en preuve que lorsque mon capitaine et mon lieutenant-colonel sont venus pour entrer, j'ai dit : « Désolé, mon capitaine, désolé, mon colonel.... mais vous ne passerez pas. » Ce n'est que quand je ne vis plus personne que je m'éloignai. Je suis allé dans le quartier Finkmatt ; j'ai rencontré un petit bourgeois que je ne reconnaitrais plus, et qui me dit : « N'entrez pas, votre colonel est en prison. » Bientôt j'ai rencontré un fourrier de mon régiment. Voilà tout cé que je sais..., sauf qu'ensuite j'ai bu la goutte avec le fourrier. (On rit.)

M. LE PRÉSIDENT. Quel est l'officier qui vous donna l'ordre d'arrêter le colonel Leboul? de le garder, du moins? — R. C'est un officier du 3e qu'on m'a dit ensuite être M. Schaller.

D. Mais vous ne deviez pas obéissance à cet officier? — R. Il était près de mon colonel, j'ai donc cru que c'était lui qui l'envoyait.

M. LE PRÉSIDENT. Est-ce que M. Schaller marchait près de vous, colonel Vaudrey?

LE COLONEL. Je ne m'en souviens pas.

D. Aviez-vous donné des ordres pour cette arrestation? — R. Nullement; je croyais que c'était le prince. Je faisais exécuter les ordres du prince, mais je ne prenais sur moi aucune disposition.

M. DE GRICOURT. C'est le prince qui se retourna vers M. de Schaller, et qui lui dit : « Prenez une douzaine d'artilleurs et gardez le colonel Leboul. »

D. Colonel Vaudrey, acceptez-vous les dires de M. de Gricourt? — R. Oui, monsieur.

M. DE GRICOURT. M. Vaudrey était à côté du prince, mais c'est le prince qui commandait la colonne.

M. LE PRÉSIDENT, au témoin Marcot. Allez vous asseoir.

Marcot qui a jusqu'ici conservé l'immobilité du soldat sous les armes, fait un demi-tour à droite, puis se ravisant, et par une seconde évolution en deux temps, il fait face en tête à la Cour.

M. LE PRÉSIDENT. Retirez-vous.

MARCOT. C'est que j'ai encore à dire un mot. Voilà la chose : dans tout ça, moi, je n'ai fait qu'exécuter ma consigne; je ne suis pas dans la politique, moi, et je ne connais pas tout ça.... Eh! bien, on a fait des rapports terribles contre moi; j'ai été puni, j'ai été en prison, et on vient de me donner mon congé.... Faut dire tout, les officiers ont été trop sévères; ils ont eu du courage quand tout a été fini, pour faire des rapports et casser les sous-officiers. (Mouvement.) Si les officiers avaient paru avant, et n'avaient pas été je ne sais où, ça ne serait pas arrivé. Moi je ne connais que la consigne.... mon colonel m'a donné un ordre, il fallait bien l'exécuter.

M. LE PRÉSIDENT. Vous n'avez pas le droit d'incriminer la conduite de vos officiers.

MARCOT. Suffit, c'est dit.

Marcot fait un salut militaire, tourne sur ses deux talons, et retourne à sa place au pas accéléré.

L'huissier annonce que le colonel Leboul est arrivé.

M. LE PRÉSIDENT. Nous allons l'entendre.

M. LEBOUL, colonel du 3e régiment d'artillerie : Je ne sais rien sur l'affaire.

D. Racontez les circonstances de votre arrestation? — R. Je ne sais rien; on a placé douze hommes à ma porte et voilà tout.

D. N'avez-vous pas entendu passer un régiment, musique en tête? — R. Je l'ai entendu, sans savoir ce que c'était. J'ai mis la tête à la croisée, lorsque déjà la moitié de la colonne avait passé le pont Saint-Guillaumin. Avant de regarder, je croyais que c'étaient les pontonniers qui allaient à l'inspection.

D. N'avez-vous pas entendu crier *Vive l'Empereur?* — R. Non, ni *Vive l'Empereur* ni *Vive le Roi.*

D. Avez-vous appris que des officiers étaient venus chez vous pour vous délivrer? — R. Non, j'ai été arrêté environ trois quarts d'heure.

M. LE PRÉSIDENT. Pouvez-vous nous donner des détails sur le lieutenant Schaller? — R. Le canonnier qui était en faction à ma porte m'a dit que c'était lui qui lui avait donné sa consigne.

M. LE PRÉSIDENT. Connaissez-vous ses opinions?

M. LEBOUL. Je ne connais pas ses opinions.

GANDOUIN, canonnier du 3e d'artillerie : A six heures du matin j'entendis crier *Vive le Roi* ou *Vive l'Empereur*, je ne savais pas trop. (On rit.) Je vis bientôt défiler le 4e sur le pont Saint-Guillaumin.

Bientôt le prince passa devant moi, et me prit la main, en me disant : « Nous comptons sur vous, brave canonnier. » On criait toujours *Vive le Roi* ou *Vive l'Empereur*, et je me mis à crier aussi : je criai donc de toutes mes forces *Vive le Roi.* Alors le colonel s'approcha de moi et me dit : « F..., ce n'est pas ça, crie donc *Vive l'Empereur....* » Alors, ma foi, j'ai crié *Vive l'Empereur.* (On rit de nouveau.) Dame! le colonel me le disait.... On me mit bientôt en faction à la porte du colonel Leboul, et le colonel me donna la consigne de ne laisser entrer ni sortir personne.

D. Combien de temps dura l'arrestation de M. Leboul? — R. Environ une heure.

LE COLONEL VAUDREY. Le témoin n'a pas été abordé par le prince, c'est lui qui s'est précipité vers lui et qui l'a embrassé; je craignais même qu'il n'eût quelque mauvaise intention.

M. LE PRÉSIDENT. Ceci est assez invraisemblable.

M. DE QUERELLES. Il y avait l'aigle qui brillait aux yeux de tous, et que j'avais alors l'honneur de porter; il y avait l'état-major du prince, le prince lui-même et tout le régiment qui criaient *Vive l'Empereur!* Le témoin s'est trouvé entouré, et il n'est pas étonnant qu'il se soit pris d'un subit enthousiasme.

En ce moment l'huissier annonce M. Choppin d'Arnouville. A la vue de M. le préfet, un grand mouvement se manifeste dans l'auditoire. L'huissier impose à plusieurs fois silence. Enfin M. le préfet parvient à prendre la parole.

M. Choppin d'Arnouville, préfet du Bas-Rhin, est introduit : il paraît vivement ému.

D. Avez-vous connu quelqu'un des accusés? — R. Le colonel Vaudrey. Je prie la Cour de remarquer d'abord ce fait, que c'est le 29 octobre que je suis arrivé à Strasbourg, de retour de ma tournée de recrutement. Le 30, au matin, j'ai entendu du bruit dans l'antichambre, et presque en même temps derrière mon alcôve. Je vis paraître devant moi un officier et vingt-cinq hommes sabres nus. Cet officier d'état-major, ou soi-disant tel, s'approcha de moi et me dit : Je vous arrête au nom de l'empereur Napoléon. Je lui répondis que je ne reconnaissais ni l'ordre, ni un autre souverain que Louis-Philippe. Mais comme je ne pouvais pas résister à vingt-cinq hommes qui brandissaient leurs sabres autour de moi, je me levai assez doucement. Quand je fus habillé, et je m'habillai le plus lentement que je pus, les canonniers me dirent de marcher. Je déclarai que je protesterais, sinon par la force, du moins en refusant de rien signer, et par mes paroles.

C'est en vain que j'ai fait résistance; ils m'ont entraîné, quoique je m'accrochasse à tout ce qui se rencontrait sous ma main, et nous traversâmes une grande partie de la ville, jusqu'à la caserne d'Austerlitz. Constamment ils m'ont traîné; j'ai protesté, c'était le seul acte de résistance qui me fût possible. Deux canonniers me tiraient par les bras et quatre me poussaient par derrière et me bourraient les reins et les épaules. Plusieurs de ces canonniers me dirent qu'ils avaient reçu l'ordre de leur colonel ; qu'ils étaient fâchés de ce qui m'arrivait. Je fus traîné ainsi jusqu'à la caserne d'Austerlitz. Un adjudant qui était là empêcha que je fusse laissé dans un cachot infect, et dit : « Il n'y a qu'à conduire M. le préfet dans la salle de police. » J'ai fait là de nouvelles interpellations. Un sous-officier qui se trouvait présent, me dit : « C'est l'ordre du général Voirol. — Vous ajoutez, lui dis-je, un mensonge à votre crime. » Une fenêtre donnait sur la cour du quartier ; j'y aperçus un adjudant-major ; je priai qu'on l'appelât : il vint en effet, m'engagea à me tranquilliser, me disant que je ne resterais pas là longtemps. Quatre ou cinq officiers le suivirent bientôt ; ils me dirent la même chose. Mais pourquoi, leur dis-je, me laissez-vous là vous-mêmes ; pourquoi ne pas chercher à me faire sortir ? » Ils se décidèrent alors, me prirent par les bras et me conduisirent jusque chez moi ; j'appris alors que tout était terminé. Pendant toutes les scènes que je viens de rapporter, je m'informai plusieurs fois au nom de qui les canonniers agissaient. « Au nom de notre colonel, » me répondirent-ils. Un entre autres ajouta que c'était aussi par les ordres de M. Voirol.

M. LE CAPITAINE APORTA, au fond de l'auditoire. Monsieur le président, je demanderai la parole pour répondre à M. le préfet.

M. LE PRÉSIDENT. Vous l'aurez tout à l'heure.

M. LE PRÉSIDENT, à M. le préfet. Reconnaissez-vous quelqu'un des accusés pour un de ceux qui vous ont arrêté ? — R. Non, monsieur.

D. Et il était six heures et demie quand on vous a arrêté ? — R. Oui, monsieur.

D. Et quand vous êtes retourné chez vous, quelle heure était-il ? — R. Huit heures et demie.

D. Ainsi votre arrestation aurait duré deux heures. — R. Non, monsieur, car je mis beaucoup de temps à m'habiller, protestant toujours. (On rit.)

M. LE PRÉSIDENT. Colonel Vaudrey, vous avez entendu. — R. Je nie avoir contribué à l'arrestation du préfet.

D. Cependant c'est en votre nom que s'est faite l'arrestation. — R. Je défie un seul des canonniers de le dire.

Me BARROT. Les canonniers ont arrêté M. le préfet au nom de M. le colonel, mais aussi au nom de M. Voirol.

LE COMMANDANT PARQUIN. C'est le prince qui a fait sortir des rangs quinze ou vingt canonniers ; je lui dis que ce nombre suffisait, et je fis entrer les canonniers à l'hôtel de la préfecture.

Me THIERRIET. Il a été fait le 7 août des ouvertures au capitaine Raindre par Louis Bonaparte. Le capitaine a confié ce qui lui avait été dit à M. de Franqueville, qui promit d'en parler à l'autorité. Vous a-t-on parlé de ces projets?

LE TÉMOIN. J'ai, en effet, entendu parler de quelque chose; je savais que des propos avaient été tenus dans les quelques semaines précédentes, par quelques jeunes gens logés à la *Ville-de-Paris*, mais les noms qu'on m'avait donnés étaient estropiés; le général Voirol ne me communiqua point d'ailleurs la lettre qu'il avait reçue. Il y avait alors beaucoup de voyageurs à Strasbourg. Je fis exercer une surveillance sévère.

M. LE PRÉSIDENT. A l'époque du complot, vous étiez en tournée : quand êtes-vous parti de Strasbourg? Il semblerait qu'on eût choisi l'époque de votre absence pour tramer ce complot. — R. Ni la police civile, ni la police militaire n'ont reçu la moindre note sur un complot. Ce complot s'est tramé outre-Rhin; ainsi il n'est pas étonnant que du 15 août au 30 octobre on n'ait reçu aucune information. Quand le complot a éclaté, l'autorité a été aussi étonnée que les habitants de la ville.

M. LE PRÉSIDENT. Monsieur le préfet, chacun sait que vous avez fait votre devoir.

M. LE PRÉFET. Je prie M. le président de me permettre encore un mot : je veux savoir si j'ai dit quelque chose de désagréable sur M. l'adjudant-major. J'en serais fâché, je rends hommage à sa conduite.

LE CAPITAINE APORTA. C'est que les faits, pour ce qui me regarde, ne se sont pas passés comme l'a dit M. le préfet. Ainsi, M. le préfet était dans une salle de maréchal des logis, et non à la salle de police.

M. RAINDRE, revenant du banc des témoins. Je demande la parole; je dois prendre sur moi la responsabilité d'un fait grave. M. le général Voirol....

M. LE PRÉSIDENT. Nous entendrons le général Voirol.

Me MARTIN, l'un des défenseurs du colonel Vaudrey. Il me semble que les prétentions de M. le président sont contraires à la loi; il n'est pas rationnel de renvoyer les détails à donner par un témoin déjà entendu après la déposition d'un témoin non entendu; car il pourrait arriver que ces détails reçussent des modifications, quand, par exemple, la déposition de M. Voirol sera faite.

M. LE PRÉSIDENT. Je n'ai pas besoin de vos leçons; je suis la loi.

Me MARTIN. Je demande alors à prendre des conclusions et à les développer.

M. LE CAPITAINE RAINDRE. Je veux parler d'un fait personnel.

M. LE PRÉSIDENT. Puisque c'est pour un fait personnel, que demande donc le défenseur? Nous cherchons la vérité....

Me MARTIN. Je cherche la vérité comme vous, et nul n'est ici pour autre chose.

Après un court débat, Me Martin obtient la permission de présenter son observation au capitaine.

Me MARTIN. M. le capitaine sait-il si M. Voirol a communiqué ce dont il s'agissait au préfet?

M. RAINDRE. Il n'a dû rien dire; j'ai dit au général : « Je me fais sauter la tête si j'ai quelque chose à démêler avec la police. Je ne veux rien débattre avec des agents inférieurs; que tout ceci se passe militairement et le plus secrètement possible. » Le général voulut bien me donner des garanties: il me donna sa parole.

M. PARQUIN, accusé. Quand j'ai pu lire les journaux, j'ai vu dans un journal de Lyon qu'on me désignait pour avoir arrêté M. le préfet....

M. LE PROCUREUR GÉNÉRAL. L'acte d'accusation ne vous impute pas ce crime : vous êtes donc naturellement disculpé.

M. CHOPPIN. J'ai la certitude que l'ordre avait été donné de ne point exercer sur moi de violences. Je dois à l'habit militaire, bien qu'il ait été compromis dans cette triste circonstance, de déclarer que je n'ai dû les mauvais traitements que j'ai éprouvés, qu'à la résistance opposée par moi.

M. le préfet se retire.

ANTIDE CANTEL, valet de chambre du préfet. Des canonniers se présentèrent à moi, et me demandèrent les clefs de l'appartement : je les donnai. Ils entrèrent et forcèrent M. le préfet de s'habiller, ce que celui-ci fit très-lentement. Ensuite ils l'emmenèrent, malgré sa résistance.

CHRÉTIEN-ALOÏSE WOLTZ, portier de la préfecture. On est venu sonner le matin, je me suis levé aussi vite que possible. On a sonné jusqu'à trois fois. On m'a entraîné et l'on m'a forcé d'indiquer la chambre du préfet. Je refusais : le capitaine mit la main à la garde de son épée, et me dit que c'était fait de moi si je ne montrais pas la porte. J'obéis : quatre canonniers se placèrent à la porte. J'entendis M. le préfet qui disait : « Vous ferez de moi ce que vous voudrez, mais je ne signerai rien. » Et une voix lui répondit : « Je vous donne deux minutes. »

M. le président, en vertu de son pouvoir discrétionnaire, donne ordre de faire appeler M. Silbermann, rédacteur en chef du *Courrier du Bas-Rhin*.

Mais M. le général Voirol étant présent, on procède d'abord à son interrogatoire.

Le général, âgé de cinquante-cinq ans, né à Tavannes, dépose :

Je n'ai connu, parmi les accusés, que le colonel Vaudrey; j'ai vu M. Laity, mais je n'ai point eu de relations avec lui. Ce n'est pas sans émotion que je viens déposer des faits qui se sont passés il y a six semaines, mais cette émotion ne m'empêchera pas de les déclarer à la justice tels qu'ils se sont passés.

Le 30 octobre, à six heures du matin, mon cocher m'avertit que le colonel Vaudrey, à la tête de son régiment, était rue Brûlée, faisant entendre le cri de *vive l'Empereur!* Ce fut pour moi le pressentiment d'une trahison; ma maison était cernée. Je passai un caleçon. Plusieurs officiers montèrent chez moi; le reconnus entre autres le colonel Vaudrey. Un jeune homme vint à moi et me dit : « Général, reconnaissez l'Empereur des Français. » Je repoussai ces propositions qui, si je les eusse acceptées, auraient jeté la France dans tous les désordres de l'anarchie.

La garnison est à nous, me dit le prince. — Vous vous trompez, la garnison n'est pas à vous; elle saura bientôt reconnaître son erreur. » Je m'habillai précipitamment. On vint m'avertir que plusieurs individus armés m'attendaient, notamment le commandant Parquin, et je vis en effet M. Parquin qui me dit : « Retirez-vous, vous n'êtes plus rien. » Comme je pensai que ma présence pouvait déterminer à rentrer dans le devoir, je revêtis mon grand uniforme, et je mis l'épée à la main, décidé à passer à travers ceux qui nous entouraient. Je parlai aux canonniers avec chaleur et leur ordonnai d'arrêter le commandant Parquin. Celui-ci voulut tirer son sabre. Je m'en rapporte à lui, je lui dis : « Rentrez votre sabre », et il ne le tira pas.

Le cri de *vive l'Empereur!* ranima alors le courage déplorable des canonniers, et le chef d'escadron Parquin me repoussa à l'intérieur. Peu solide d'une jambe, je trébuchai et la porte fut brusquement fermée sur moi. Bientôt, résolu à monter à cheval, je parvins à rouvrir la porte. Je gagnai le grand escalier et non le petit, comme on l'a dit; en ce moment entraient sous le vestibule quatre officiers d'artillerie et M. Petit-Grand, officier d'état-major. Encouragé par ce secours inespéré, je me jetai au milieu des canonniers. M. Parquin leur commanda de s'emparer de moi; après une longue lutte où les sabres furent levés sur moi, je parvins à me dégager des mains des soldats; dix canonniers m'escortèrent et j'allai à la caserne d'Austerlitz et ensuite à la citadelle, où je trouvai les troupes dans l'enthousiasme pour le roi des Français; nous marchâmes, et, dans la rue Brûlée, nous apprîmes que le prince avait été arrêté. Je ne revis le prince qu'au quartier Finckmatt où il était prisonnier.

M. LE PRÉSIDENT. Colonel Vaudrey, qu'avez-vous à dire?

M. VAUDREY. Le général a dit la vérité; mais j'étais à côté du prince, c'eût été un déshonneur de l'abandonner. Je prie M. le président de demander à M. Voirol si le prince n'a point paru vivement ému et fort étonné de la réception qui lui fut faite.

LE GÉNÉRAL VOIROL. C'est vrai; mais je dois déclarer ici que je n'ai jamais eu aucun rapport avec le prince : une seule lettre de lui m'a été remise. Quand je la reçus, je m'écriai violemment : « Tout ce que je puis faire pour lui, c'est de lui donner un quart d'heure pour repasser le Rhin. » Au reste, je prie M. le président de m'adresser les questions qu'il croira convenables sur les insinuations de M. Vaudrey.

Me BARROT. Il n'y a pas d'insinuations.

M. LE PRÉSIDENT, au général. Le colonel a été à Bade; à son retour, ne lui avez-vous pas demandé s'il avait vu le prince; s'il ne lui avait pas fait d'ouvertures? — R. Oui, je l'ai questionné; M. de Vaudrey m'a répondu : « Oui, je l'ai vu dans l'antichambre, il ne m'a rien dit. » J'étais certain qu'il avait dû au moins parler de son ouvrage que le colonel avait reçu, et je dois ajouter que moi je ne l'ai pas reçu.

LE COLONEL. Le prince m'avait fait une confidence et je ne croyais pas que l'honneur me permît de la révéler.

M. LE PRÉSIDENT, au général Voirol : N'avez-vous pas reçu une lettre du prince Napoléon? — R. Oui, elle est du 14 août. Le prince me demandait un rendez-vous; il était bien aise, disait-il, de me voir et d'embrasser un bon et loyal officier.

D. M. Franqueville ne vous a-t-il point parlé après cette

lettre? — R. Oui; il m'a dit qu'il ne fallait plus avoir de ménagements. J'allai voir M. le préfet, à qui je dis qu'il fallait redoubler de surveillance; que le prince avait des émissaires, et qu'un officier avait même reçu des propositions. M. le préfet me dit qu'il avait une surveillance active auprès du prince; qu'il avait même un agent auprès de lui.

Me THIERRIET. M. le préfet a dit qu'il n'avait aucune donnée exacte sur les menées du prince; je voudrais entendre là-dessus M. le préfet.

M. CHOPPIN D'ARNOUVILLE. Je crois qu'il y a eu une erreur dans la manière explicite dont s'est exprimé M. le général Voirol. Je ne crois pas qu'il m'ait dit que des propositions avaient été faites. Je lui ai dit que j'avais envoyé quelqu'un à Bade, mais pour une surveillance générale et non pour aller auprès du prince.

M. LE GÉNÉRAL VOIROL. M. le préfet m'a dit : « Je suis parfaitement tranquille, *j'ai un agent auprès du prince.* »

Me F. BARROT. Et M. le général n'a-t-il pas été tout à fait rassuré, d'après les paroles du préfet?

M. LE GÉNÉRAL VOIROL. Sans doute. (Mouvement.)

Me BARROT. Cela suffit.

M. le commandant Parquin, interpellé sur la déposition du général Voirol, dit :

« La déposition est exacte, mais il y a quelques petites irrégularités.

M. LE PRÉSIDENT. Lesquelles?

LE COMMANDANT PARQUIN. Je dois ajouter à la déposition du général Voirol que je n'ai mis le sabre à la main que lorsque j'ai vu d'autres officiers le mettre, et qu'alors, dans la crainte d'une mêlée, je me suis écrié : « Officiers qui tirez le sabre contre nous, je vous rends responsables si M. le général Voirol est blessé dans la mêlée. »

LE TÉMOIN. Vous vouliez le tirer, commandant; on a brandi des sabres sur ma tête et sur celle de ma femme et de ma belle-mère.

LE COMMANDANT PARQUIN. Je dois déclarer qu'il n'a pas été fait mention dans l'instruction de ce fait, savoir qu'on avait brandi le sabre sur la tête du général et sur celle de sa femme; et je croyais en second lieu que M. le président m'aurait interpellé sur l'arrestation du général. J'ai fait opérer cette arrestation, mais c'est sur l'ordre exprès du prince.

Me Martin fait remarquer la contradiction qui existe entre les dépositions du général et celles du préfet.

M. CHOPPIN. Je demanderai la parole. D'abord, je n'ai aucune espèce de souvenir qu'il m'ait été dit que le prince avait des émissaires à Strasbourg, aucun souvenir que des ouvertures aient été faites à un officier, et je crois que le témoin s'est trompé. J'ai envoyé à Bade où tout le monde sait qu'il y a des milliers d'étrangers qui se parlent, se saluent et se quittent. Je pouvais faire surveiller le prince au bal, ou dans un lieu public, et l'agent que j'ai envoyé ne m'a fait que des rapports insignifiants.

M. le préfet retourne à sa place. (On chuchote dans l'auditoire.)

M. LE GÉNÉRAL VOIROL. M. le préfet a dit qu'il n'avait aucun souvenir de ce qui avait été fait. Il n'y a rien d'écrit, mais je maintiens l'exactitude de ma déposition.

M. LE PROCUREUR GÉNÉRAL. Il n'y a pas de malentendu. Toutes les précautions ont été prises et elles ont été déjouées : voilà tout. Du reste, on pourrait donner lecture de la lettre adressée par le prince à M. le général Voirol, et de la lettre adressée par M. le général au ministère après la révélation de M. Raindre.

Voici ces lettres :

Bade, 14 août 1836.

« Général,

« Comptant partir bientôt pour retourner en Suisse, je serais désolé de quitter la frontière de France sans avoir vu un des anciens chefs militaires que j'honore le plus. Je sais bien, général, que les lois et la politique voudraient vous jeter vous et moi dans deux camps différents. Mais cela est impossible. Un vieux militaire sera toujours pour moi un ami de même que mon nom lui rappellera sans cesse sa glorieuse jeunesse.

« Général, j'ai le cœur déchiré en ayant depuis un mois la France devant les yeux, sans pouvoir y poser le pied. C'est demain la fête de l'Empereur et je la passerai avec des étrangers. Si vous pouvez me donner un rendez-vous, dans quelques jours, dans les environs de Bade, vous effacerez par votre présence les tristes impressions qui m'oppriment. En vous embrassant j'oublierai l'ingratitude des hommes et la cruauté du sort. Je vous demande pardon, général, de m'exprimer aussi amicalement envers quelqu'un que je ne connais pas, mais je sais que votre cœur n'a pas vieilli.

« Recevez, général, avec l'expression du bonheur que

j'aurais à vous voir, l'assurance de mon estime et de mes sentiments distingués.

« Napoléon-Louis BONAPARTE.

« Je vous prie de remettre votre réponse à la personne qui vous portera ma lettre. »

Voici la lettre adressée par le général au ministre :

« Monsieur le maréchal,

« J'ai reçu du prince Louis Bonaparte la lettre ci-jointe que je m'empresse de vous adresser; je me serais, sans doute, dispensé de le faire; mais cette lettre acquiert une véritable importance par les démarches qui ont été faites auprès du capitaine Raindre, démarches dont il vous rendra compte lui-même; il vous dira que ce prince est nourri de la pensée que son retour en France peut s'opérer, et que le pays l'attend avec impatience. M. Raindre va plus loin : il prétend même qu'un mouvement militaire doit s'opérer, que l'armée est travaillée, et que des propositions directes lui ont été faites. L'incertitude de cette démarche m'a décidé à vous envoyer la lettre du prince. Voici la réponse verbale que j'ai faite : « *Avant toute chose*, je respecte les lois de mon pays; « une de ces lois bannit à perpétuité la branche des Bonaparte, le prince ne peut remettre le pied en France, et je « ne puis moi-même aller le voir. »

« M. le capitaine Raindre n'a pu me faire connaître son entrevue avec le prince qu'au retour d'une mission que ce capitaine a remplie à Neuf-Brisach. M. Raindre s'est conduit de la manière la plus noble, et ses réponses au prince Louis ont dû bien le détromper de ses projets insensés.

« D'ailleurs, monsieur le maréchal, vous entendrez cet officier, c'est un homme plein d'honneur, c'est le digne fils du commandant de l'artillerie de Nantes.

« Vous penserez, sans doute, que ce rapport sera resté confidentiel; je connais le bon esprit de l'armée; toute entreprise contre le gouvernement viendrait se briser contre le bon esprit des troupes. »

L'audience est suspendue pendant une demi-heure.

Pendant la discussion, de vives conversations s'engagent sur les dépositions de M. le préfet et de M. le général Voirol.

L'audience est reprise :

Me MARTIN. Je voudrais faire une interpellation à M. le capitaine Raindre. Il a omis de parler du voyage à Paris qu'il a été chargé de faire par M. Voirol, et des communications qu'il aurait eues avec le ministre.

LE TÉMOIN. Cette partie de ma mission regardait le général. J'ai porté une dépêche. La commission dont j'ai été chargé ne doit pas regarder la défense; cela est particulier au général et à moi.

Me MARTIN. Nous respectons les scrupules du témoin. Je demanderai à M. le préfet si, depuis le 18, il n'a pas reçu des instructions relatives à la communication du général Voirol?

M. LE PROCUREUR GÉNÉRAL ROSSÉE. Le témoin ne doit pas compte de ses relations avec le gouvernement.

M. LE PRÉFET. Je ne suis pas juge dans cette circonstance, et ne puis révéler ce qui peut se passer entre le gouvernement et moi.

PETITI (Jean-Baptiste), portier à l'hôtel du général Voirol. Entre six et sept heures du matin, j'avais entendu une musique de régiment, puis les cris de *vive l'Empereur!* J'envoyai mon fils dire ce qui se passait à M. le général Voirol. Dans cet intervalle, je vis M. Parquin venir avec un piquet chez M. le lieutenant général. Ensuite, j'ai vu M. Parquin descendre assez lestement le grand escalier pour venir chercher une escorte et arrêter le général. M. le général Voirol envoya mon fils chez le général Lalande.

CHAUSSON, capitaine au 3e d'artillerie. Le 30 au matin, je fus prévenu que le 4e d'artillerie parcourait la ville sous les ordres de chefs étrangers et avait proclamé l'Empereur. Je me rendis de suite au quartier-général; j'y rencontrai un individu ayant l'uniforme de général. Il me refusa l'entrée du cabinet du général Voirol. Nous étions arrivés plusieurs officiers, et comme nous voulions fermer la porte.... « A moi, canonniers! » s'écria ce général. Nous fûmes alors entourés par des canonniers criant *vive l'Empereur!* Nos exhortations ne produisirent aucun effet sur eux. Une lutte s'ensuivit; au milieu de cette lutte le général Voirol ouvrit violemment la porte. « Quel est ce général? lui dis-je. — Ce général c'est le commandant Parquin. — C'est un traître, un misérable, tuez-le. » Enfin nous parvînmes à délivrer le général Voirol, qui descendit l'escalier avec nous. Après cela, je courus chercher mon colonel, il me fut impossible de pénétrer jusqu'à lui; la porte était gardée. Je m'en retournais, lorsque je rencontrai le lieutenant Laity, auquel je voulus faire des observations et qui me répondit brusquement qu'il n'avait point d'ordre à recevoir de moi.

LE COMMANDANT PARQUIN. Cette déposition est parfaitement exacte, je ferai seulement observer, qu'entouré de canonniers qui m'étaient dévoués, la vie du général Voirol était entre mes mains; mais que lui, au contraire, ne pouvait disposer de la mienne, puisqu'il était entouré de gens qui ne lui obéissaient plus.

De Vercly, capitaine de pontonniers, est un de ceux qui se rendirent au quartier-général. Il rapporte qu'ils voulaient s'emparer de M. Parquin, mais que celui-ci ayant crié *Vive l'Empereur !* et appelé les soldats, tout ce qu'il put faire ce fut de délivrer le général dans la lutte qui eut lieu. Un canonnier, dit le témoin, me tenait la pointe de son sabre sur la poitrine. Alors, impatienté, je saisis la lame et la brisai; mais le général arriva, et tout fut fini. Je retournai alors à mon régiment, et j'appris bientôt l'arrestation de tous les conjurés.

Petit-Grand, capitaine d'état-major, courut aussi au quartier-général. Je trouvai, dit-il, l'antichambre barrée par un individu habillé en général. Je cherchai, ainsi que MM. de Vercly et Chausson, à détourner les canonniers de leur erreur, et délivrai avec eux le général. Je me rendis de suite au quartier Finckmatt, où le désordre était à son comble. Je vis s'établir la lutte à la suite de laquelle les conjurés furent arrêtés; une première tentative pour s'emparer du prince Louis avait été inutile, mais lorsqu'on fut parvenu à séparer tous les chefs du mouvement, il fut assez facile de s'emparer d'eux. Cependant les canonniers ne voulaient pas laisser prendre leur colonel. Ce fut alors, qu'usant de mes anciens rapports avec le colonel Vaudrey, et de l'amitié que je lui portais, je le suppliai de se rendre et d'arrêter l'effusion du sang. Il fit alors faire silence, et dit d'une voix ferme : « Canonniers, je vous remercie de l'attachement que vous me portez, retirez-vous, obéissez à la loi. »

LE COLONEL VAUDREY. Je prie M. Petit-Grand de déclarer positivement si au moment de mon arrestation tous les canonniers n'étaient pas décidés à me défendre ?

PETIT-GRAND. Cela est vrai !

LE COLONEL VAUDREY. Plusieurs soldats et sous-officiers m'offrirent de prendre leur uniforme et de me sauver. C'eût été une lâcheté, je refusai.

Me BARROT. En consentant à verser un peu de sang, le colonel Vaudrey pouvait-il échapper?

LE TÉMOIN. Je ne le pense pas.

Me BARROT. C'est une simple induction.

M. KARL, substitut du procureur du roi. Les accusés nous parlent souvent de leur désintéressement; mais ces motifs seuls ne les auraient pas guidés, si l'on doit en croire un carnet trouvé chez M. de Querelles; il y est dit : « Nous aurons des chevaux, des habits brodés, et 15 à 20 000 livres de rente, enfin tout ce qui peut rendre la vie confortable. (On rit.) Notre sabre saura nous conquérir tous ces biens. » Je prierai l'accusé de nous expliquer ces paroles, car plus tard l'accusation compte s'en servir.

M. DE QUERELLES. Cette phrase s'explique d'elle-même; il faudrait être des anges pour jouer notre vie comme nous l'avons jouée, sans rien espérer de l'avenir; mais rien ne m'avait été promis, et d'ailleurs je pense qu'il est permis à un militaire d'aspirer à la fortune et aux grades, lorsqu'il compte sur son sabre pour les conquérir. Ensuite je déclare formellement que si je n'avais espéré de la gloire et des libertés pour la France dans le mouvement où j'ai figuré, il n'est point de grades, de faveurs à venir, qui eussent pu m'y entraîner.

M. KARL. Il y a aussi sur ce carnet : « Je serai chef d'escadron, maréchal de camp. » Vous vouliez donc avancer en grade, arriver, qui sait, au grade de maréchal de France.... Je fais ces observations parce qu'il y avait évidemment des promesses.

M. DE QUERELLES. C'est le soir que le prince me dit : « Prenez les épaulettes de chef d'escadron. » Ensuite, quand on écrit de ces enfantillages, en sortant de pension, on ne les traite que comme tels, que comme des rêveries.

VAUDREY. Je prie le témoin de déclarer encore s'il a été exercé contre moi des violences par les soldats du 46e. — R. Aucune violence.

Me BARROT. J'ajouterai que les soldats du 46e n'avaient point de cartouches, tandis que les artilleurs du 4e avaient leurs armes chargées; ainsi, il me semble que les soldats armés du 4e d'artillerie pouvaient bien lutter avec les soldats désarmés du 46e.

DE GRICOURT. Il a été parlé de notre arrestation, mais je tiens à constater que personne de nous n'a cherché à se sauver, car nous étions tous décidés à périr auprès du prince.

Labastie, capitaine d'artillerie, s'est transporté chez le général Voirol dans la matinée du 30 octobre. Les faits qu'il rapporte sont identiquement les mêmes que ceux consignés dans les dépositions précédentes. Après la délivrance du général, celui-ci donna des ordres à porter à Schelestadt, Colmar et Neuf-Brisach.

M. PARQUIN. Cette déposition est exacte; mais je déclare, comme je l'ai déjà dit, que c'est sur l'ordre exprès du prince que j'ai voulu mettre le général aux arrêts, et il le dirait lui-même, le prince, s'il était ici, comme il devrait y être.

Lebeau, caporal au 16e de ligne, était de garde à la porte du général; il dépose que l'on a pris son poste et qu'on les a emmenés jusqu'à la porte de la caserne du 46e, et qu'il a quitté l'artillerie lorsqu'elle est entrée dans la caserne du régiment.

M. LE PRÉSIDENT. Le prince s'est-il adressé à vous et à votre troupe en entrant? — R. Oui, il nous a parlé; il s'est adressé à nous comme étant le fils de l'Empereur; il nous a dit qu'il revenait en France et qu'il fallait nous joindre à lui. Les officiers qui l'accompagnaient nous ont engagés aussi à nous joindre à eux.

M. le procureur général demande quelle est la personne qui commandait le mouvement en arrivant à l'hôtel du lieutenant général et en quittant cet hôtel? — R. C'est le prétendu Napoléon.

LE LIEUTENANT DE QUERELLES. J'ai vu le prince faire le commandement lui-même. Nous avons pris le poste et nous l'avons fait marcher pour avoir avec nous l'infanterie. « J'ai donc enfin le bonheur de commander à des soldats français! » a dit le prince, en se tournant vers moi.

LE GÉNÉRAL LALANDE, commandant la subdivision militaire. Avant le 30 octobre je n'avais aucune connaissance de la conspiration. Un capitaine vint me dire qu'une insurrection militaire venait d'éclater; en ce moment une garde vint se placer à ma porte pour m'en barrer le passage. Je parvins à sortir par le logement de mon voisin. Je n'ai vu aucun des conjurés ni avant ni après l'affaire. Après leur arrestation, je me rendis sur la place d'Armes, et j'y passai la revue des troupes.

M. le président annonce qu'on va s'occuper des faits qui se sont passés à la caserne des pontonniers.

UN PONTONNIER. Dans la matinée du 30 octobre, M. Laity nous a fait mettre en tenue du dimanche; il commanda par quatre, se mit à la tête et cria : *Vive l'Empereur!* nous criâmes : *Vive l'Empereur!* « C'est moi qui prends le commandement du bataillon, » dit M. Laity. Nous le suivîmes; mais voyant qu'il ne venait aucun capitaine ni officier supérieur, nous quittâmes M. Laity, et nous rentrâmes dans la caserne.

LAITY. J'ai compris peu des paroles du témoin; mais il a dit que la compagnie des pontonniers avait crié : *Vive l'Empereur!* sans savoir pourquoi. C'est un cri qu'on ne profère pas sans le comprendre; j'ai d'ailleurs adressé à la compagnie des pontonniers une allocution. Je leur ai expliqué qu'on proclamait l'Empereur; que déjà le 4e l'avait reconnu et que j'espérais qu'ils ne resteraient pas en arrière; c'est alors qu'ils ont crié.

Joseph Frick, caporal du 3e d'artillerie, pontonnier, fait une déposition semblable. Il ajoute que M. Laity avait promis des cartouches, et qu'il a distribué de l'argent.

Plurre, maréchal des logis du 3e, pontonnier, dépose des mêmes faits; il n'était pas de service ce jour-là. Mais il est arrivé au quartier en apprenant qu'il y avait une révolution. Quand il arriva, le lieutenant Laity achevait une allocution par ces mots : « Pontonniers! c'est moi qui désormais commanderai votre bataillon. »

LAITY. Je n'ai nullement dit que je prenais le commandement du bataillon. Seulement quand je suis arrivé aux grilles, j'ai dit aux chefs de poste que je me mettais à la tête des pontonniers. Je n'aurais pas eu l'impudeur de dire cela à tous les pontonniers. Quant à l'argent, c'était comme l'a fait le colonel Vaudrey, dans le but de subvenir aux besoins des soldats pour la journée.

M. LE PROCUREUR DU ROI. En entrant au quartier, n'auriez-vous pas dit au maréchal des logis de ne pas prévenir les officiers?

LAITY. Non, monsieur, tout le monde sait qu'un simple officier, faisant cette recommandation aux maréchaux des logis, n'aurait pas été écouté.

Sapin, pontonnier, fait une déposition identique aux précédentes, aussi bien que Jean Capdeville, adjudant sous-officier.

Giliard, du même grade et du même régiment, dépose :

J'ai connu M. Vaudrey et M. Laity. Le 30 au matin, un enfant de troupe, envoyé par l'adjudant Donné, vint m'avertir qu'il y avait une révolution. Le colonel Admirault, que j'allai trouver, me donna ordre d'arrêter le lieutenant Laity. Je rencontrai M. Laity avec ses compagnies, et lui dis de retourner au quartier : « Allez-vous-en promener, me répondit-il, vous et le colonel Admirault. » Bientôt je rencontrai MM. Pétry et Duponoy. Je remis à mon commandant une pièce de cinq francs qu'un maréchal des logis avait reçue de M. Laity.

L'adjudant Donné est appelé.

Le 30 octobre, au matin, on vint me prévenir que M. Laity faisait sonner aux sous-officiers de semaine. Je fis remarquer qu'un officier de compagnie n'avait pas ce droit; mais je fus prêt comme les autres, parce qu'un article de notre règlement porte que si un ordre est donné à tort, il faut toujours obéir, le blâme retombant sur le chef.

M. Gros m'apporta soixante francs dans la cour.

M. Gros me dit : « Prenez, c'est de la part du colonel Vaudrey. » Cela me parut suspect et j'envoyai prévenir M. Giliard qui crut que c'était une plaisanterie et ne vint pas. Ce n'est que quelque temps après qu'averti de nouveau, il se rendit chez le colonel. Pendant ce temps-là, les compagnies se réunirent. Je refusai de marcher. M. Laity fut mécontent de moi et me dit : « Vous êtes un homme faible; vous aurez sujet de vous en repentir. »

M. LE COLONEL VAUDREY. M. Gros n'a pu dire : « Prenez, c'est de la part du colonel Vaudrey, » je ne lui avais rien donné.

M. LE PRÉSIDENT. Oui, nous savons déjà que c'est Persigny qui a remis de l'argent à M. Gros qui est en fuite. Avez-vous fait entendre au témoin des paroles de menace ou de reproche ? — R. Oui, monsieur.

M. LE PROCUREUR DU ROI. Le témoin n'a pas été aujourd'hui aussi explicite que dans sa déposition écrite; car d'après cette pièce, Laity lui aurait dit : « Vous n'aurez aucune part aux faveurs du nouveau gouvernement. »

Le clairon Piet dépose qu'il a reçu une pièce de cinq francs de Laity.

Après l'audition de ce témoin, l'audience est levée et renvoyée à demain neuf heures.

AUDIENCE DU 12 JANVIER.

L'affluence est moins considérable que les jours précédents : on voit que la curiosité publique commence à se lasser.

L'audience est ouverte à neuf heures. M. le procureur général est absent.

Me Thierriet demande la parole.

M. LE PRÉSIDENT. Parlez.

Me THIERRIET. Hier, monsieur le président, j'ai commis un oubli bien grave. Je voulais adresser quelques interpellations à MM. Voirol et Choppin d'Arnouville sur la levée de l'écrou du prince Louis. Je désirerais que ces témoins fussent rappelés.

M. LE PROCUREUR DU ROI. Il existe au dossier des pièces officielles qui mentionnent les détails de cet enlèvement. Il me semble que la lecture des pièces remplira le but que vous vous proposez.

Me FERDINAND BARROT. Monsieur le président aurait-il la bonté d'entendre un certain Lespiaux, chirurgien-major, comme témoin à décharge. J'ai l'intention de prouver que le colonel Vaudrey a été entraîné; que le prince, qui a été trompé lui-même, l'a entraîné dans son erreur. Ce témoin serait appelé pour déposer d'un fait qui vient à l'appui de ce plan de défense.

M. le président autorise l'audition de ce témoin et ordonne de donner lecture des pièces relatives à l'enlèvement du prince Louis.

Voici le texte de ces documents.

« Nous procureur général du roi, près la Cour royale de Colmar, présentement à Strasbourg, ayant appris du sieur Lebel, directeur provisoire de la maison d'arrêt, qu'en vertu d'une décision de M. le ministre de l'intérieur, le prince Napoléon-Louis Bonaparte avait été enlevé de ladite maison d'arrêt, avant-hier soir, 9 du courant à sept heures du soir;

« Pensant que dans l'intérêt de notre responsabilité, et de

la mission qui nous est confiée, il importait de vérifier le fait;

« Requérons M. le conseiller instructeur de constater juridiquement, et par procès-verbal, le fait de l'enlèvement de la personne de Napoléon-Louis Bonaparte; de recevoir en conséquence les déclarations qui pourraient être nécessaires ou utiles, à telles fins que de droit.

« Fait au parquet à Strasbourg, le 11 novembre 1836.

« *Signé :* ROSSÉE. »

« Vu le réquisitoire ci-dessus, nous conseiller-instructeur, ordonnons qu'il sera fait par nous, ainsi qu'il est requis.

« *Signé :* WOLBERT. »

« Le directeur des prisons civiles est invité, et, au besoin, requis de faire immédiatement conduire devant nous le prince Napoléon-Louis Bonaparte, à l'interrogatoire duquel il doit être procédé.

« *Signé :* WOLBERT. »

« Ce jourd'hui, 11 novembre 1836, ledit sieur Lebel s'est présenté devant nous, et nous a fait la déclaration suivante :

« Le 9 de ce mois, à sept heures du soir, M. le lieutenant général Voirol, commandant la 5e division militaire, et M. Choppin d'Arnouville, préfet du Bas-Rhin, se sont présentés à la prison, m'ont exhibé un ordre ministériel, et ont enlevé le prince, qu'ils ont fait monter dans une voiture se trouvant placée devant la porte principale de la prison. C'est moi-même qui ai fait ouvrir tant la porte de la chambre qu'occupait le prince, que la porte extérieure de la maison d'arrêt; M. le préfet et M. le lieutenant général étaient seuls, personne ne les accompagnait à la prison, et j'ignore si d'autres personnes se trouvaient dans la voiture avec laquelle ils sont partis. Les effets du prince sont restés dans la prison, ils y sont encore ainsi que son valet de chambre. Je n'avais reçu aucun avis annonçant l'enlèvement du prince; je n'en ai eu connaissance qu'au moment où il s'est effectué. Dans une conversation que j'ai eue dans la même journée avec M. le préfet, pour des affaires de mon service, j'ai compris que plus tard il pourrait être question du transfèrement du prince. »

« Après cette déclaration, ledit sieur Lebel nous a présenté son registre d'écrou, coté et paraphé à Strasbourg le 1er octobre 1835. Au recto du folio 188 de ce registre et à la case portant le numéro 564, nous lisons dans la première colonne : Bonaparte Louis-Napoléon, fils de Louis et de Hortense-Eugénie Beauharnais, né à Paris, demeurant à Turgovie, profession de capitaine d'artillerie, entré le 30 octobre courant, âgé de vingt-huit ans, nez grand, taille d'un mètre soixante-dix centimètres, bouche moyenne, cheveux châtains, menton pointu, sourcils châtains, visage ovale, front haut, teint ordinaire, yeux gris, barbe brune, marque particulière.... Dans la seconde colonne : un habit, une chemise, un col, un pantalon, une paire de bottes.

« Dans la troisième colonne nous lisons : Cejourd'hui 31 octobre 1836, s'est présenté au greffe de la maison d'arrêt le sieur Nicolas, huissier en ladite ville, porteur d'un ordre en date du 30 octobre courant, en vertu duquel il m'a été fait la remise de la personne du nommé Bonaparte (Louis-Napoléon).

« *Signé :* NICOLAS et WEIDBRAUN. »

« Dans la quatrième colonne nous lisons :

« Nous, Charles-Théodore Kern, juge d'instruction près la Cour de Strasbourg, ordonnons à tous huissiers, etc., de conduire à la maison d'arrêt de Strasbourg, en se conformant à la loi, le prince Napoléon-Louis Bonaparte, capitaine d'artillerie au service du canton de Berne, prévenu d'attentat contre la sûreté de l'État; mandons et enjoignons au gardien de ladite maison d'arrêt de le recevoir et maintenir en dépôt. Requérons tous dépositaires de la force publique de prêter main-forte, en cas de nécessité, pour l'exécution du présent mandat, à l'effet de quoi nous l'avons signé et scellé de notre sceau.

« *Signé* : Théophile KERN.

« Pour copie conforme, le concierge, « *Signé :* WEIDBRAUN. »

« Dans la dernière colonne intitulée : Mouvement, changement de position, sortie, nous lisons : Par ordre de M. le ministre de l'intérieur et de M. le ministre de la guerre, le lieutenant général baron Voirol et M. Choppin d'Arnouville, conseiller d'État, préfet du Bas-Rhin, donnent levée de l'écrou, et sous leur responsabilité, décharge entière de la personne de Louis-Napoléon Bonaparte.

« Ce 9 novembre 1836.

« *Signé :* VOIROL et CHOPPIN D'ARNOUVILLE. »

« Et avant de clore le présent procès-verbal, nous, conseiller-instructeur, avons adressé au sieur Lebel les interpellations suivantes :

D. N'avez-vous pas refusé de laisser la personne du prince Louis Bonaparte aux personnes qui la réclamaient ? — R. Non; j'ai pensé que c'était une affaire concertée avec l'autorité judiciaire.

D. Dès l'instant où le prince était placé sous mandat de dépôt, son écrou ne pouvait être levé que par l'autorité qui avait décerné le mandat, ou en vertu d'une décision judiciaire, ce que vous ne devez pas ignorer, puisque vous exercez depuis quelque temps les fonctions de directeur des prisons. — R. J'ai pensé et je pense encore que le prince n'a été extrait de la prison que pour y être réintégré. J'ai vu plusieurs fois à Paris des extractions semblables faites par ordre de M. le préfet de police, bien que les prévenus le fussent en vertu de mandats de justice; il est vrai qu'alors les prisonniers ont toujours été réintégrés.

D. Le prince a-t-il suivi M. le préfet et M. le lieutenant général sans difficulté, et sans demander où on le conduisait? — R. Il les a suivis volontairement, sans faire aucune observation, sans demander où on le conduisait, du moins je ne l'ai pas entendu. Je n'ai pas entendu non plus qu'on lui ait fait connaître le lieu où on allait le transporter; M. le lieutenant général et M. le préfet étaient revêtus de leurs uniformes.

D. Quelqu'un était-il venu voir le prince dans la journée du 9 novembre courant? — R. Non; vous devez savoir que vous n'avez pas délivré de permis à cet effet; depuis que la garde du prince m'était confiée, il n'a été visité qu'une seule fois par le général Voirol, qui était porteur d'une permission émanée de vous.

« De tout quoi nous avons dressé procès-verbal, etc.

« *Signé :* LEBEL, WOLBERT et LEMPFRED. »

« Et à l'instant, nous avons fait comparaître devant nous, le sieur Thelin, valet de chambre du prince Louis-Napoléon Bonaparte, et après avoir reçu de lui le serment de dire la vérité, toute la vérité, avons reçu sa déclaration ainsi qu'il suit :

« Le 9 novembre courant, vers sept heures du soir, le sieur Lebel, directeur des prisons, est venu avertir le prince Louis-Napoléon Bonaparte qu'il eût à se tenir prêt pour son transfèrement; je m'occupai de suite de réunir et d'empaqueter quelques effets dont le prince devait avoir besoin. Un moment après, le directeur courut de nouveau chez le prince; il lui annonça l'arrivée d'une voiture; je voulus y placer la malle de mon maître; le général Voirol, que je connais, me dit que le prince n'avait besoin de rien; je vis aussi une personne revêtue d'un uniforme brodé en argent, et on m'a dit que c'était M. le préfet. Cette personne et le général Voirol sont sortis de la prison avec le prince, et un instant après j'ai entendu rouler la voiture. Il n'a été question dans cette circonstance, de la part de qui que ce soit, du lieu où le prince devait être transféré : personne ne le lui a dit en ma présence, et j'ignore s'il l'a demandé. Je ne saurais rien dire de plus sur cet événement, et, sur votre interpellation, j'ajoute que le prince n'avait reçu aucune visite dans la journée du 9 novembre. Le prince paraissait satisfait de son enlèvement, qui a eu lieu sans appareil militaire. Je n'ai pas même vu de gendarme dans cette circonstance.

« *Signé :* THELIN, WOLBERT et LEMPFRED.

« S'est aussi présenté devant nous, sur notre invitation, le nommé Honoré Augier, âgé de vingt-deux ans, surveillant, attaché en ce moment au service des prisons, demeurant à Paris. Après serment prêté, il a déclaré que :

« Dans la soirée du 9 novembre, vers six heures et demie ou sept heures, deux personnes, couvertes chacune d'un manteau, se sont présentées devant la porte de la prison. Ces messieurs ont demandé à parler au directeur, qui les a fait entrer; bientôt après, ces messieurs sont revenus avec un troisième individu, et le directeur m'ayant donné l'ordre d'ouvrir la porte, les trois hommes dont je viens de parler sont sortis; comme je me tenais en devant de la porte devant laquelle il y avait des militaires du poste de la prison, je ne puis pas dire si ces trois messieurs sont partis en voiture ou non. Je n'ai entendu dans la circonstance dont je viens de parler aucune conversation entre les trois individus au moment de leur sortie.

« *Signé* : AUGIER, WOLBERT et LEMPFRED. »

Lettre du préfet à M. le procureur général.

« J'ai reçu la lettre que vous m'avez fait l'honneur de m'écrire aujourd'hui pour me demander des explications sur l'enlèvement de Louis Bonaparte, et je m'empresse de vous satisfaire.

« La déclaration qui a été faite par le sieur Lebel, directeur de la maison d'arrêt, est exacte.

« A sept heures du soir, moins quelques minutes, M. le lieutenant général Voirol, d'après les ordres qu'il a reçus de M. le ministre de la guerre, et moi, d'après ceux de M. le ministre de l'intérieur, nous nous sommes transportés à la maison d'arrêt, où nous avons requis le sieur Lebel, au nom du gouvernement, de remettre entre nos mains la personne de Louis Bonaparte ; la décharge de l'écrou a été rédigée et signée par M. le lieutenant général et moi.

« Rentrés à l'hôtel de la préfecture, nous avons remis le prince Louis Bonaparte entre les mains de M. Cognat, chef d'escadron de la gendarmerie du département de la Seine, chargé de mission par le gouvernement. Celui-ci nous a donné décharge du prisonnier et l'a fait placer dans une des voitures.

« Le départ a eu lieu à sept heures précises.

« Le prisonnier a été conduit à Paris à la préfecture de police.

« *Signé* : CHOPPIN D'ARNOUVILLE. »

« Vu la lettre ci-dessus, nous, procureur général du roi, requérons M. le conseiller instructeur d'ordonner qu'elle sera annexée au procès-verbal rédigé le jour d'hier, au sujet de l'enlèvement de Louis Bonaparte, opéré dans la soirée du 9 du courant.

« *Signé* : ROSSÉE. »

« Vu le réquisitoire ci-dessus, ensemble la lettre qui le précède,

« Ordonnons qu'ils demeureront annexés au procès-verbal

que nous avons dressé le 11 du présent mois, au sujet de l'enlèvement de Louis Bonaparte.

« Ce 13 décembre 1836.

« *Signé :* WOLBERT. »

Lettre du lieutenant général à M. le procureur général.

« En réponse à la lettre que vous m'avez adressée, en date du 12 courant, relative à la levée d'écrou du prince Louis Bonaparte, que, de concert avec M. le préfet, nous avons opérée en signant la décharge consignée sur le registre de M. Lebel, j'ai l'honneur de vous faire connaître que je n'ai agi que d'après les intentions du ministre de la guerre, qui m'a prescrit de seconder de tous les moyens qui sont à ma disposition les ordres donnés par M. le ministre de l'intérieur à M. Cognat, chef d'escadron, commandant la compagnie de gendarmerie de la Seine, chargé de la translation de Louis Bonaparte; ma responsabilité dans cette mesure se trouve donc entièrement à couvert par les ordres que j'ai reçus, et auxquels il était de mon devoir d'obéir.

« Ce 13 novembre 1836.

« *Signé :* VOIROL. »

« Nous procureur général, requérons M. le conseiller instructeur d'ordonner que la lettre ci-dessus demeurera annexée au procès-verbal.

« *Signé :* ROSSÉE. »

« Nous conseiller instructeur, vu le réquisitoire de M. le procureur général et la lettre qui le précède, ordonnons qu'ils resteront annexés au procès-verbal dressé le 11 du présent mois, au sujet de l'enlèvement du prince.

« *Signé :* WOLBERT et LEMPFRED, greffier en chef. »

Une assez vive agitation succède à la lecture de ces pièces.

Me THIERRIET. Pour opérer l'enlèvement du prince, on a suspendu dans ses fonctions le concierge de la maison d'arrêt, et envoyé un sieur Lebel escorté de quelques agents. Je fais cette observation pour que MM. les jurés remarquent bien que le gouvernement se défiait d'un simple agent, habitué à n'obéir qu'aux ordres de la justice, et qu'il lui avait substitué des agents plus dociles, plus complaisants, plus disposés à se prêter à ses volontés.

On continue l'audition des témoins.

Michel Letz, commissaire de police central de Strasbourg, âgé de quarante-neuf ans, dépose : Je me réfère à mes procès-verbaux. Cependant je dois ajouter que le 30 octobre au matin je rencontrai, rue de l'Arc-en-Ciel, M. Laity à la tête de pontonniers : il était très-animé. Je lui demandai ce qu'il allait faire, il me répondit que cela ne me regardait pas, que je l'apprendrais plus tard. Je traversai la troupe et me rendis à la mairie où je reçus l'ordre d'aller à la Finckmatt. De là, je me rendis au domicile de M. Persigny où j'arrêtai Mme Gordon, occupée à brûler des papiers.

M. LE PRÉSIDENT. Accusé Laity, qu'avez-vous à dire? — R. Rien, monsieur.

M. LE PRÉSIDENT. Madame Gordon, vous ne voulez pas dire ce que vous brûliez? — R. Je vous l'ai dit : c'étaient des biographies.

LE TÉMOIN. En effet c'étaient des biographies et des portraits de Louis Bonaparte. Je saisis aussi un sac de cent ducats en or. Mme Gordon ne voulait pas qu'on prît ses ducats, mais je crus que cet or était acquis à la justice. (On rit.) Je pensai qu'il pouvait y avoir dans le sac d'autres pièces de conviction et je le gardai.

M. L'AVOCAT GÉNÉRAL, au témoin. Mme Gordon avait-elle l'air souffrant? — R. Oui, monsieur, assez souffrant?

M. LE PRÉSIDENT. D'où vous venaient ces ducats, madame? — R. Ils m'appartenaient, monsieur.

D. Mais n'est-il pas plus naturel de supposer que cette monnaie étrangère vous venait du prince? — R. Non, monsieur, je l'avais à Paris.

M. LE PROCUREUR DU ROI. Je voudrais adresser une interpellation au colonel Tortel. Colonel, quand l'accusé Vaudrey revint le 27 au soir, ne leva-t-il pas toutes les punitions?

LE COLONEL TORTEL. Il donna ordre de lever toutes les punitions, excepté celles des hommes qui étaient en prison ou à la salle de police pour un temps assez long.

LE COLONEL VAUDREY. J'ai levé toutes les punitions qui n'excédaient pas deux jours. Le règlement donne au colonel le droit de modifier, d'augmenter ou de diminuer, même de lever entièrement les punitions infligées dans le régiment.

M. LE PROCUREUR DU ROI. C'est une question que je faisais au témoin.

L'ACCUSÉ. C'est une question que le règlement tranche d'une manière positive.

M. GÉRARD. Nous en tirerons, nous, les inductions qu'il nous plaira.

L'ACCUSÉ. Je demanderai au colonel Tortel si je n'étais pas très-sévère.

LE TÉMOIN. Oui, et le colonel augmentait surtout les punitions infligées par les grades inférieurs.

M. LE PRÉSIDENT. Le maréchal des logis Marcot s'est permis une sortie contre les officiers. Quelle est votre opinion sur ses paroles?

LE TÉMOIN. Les paroles du maréchal des logis Marcot sont d'autant plus extraordinaires, que nous l'avons engagé longtemps, moi et un autre officier, à changer de conduite lors de la révolte. Au reste ce qui répond mieux que toutes les raisons aux accusations de M. Marcot, c'est qu'aucun officier n'est ici sur le banc des accusés, et le maréchal des logis Marcot pourrait bien y figurer, lui, si l'on n'avait usé d'une grande indulgence envers lui en lui accordant un congé après ces événements, à cause de la mort de son père.

M. SILBERMANN (Gustave), imprimeur à Strasbourg. Le 30 octobre, à six heures et un quart, j'étais dans mes ateliers, lorsque la porte s'ouvrit : je vis paraître un officier, suivi d'artilleurs et paraissant très-animé. « Je viens vous sommer d'imprimer ces trois pièces, » me dit-il, en me montrant un rouleau, et il ajouta que si je refusais, il avait de quoi se faire obéir. Alors douze à quinze artilleurs se rangèrent devant moi. Contre la force il n'y avait pas de résistance. Il me dit: « Je veux de chaque proclamation 10,000 exemplaires. — Alors, vous attendrez, car 30,000 tirages ne se font pas en un instant. — Mais nous attendrons plusieurs jours s'il le faut. » Je les fis entrer dans un atelier qui leur servit de corps de garde, et déjà mes ouvriers avaient composé quelques lignes, lorsque l'officier monta chez moi, me dit qu'il emportait les pièces, et qu'il reviendrait plus tard.

A deux heures la police fit une visite domiciliaire chez moi; on ne trouva rien, puisque les proclamations avaient été emportées par l'officier. Le soir, j'allai au spectacle avec ma femme. A huit heures, comme je sortais, M. Letz se présenta devant moi, et me montra un mandat d'amener. J'étais bien étonné, comme vous pensez. On me conduisit en prison où étaient les autres prévenus; j'écrivis aussitôt à M. le procureur du roi pour lui témoigner toute la surprise que j'éprouvais et le prier de me faire interroger immédiatement. En effet, après dix heures, M. le juge d'instruction vint m'interroger et me faire mettre en liberté.

M. LE PRÉSIDENT. Et vous avez dû céder à la violence? — R. Assurément, monsieur.

D. Avez-vous lu les proclamations? — R. Non, monsieur. On sait que pour un travail de composition, et surtout pour un travail pressé, il faut couper le manuscrit en petits morceaux qu'on distribue à chaque ouvrier.

D. N'avez-vous pas remarqué l'officier? — R. Oui, monsieur, c'était un petit blond, portant un uniforme à peu près d'officier d'ordonnance.

D. N'avez-vous pas su depuis que c'était le sieur Lombard, chirurgien-major? — R. Oui, monsieur.

M. FERDINAND BARROT. Nous demandons la lecture de ces proclamations dont la rédaction prouvera à quelles séductions avaient dû obéir les accusés.

M. LE PRÉSIDENT. Nous n'en ordonnerons pas la lecture. Si vous voulez en tirer parti dans vos plaidoiries, vous en serez maîtres.

Me MARTIN. Il nous est indifférent qu'elles soient lues maintenant ou plus tard.

LE TEMOIN KUBLER, du 46e, sergent (ce sous-officier a été décoré depuis l'affaire). J'étais à la Finckmatt lorsque j'entendis la musique des artilleurs, qui passaient et venaient du côté de la caserne. Tiens, que je dis, on va tirer au tonneau (on rit); il est bien matin encore. Alors, je vis arriver dans la caserne le 4e d'artillerie en criant *vive l'Empereur!* Un officier me présenta une aigle en me disant : « Vous êtes un vieux brave, camarade, *vive l'Empereur!* — Je ne connais pas d'Empereur, lui répondis-je, *vive le Roi!* » Alors j'allai chercher mon fusil, je le chargeai, et je redescendis dans la cour. Je vis des canonniers qui cherchaient à arrêter M. Pleignier, mon lieutenant. « Le premier qui touche à mon lieutenant, leur dis-je, il est mort. » Alors ils le relâchèrent. Nous cherchâmes alors à nous emparer des conspirateurs; nous prîmes un capitaine d'état-major, que nous mîmes dans la cuisine, et nous arrêtâmes aussi M. de Querelles, qui nous dit de ne pas lui faire de mal. Alors arriva M. le major : « Il faut prendre ces gens-là vivants, me dit-il, ce sont des conspirateurs. — Major, lui dis-je, mon fusil est chargé, si vous voulez, je vais lui laisser ma balle dans le ventre. »

M. Parquin sortait avec plusieurs canonniers, je ne pus l'arrêter. Je vis alors revenir le tambour-major avec M. Parquin sous le bras. Je revins alors vers le gros de la foule, et courus présenter la baïonnette de mon fusil au prince; un canonnier la saisit, et pour ravoir mon fusil je fus obligé d'abandonner le prince. Enfin, il fut pris par mes camarades. Le colonel Vaudrey seul n'était pas encore pris. « Canonniers, défendez-moi! » disait-il. Alors, mon colonel, M. Tallandier, vint lui parler; je ne sais pas ce qu'ils se dirent, mais après cela M. Vaudrey s'écria : « Canonniers, retirez-vous, obéissance à la loi. » Alors les canonniers se retirèrent et M. Vaudrey entra dans une chambre de la caserne avec M. Tallandier.

M. LE COLONEL VAUDREY. Il y a une inexactitude dans cette déposition. On ne m'a pas dit de me rendre; je me suis rendu volontairement. Je n'ai pas dit : « Canonniers, à moi! » Mes soldats m'entouraient et étaient à ma disposition.

Les accusés Parquin et de Querelles ne reconnaissent pas le témoin.

M. DE GRICOURT. Le témoin n'a-t-il pas été placé à la grille pour arrêter les officiers du prince? — R. Oui, c'est vrai.

M. DE GRICOURT. Nous voulûmes sortir, le témoin mit le doigt sur la gâchette de son fusil et nous menaça de faire feu si nous essayions de sortir.

D. Y avait-il beaucoup d'hommes avec vous ? — R. Oui, il y avait assez d'hommes avec moi.

L'ACCUSÉ. Ces hommes avaient-ils des cartouches? — R. On ne leur en avait pas encore donné, mais moi je leur en avais donné des miennes.

M. DE GRICOURT. Je dis alors au prince : « Si vous voulez, je vais prendre dix artilleurs, dont les fusils sont chargés, et si vous voulez verser du sang, je me charge de vous frayer un passage.

LE TÉMOIN, vivement. Mais je ne crois pas que vous auriez pu, nous aurions croisé la baïonnette.... Nous aussi nous connaissons le maniement.... (On rit.)

M. DE GRICOURT. Je reconnais que le temoin s'est conduit très-bravement. Mais mon observation avait pour but de montrer que si nous avions voulu verser du sang, le passage était possible au prince et à nous.

ANDRÉ RÉGULUS DEBARRE, sergent. J'ai vu venir le 30 au

matin le prince Louis, suivi d'un grand état-major, du colonel Vaudrey et des artilleurs. Je m'approchai de la grille, et le prince m'aborda : « Tu sers depuis longtemps, mon brave? — Oui, vingt-cinq ans de service, et avec honneur. — Je suis le fils de l'Empereur. — Le fils est mort, je ne connais que le roi. » Voilà que le colonel, suivi de ses artilleurs, crie *aux armes*, et dit aux soldats qui se mettaient aux fenêtres : « Descendez ! — Ne descendez pas, leur dis-je, et criez *vive le Roi!* » Quand j'ai vu que la foule devenait *conséquente*, je dis : « Tout le monde en bas! » Le colonel cria : « A moi, canonniers, qu'on ménage le prince! » Il y a eu une mêlée, même que j'ai reçu un coup de monture de bancal sur la main, et qu'un sergent-major de mon régiment m'a involontairement arraché ma contre-épaulette. Il voulait me la rendre, mais je lui ai dit : « Gardez ma patte, vous me la rapporterez demain. » Au même moment, un maréchal des logis me *plonge* en joue, je l'esquive; un autre criait : « Arrêtez-les! » Je crois que c'était M. Parquin. Le temps de me *démêler* de la *mêlée* arrive le tambour-major Kern, qui saisit M. Parquin, et qui le mit sous son bras. (On rit.) Les autres se sont rendus à M. Tallandier.

LE COMMANDANT PARQUIN. La déposition est exacte. Mais je ferai remarquer que je n'avais pas de sabre et qu'on m'arracha mes épaulettes.

LE TÉMOIN. Je vous dis qu'il faisait voltiger son sabre de tierce et de quarte, tous les tremblements, quoi!

M. DE GRICOURT. Le témoin me porta un coup de sabre à la poitrine; ce coup fut paré par un artilleur. Le témoin était nu-tête.

LE TÉMOIN, frappant des mains. Bon..., très-bon.... Je n'avais pas de sabre et je portais une calotte grecque.

M. DE GRICOURT. C'était alors un autre sous-officier. Je confonds peut-être le témoin avec un autre.

JEAN MORVAN, fusilier au 46e. Le 30 octobre, au matin, j'étais au quartier; les insurgés ont entré, qu'ils criaient *vive l'Empereur!* Un canonnier me dit : « Empoignez le lieutenant Pleignier. » Je refusai, ne voulant pas faire de mal à mes chefs. On a essayé de l'empoigner, nous nous y sommes opposés. Notre monde descendait des chambres; on a croisé la baïonnette. Je vis un canonnier qui couchait en joue le sergent-major Delabarre, alors je lui communiquai un coup de baïonnette dans la joue. Je reçus pour ma part, dans le dos, une pierre qui me fit beaucoup de mal. Je portai un coup de baïonnette à un canonnier qui laissa du coup tomber son mousqueton.

Le prince Napoléon se cachait entre le mur et les chevaux. On l'a empoigné. On a empoigné aussi le colonel. Voilà!

D. Est-ce le colonel qui a crié aux armes?

LE TÉMOIN. Non, c'était l'empereur.... s'entend, c'était le petit jeune homme.

DE QUERELLES. C'est moi qui, sur l'ordre du prince, ai commandé de battre la générale. C'est du 46e qu'est venu l'ordre de battre la charge qui est un ordre de combat. C'est du 46e qu'est venue l'offensive.

JACQUES KERN, tambour-major du 46e, dépose : « Le 30 octobre au matin, j'entendis le 4e venir; je vis le prince qui me tendit la main. Je rentrai mettre une grande tenue et je sortis de nouveau. Je vis le commandant Parquin qui avait le sabre à la main. Le vaguemestre le saisit par la jambe, et en dehors de la grille je le saisis à bras-le-corps. Après cela, je rentrai pour prendre les ordres de mes supérieurs; quand je revins tout était terminé.

LE COMMANDANT PARQUIN. N'avais-je pas avec moi, au moment de mon arrestation, quinze ou vingt canonniers?

LE TÉMOIN. Oui, derrière vous.

D. Combien étiez-vous pour m'arrêter?

LE TAMBOUR-MAJOR, se redressant. J'étais seul.

M. PARQUIN. Il est évident que j'aurais pu résister.

DE QUERELLES. Quand nous sommes arrivés, j'ai dit au prince : « Voilà encore un brave qui sort de la garde impériale. » Ce sont ces paroles qui ont provoqué le prince à donner la main au témoin.

M. L'AVOCAT GÉNÉRAL DEVAUX, au témoin. Les artilleurs paraissaient-ils disposés à soutenir M. Parquin? — R. Non, ils ont passé de notre côté.

LE COMMANDANT PARQUIN. Il n'était pas étonnant, quand j'ai vu la partie perdue, que je n'engageasse pas les canonniers dans un combat funeste. Ces canonniers étaient du reste les mêmes qui m'avaient accompagné chez le lieutenant général Voirol.

La déposition du tambour Prioux est de peu d'importance. Un adjudant de son régiment lui a commandé de battre la charge.

M. LE PRÉSIDENT. Vous aviez dit dans l'instruction que c'était par ordre du colonel Vaudrey? — R. Oui, mais c'était mon régiment qui me donnait l'ordre. (On rit.)

D. Étiez-vous à côté de M. Pleignier, qui refusa de prendre les armes? — R. Oui, monsieur, c'est le *petit Napoléon* qui lui donna l'ordre.

LE COLONEL VAUDREY. On dit que j'ai donné l'ordre de battre la charge : c'est une absurdité. Comment aurais-je pu donner ordre au 46e de se porter contre l'artillerie? C'est évidemment absurde.

M. LE PRÉSIDENT. Avez-vous ordonné au lieutenant Pleignier de prendre les armes? — R. Non, c'est le prince.

M. LE PROCUREUR DU ROI, au témoin Delabarre. Était-ce la charge ou la générale qu'on ordonna de battre?

DELABARRE. La générale; c'est M. de Querelles qui donna l'ordre au nom du prince.

M. LE PROCUREUR DU ROI. Prioux, vous vous trompez en disant qu'on vous a fait battre la charge.

PRIOUX. Je ne crois pas. D'abord j'ai battu de tout; j'ai battu les trois batteries.

M. DE QUERELLES. On a en effet aussi battu la charge; mais non par mon ordre.

M. PLEIGNIER, sous-lieutenant au 46e. Le 30 octobre, je vis entrer dans le quartier un jeune homme habillé avec l'ancien costume de Napoléon; il était suivi du colonel Vaudrey, d'un état-major et de plusieurs officiers d'artillerie et de pontonniers. Je demandai au colonel Vaudrey ce que signifiaient les cris de *vive l'Empereur!* que j'entendais. Il me donna l'ordre, au nom de l'Empereur, de faire descendre les soldats en armes. Je lui demandai où était son empereur : il me montra le prince Louis; j'allais me jeter sur lui pour l'arrêter, quand le colonel Vaudrey donna l'ordre de m'empoigner. Les artilleurs me traînaient au milieu d'eux quand des soldats de mon régiment vinrent me délivrer. Je m'élançai alors une deuxième fois sur le prince, et une deuxième fois je fus arrêté. Je vis plusieurs sabres tirés sur moi; je m'emparai alors du mien et criai : Soldats du 46e, à moi! aux armes! L'un des assaillants s'acharna contre moi : c'était un jeune homme ayant de petites moustaches blondes tombantes. Je parvins à m'emparer de lui. La lutte continua avec quelque hésitation de part et d'autre. Le major Salleix arriva. Je fis placer des factionnaires à la grille. Je rencontrai un adjudant, l'adjudant Gall, que je désarmai par mesure de sûreté. Au même moment M. Parquin fut arrêté, après avoir paré quelques coups de baïonnette avec son sabre. Je saisis moi-même M. de Gricourt, qu'on enferma dans une cuisine. M. de Querelles fut arrêté en même temps. Il me dit: « Empêchez qu'on ne me maltraite. »

Je revins à l'endroit où était le prince et le colonel, qui se tenaient contre le mur derrière les chevaux. Ils se défendirent, et je reçus dans ma capote un coup de sabre du prince ou du colonel. M. Salleix et M. Tallandier allèrent vers eux et les sommèrent de se rendre. Le colonel dit : « Je ne me rendrai pas. » M. Tallandier parvint à s'approcher du colonel Vaudrey et lui dit : « Il ne vous sera rien fait, mais rendez-vous, dans votre intérêt. » Le colonel alors se rendit, en disant aux canonniers : « Respect aux lois ! je vous remercie de ce que vous avez fait pour moi, de votre attachement pour moi. » On conduisit le colonel dans ma chambre. Sur les premières marches de l'escalier, il remit son sabre dans le fourreau. C'est dans ma chambre qu'on le désarma.

M. LE PRÉSIDENT. Qui semblait commander le régiment? M. Vaudrey ou le prince? — R. C'était le colonel, puisqu'il donna lui-même l'ordre de m'arrêter, ordre qui a été exécuté.

D. A la fin de cette lutte avait-il le sabre à la main? — R. Oui, monsieur, il l'a gardé jusqu'au moment où il s'est rendu.

LE COLONEL VAUDREY. Le témoin s'est trompé, c'est le prince qui a donné au sous-lieutenant l'ordre de prendre les armes : c'est moi qui, du reste, comme le témoin l'a dit, ai donné ordre de l'arrêter.

M. DE GRICOURT. Je ne conteste pas le courage du témoin; mais je crois qu'il s'est trompé quand il a dit qu'il m'avait pris seul. Plusieurs soldats du 46e m'entouraient et l'ont aidé à me prendre.

M. LE PRÉSIDENT. Colonel, vous seriez-vous servi de votre sabre dans cette lutte, où le témoin a été frappé?

LE COLONEL. Non monsieur, je ne m'en suis servi que pour parer.

LE TÉMOIN. J'ai reçu un coup de sabre dans ma capote entre les deux boutons, et ce coup a été amorti par le sergent Richard, à qui j'ai dû la vie dans cette occasion.

M. PARQUIN. Quand le prince a été arrêté, il m'a déclaré qu'il ne s'était servi de son sabre que pour se défendre.

LE TÉMOIN. J'ai vu le sabre du prince, qui était fort large.

M. GÉRARD. Vous avez déclaré dans l'instruction qu'un

capitaine d'état-major s'était montré fort acharné dans cette circonstance. Le voyez-vous parmi les accusés?

LE TÉMOIN. Non, monsieur.

M. LE PRÉSIDENT. Nous allons prendre seulement un quart d'heure de repos, car nous avons encore un certain nombre de dépositions à entendre, et nous voulons les entendre toutes aujourd'hui.

Pendant la suspension de l'audience, on annonce que M. le procureur général Rossée est assez gravement indisposé, et on paraît douter qu'il puisse porter la parole.

Après une suspension, l'audience est reprise.

M. le procureur du roi fait appeler le témoin Desmarest, entendu à l'audience d'hier, et lui demande si avant de sortir de la caserne d'Austerlitz le colonel Vaudrey avait fait charger les mousquetons. Le témoin répond négativement.

LOGEARS, sergent au 46e de ligne. Lorsque M. de Querelles et M. de Gricourt ont été arrêtés et enfermés dans la cuisine, c'est moi qui ai été chargé de les garder. M. de Querelles m'a dit pendant que je le gardais : « Si vous vouliez me prêter votre capote, je pourrais m'échapper. (Mouvement.)

DE QUERELLES. Je nie positivement ce fait; dans l'accoutrement où j'étais, une capote de soldat eût fait contraste avec le reste de mes habits. D'ailleurs je m'étais assez montré pour qu'on me reconnût aussitôt.

LE TÉMOIN. L'accusé m'a dit aussi : « Hier j'étais lieutenant, commandant ce matin, et dans deux jours j'aurais pu être général, maintenant je ne suis plus rien. »

M. DE QUERELLES. Est-ce qu'un gouvernement ferait une pareille *cacade*, que d'aller donner à un officier un avancement si rapide? J'avais de l'ambition, ma carrière était belle, sans doute, mais je n'étais pas si extravagant que de vouloir un pareil avancement. J'ai pu dire cela au témoin, mais c'était en plaisantant.

M. DE GRICOURT. En effet, M. de Querelles parla à peu près en ces termes au témoin, et je lui dis moi-même que nous ne nous repentions pas, que ce n'était pas fini, du reste, que ce ne serait fini que quand nous serions fusillés.

DESRAUX, sergent au 46e, dépose des faits qui se sont passés à la Finkmatt, dans les mêmes termes que les précédents témoins.

LE COLONEL VAUDREY. Je demanderai qu'on entende

M. Marcelot, témoin non cité, qui peut déposer des faits qui me regardent et qui se sont passés à la Finkmatt.

M. LE PRÉSIDENT. Oui, plus tard.

Étienne Pommerot, sergent au 46e, a gardé le prince et M. le commandant Parquin au corps de garde, pendant une heure et demie. Il a gardé aussi un maréchal des logis dans le même corps de garde.

GAUDRY, canonnier au 3e d'artillerie, dépose : Le matin du 30, j'ai enfermé l'un des accusés dans une cuisine, dans la Finckmatt. Un instant après, M. de Querelles me donna un pistolet, onze balles et des aiguillettes en argent... Il me dit : « Cachez-les. »

M. DE QUERELLES. Je croyais faire plaisir au témoin en lui donnant ces objets, et je lui recommandais de les cacher, de peur qu'on ne les lui prît. (On rit.)

HORNET, lieutenant au 46e, dépose : Je vis de ma fenêtre les insurgés qui se dirigeaient vers la Finckmatt. Je descendis, mais des artilleurs m'empêchèrent de passer ; je pris une autre rue et parvins à gagner la caserne. Là, je vis un homme de haute stature, en habit de général, qui suivait l'état-major. Un jeune homme décoré, qui portait l'aigle, me dit : « Embrassez l'aigle et vous êtes commandant demain. » Je refusai. Le colonel Vaudrey ordonna mon arrestation, et le prince dit, en me montrant : « Cet officier méconnaît sa position. » En ce moment, mon bonnet de police tomba et je reçus un coup de plat de sabre sur le dos. Une lutte s'engagea. Quand on se porta contre M. Vaudrey, il se défendit vivement, et je puis dire qu'il ne se rendit que lorsque tout espoir fut perdu pour lui.

VAUDREY. Je me réfère à ce que j'ai dit; j'ajouterai que je n'ai pas donné ordre d'arrêter le témoin ; au moins, je ne me le rappelle pas.

DE QUERELLES. Je n'avais pas de décoration.

DE GRICOURT. On a dit aussi qu'on avait crié : « Arrêtez les conspirateurs ! » et que ce cri avait été le signal de notre arrestation. Cela n'est pas ; la seule chose qui ait empêché le 46e de se joindre à nous, c'est ce cri qui fut poussé à la porte de la caserne : « Soldats, on vous trompe ; celui qu'on vous a donné pour le fils de l'Empereur n'est qu'un mannequin déguisé. » Plusieurs voix dirent : « C'est le neveu du colonel Vaudrey ! » Dès lors les soldats furent décidés et se tournèrent contre nous.

ANGE MORIN, capitaine au 46e de ligne. Informé de ce qui

se passait aux environs de la Finckmatt, j'arrivai au moment où on venait d'arrêter un *colosse* habillé en général. (Le commandant Parquin.) Mon colonel était au milieu de ce groupe ; il m'ordonna de faire enfermer le prisonnier, ce que je fis. Alors un lieutenant, M. Laity, s'approche de moi et me dit : « Quoi! vous qui portez une croix que vous a peut-être donnée l'Empereur ! — Moi, dis-je, moi ! Mais l'Empereur, je le chéris, je le vénère; j'étais à Waterloo et j'ai versé mon sang pour l'Empereur; mais ce n'est pas ce jeune homme-là. » Pendant ce temps le colonel Vaudrey se défendait contre le mur, et se rendit après un court colloque avec M. Tallandier.

M. LE COLONEL VAUDREY. Cela est l'exacte vérité.

M. LE PRÉSIDENT. Au reste, nous entendrons le colonel Tallandier.

Me F. BARROT. Il n'est pas inutile de constater le fait par le témoignage de M. Morin. Le capitaine était là, il a déposé nettement sur ce point.

LE CAPITAINE. Je n'étais pas présent au moment où on a arrêté le colonel Vaudrey.

Laity interpellé déclare la déposition exacte. Seulement, ajoute-t-il, je suis fâché de désavouer les paroles si belles que me prête le témoin. C'est un autre officier qui les a prononcées.

LE TÉMOIN. Tous deux les ont proférées.

LE COMMAMDANT PARQUIN, également interpellé sur la déposition du témoin : Le témoignage du capitaine est exact, seulement il m'a considérablement grandi. (On rit.)

M. LE PROCUREUR DU ROI. Il est résulté des débats que les armes n'étaient pas chargées. Témoin, s'il y avait eu ordre donné aux troupes insurgées de faire feu, auraient-elles eu le temps de charger les armes?

LE TÉMOIN. Non, monsieur.

LE COLONEL VAUDREY. Au moment où les soldats du 46e prirent l'offensive, les canonniers chargèrent spontanément leurs mousquetons.

LE LIEUTENANT-COLONEL ARMAND SALLEIX, du 46e (major lors des événements), dépose : Le 30 au matin, je fus averti qu'un mouvement militaire avait lieu. Je me levai, et vis M. Labacherie. Je me rendis avec lui à la caserne, où entraient le prince, le colonel, entourés de quelques officiers, et le 4e d'artillerie. Le colonel s'avança vers moi et me dit : « Major, nous proclamons l'Empereur Napoléon II, joignez-vous à nous et criez : *Vive l'Empereur !* » Je refusai, et criai *vive le Roi!* aussi énergiquement qu'il me fut possible. Le colonel ne me fit aucune violence. Les sous-officiers étaient peu animés. A mes injonctions, ils répondirent qu'ils avaient été entraînés. Les soldats du 46e répondirent par le cri de *vive le Roi!* que moi-même je poussai avec énergie. Aux cris de *vive l'Empereur!* ils descendirent, et parmi eux je remarquai le tambour-major Kern. Nous pensâmes qu'il fallait s'emparer d'abord des principaux chefs. Nous poursuivîmes M. Parquin qui se réfugia du côté de la rivière. Quand il se vit cerné et qu'il reconnut l'impossibilité de s'échapper, il me dit : « Je me rends. » Comme ses épaulettes de général pouvaient influer sur l'esprit des soldats, je les lui fis arracher par mes hommes. Un jeune homme revêtu d'épaulettes de chef d'escadron fut pris au même instant. Ensuite le colonel Vaudrey et le prince durent se rendre également. Après une résistance qui dura quelque temps, le colonel Vaudrey eut des pourparlers avec M. Tallandier et se laissa conduire dans la chambre du sous-lieutenant Pleignier.

LE COLONEL VAUDREY. Lorsque le major Salleix arriva, il n'était pas bien informé de ce qui se passait. Il me demanda ce qu'il y avait. Je lui répondis qu'on proclamait Napoléon II : « Le roi est donc mort? me dit-il. — Je n'en sais rien. » Voilà quel fut ce court dialogue, mais je n'ai pas dit : « Joignez-vous à nous. »

M. SALLEIX. L'accusé a dit : « Joignez-vous à nous; » et j'ajoute que je n'ai pas dit : « Le roi est donc mort? »

LE COLONEL VAUDREY. J'affirme que je dis la vérité.

LE TÉMOIN. J'affirme aussi.

M. LE PRÉSIDENT. Le colonel pouvait-il espérer de s'échapper? — R. Non, car les issues étaient soigneusement gardées.

L'ACCUSÉ PARQUIN. Dans la procédure, on m'a prêté ces mots : « Arrêtez, arrêtez, mes camarades! » Je demanderai au témoin s'il m'a entendu tenir ce propos.

LE TÉMOIN. Non, le commandant Parquin n'a dit que ce mot : « Je me rends. »

LE COMMANDANT PARQUIN. On m'a prêté une exclamation qui me déshonorerait. Je ne veux pas non plus qu'on croie que j'ai voulu fuir. Je suis sorti du côté de la rivière pour rejoindre mes canonniers et défendre mes camarades.

M. L'AVOCAT GÉNÉRAL DEVAUX. Quant aux mots : *Arrê-*

tez! arrêtez, mes camarades! la déposition écrite du témoin Delabarre a été explicite.

Me MARTIN. Mais la déposition écrite du premier témoin, qui est la plus complète des deux, dément complétement ce propos et réfute ainsi celle de Delabarre.

M. LE PRÉSIDENT. L'accusation n'a pas voulu déshonorer l'accusé.

DE QUERELLES. Je demande que le témoin joigne sa déclaration à celle de M. Pleignier, pour faire constater que je n'avais pas de décoration.

Le témoin dit qu'en effet M. de Querelles n'était pas décoré.

Le colonel Tallandier est appelé. Ce témoin, âgé de quarante-six ans, colonel du 18e de ligne, était lieutenant-colonel du 46e lors de l'événement du 30 octobre.

J'ai connu le colonel Vaudrey à l'époque de l'événement qui m'amène ici; je remplaçai mon beau-frère dans le commandement du régiment. Le 30, vers les six heures, M. d'Aigremont, capitaine-adjudant de place, vint me prévenir qu'un mouvement militaire avait lieu dans la ville, dans le but de proclamer empereur un des membres de la famille de Napoléon. Surpris autant qu'il est possible de l'être, je dis au capitaine : « Allez à la citadelle; que les troupes soient en armes et prêtes à marcher. » M. de Franqueville survint alors et me répéta ce qu'on venait déjà de m'apprendre. J'achevai de m'habiller et je descendis. Je rencontrai dans la rue le capitaine Hornet, mais je ne pris pas la peine de l'écouter et je continuai ma course. J'arrivai à la caserne par la grille extérieure.

Tout le côté droit de la caserne était occupé par les artilleurs du 4e, le colonel, le prince et d'autres officiers à leur tête; le côté gauche par des soldats du 46e. Quand ils m'aperçoivent : « Voilà notre colonel, » disent-ils. Aussitôt l'hésitation cessa, ou plutôt se changea en rage. Je donne l'ordre d'arrêter le prince qui est devant eux. Ils se mettent en devoir d'exécuter cet ordre, mais ils étaient trop peu nombreux. En ce moment arriva fort à propos le major Salleix. « Major, lui dis-je, réunissez le plus de monde que vous pourrez; faites battre la caisse. » Les hommes descendirent peu à peu, alors ce furent des cris de rage, et je n'eus plus à exciter mes hommes; mais seulement à les contenir.

On m'amena dans le même moment le commandant Parquin, sans chapeau, en habit de général : « Vous ne devez pas porter les épaulettes de général, lui dis-je; vous êtes un traître et un infâme. » Alors on lui arracha l'une de ses épaulettes; je lui arrachai l'autre, et je donnai ordre qu'il fût conduit au corps de garde.

On avait en même temps arrêté dans la cour les autres insurgés qui avaient formé le cortége du prince. Le prince lui-même venait d'être arrêté. Il ne restait plus que le colonel Vaudrey, et ce n'était pas le moins difficile, parce que ses canonniers le défendaient avec acharnement. On se jeta sur lui et une lutte commença. En même temps le peuple qui était sur les remparts lançait des pierres sur nos hommes, et nous faisait beaucoup de mal. Alors, moi, dans un moment de rage, je m'écriai : « Je ne trouverai donc pas un paquet de cartouches sous ma main ! » Un officier qui était près de moi, me dit à l'oreille : « Colonel, j'en ai un paquet dans ma chambre. — Courez ! courez le chercher ! » Les pierres continuaient à pleuvoir sur nous. Bientôt je pus faire charger les armes et fis tirer quelques coups de fusil sur les assaillants. Cette mesure fit un effet merveilleux, et bientôt tous s'enfuirent, à l'exception d'un seul individu qui resta debout à la même place à nous harceler.

Je courus au colonel qui se défendait toujours. « Colonel, lui dis-je en lui mettant la main sur le collet, rendez-vous ou vous êtes mort. — Non, je ne me rendrai pas, mes canonniers ne le souffriront pas. — Non, non, » répétèrent les canonniers. Alors ils prirent une attitude menaçante; plusieurs canons de fusil se dirigèrent sur moi. « Rendez-vous, dis-je encore au colonel. — Non, je ne me rendrai pas. » Alors une idée me vint; je fis faire silence autour de moi et je dis à l'oreille du colonel : « Vous ne pourriez échapper maintenant; on croit dans la ville que ce mouvement a été tenté en faveur de Charles X, et on est furieux contre vous. » Qu'il me crût ou ne me crût pas, le colonel se rendit alors, et je lui dis : « Vous voyez que rien ne pourrait plus tenter la fidélité de vos soldats; engagez-les à se retirer. » Il se tourna ensuite vers ses canonniers et leur dit : « Canonniers, retirez-vous ! »

Je fis mettre le colonel dans la chambre de la femme d'un officier, au troisième étage. Je fis ensuite une courte allocution aux soldats du 4e, qui sortirent en bon ordre de la caserne et en criant : *Vive le Roi!* avec le plus grand enthousiasme.

LE COLONEL VAUDREY. Quand M. Tallandier m'a abordé,

il ne m'a pas fait de menaces; il s'est approché de moi. Un petit cercle s'est formé autour de nous et alors je me suis rendu. Il ne m'a point saisi, personne ne m'a saisi.

LE TÉMOIN. Je vous ai saisi : la preuve c'est que je vous tenais d'une main, tandis que de l'autre je tenais mon épée et l'épaulette de M. Parquin. Les artilleurs m'ont saisi mon épée qui ne me fut rendue que brisée.

M. VAUDREY. Je nie, colonel.

M. TALLANDIER. Colonel, je dis la vérité.

M. VAUDREY. Nullement.

M. TALLANDIER. Je persiste dans ce que j'ai dit.

M. VAUDREY. Le témoin m'a pris la main d'une manière amicale, mais ce n'est pas à ses menaces que j'ai cédé ; j'étais entouré d'hommes armés comme lui et je pouvais me défendre.

Me F. BARROT. Il y a contradiction entre le témoin et l'accusé. Le major Salleix peut-il nous dire s'il a vu M. le lieutenant-colonel Tallandier, aujourd'hui colonel, saisir le colonel Vaudrey au collet ?

M. LE PRÉSIDENT. Cette question est sans importance.

Me BARROT. Elle en a beaucoup pour moi, qui suis maître de ma défense.

M. SALLEIX. Je ne l'ai pas vu; il y avait beaucoup de monde sur le lieu de la lutte et je n'en ai vu qu'une partie.

Me FERDINAND BARROT. Je voudrais demander à M. le capitaine Petit-Grand, s'il a vu M. Tallandier saisir M. Vaudrey au collet.

M. PETIT-GRAND. Je n'étais à cette scène qu'au commencement. M. Vaudrey, avant l'arrivée de M. Tallandier, consentait à se rendre, mais il ne voulait pas entrer dans la caserne. C'est alors qu'est arrivé M. Tallandier.

M. TALLANDIER. J'affirme que lors de la seconde lutte, j'ai saisi M. Vaudrey.

M. VAUDREY. J'affirme qu'aucune main ne se posa sur ma poitrine.

M. TALLANDIER. J'ai été moi-même tenu par quatre ou cinq canonniers.

M. VAUDREY. Je n'ai pas été saisi au collet. M. Tallandier est le seul qui dise cela. Il ne m'eût pas saisi impunément.

LE COMMANDANT PARQUIN. Lorsque je me suis rendu, j'ai été conduit au quartier. Il est bien vrai que M. Tallandier m'a insulté ; il est très-vrai qu'il m'a arraché mes épaulettes. Il a pu le faire impunément, j'étais son prisonnier.

LE COLONEL TALLANDIER. Je ne puis rien répondre à cette provocation.

Me THIERRIET. Ce n'est point une provocation.

Me PARQUIN, avocat. C'est l'expression d'un sentiment naturel, vrai et légitime. (Vive agitation.)

M. Marcelot, lieutenant du 46e, appelé en vertu du pouvoir discrétionnaire, est entendu sur la demande de Me Ferdinand Barrot.

M. LE PRÉSIDENT. Vous n'abuserez pas de la faveur que je vous accorde.

Me FERDINAND BARROT. Permettez, l'accusation a fait entendre quatre-vingt-un témoins, il peut bien m'être permis d'en faire entendre un ou deux. Plusieurs témoins ont été entendus contre nous sans que l'accusation ait pris la peine de nous les faire signifier. Nous demandons, nous, à faire précéder de quelques explications les témoignages dont nous demandons l'audition. L'accusation ne peut nous refuser ce droit.

M. LE PROCUREUR DU ROI. Est-ce une leçon que vous voulez nous donner?

Me FERDINAND BARROT, avec force. Je ne veux pas donner de leçon.

Me PARQUIN, avocat. Le barreau voit avec peine ce débat, et la manière dont on s'exprime en s'adressant à l'un de ses membres. L'économie avec laquelle nous avons usé du droit de la défense nous fait penser qu'on ne pourrait sans injustice nous reprocher d'en avoir abusé. S'il en était ainsi, ce serait le cas d'appliquer cet adage : *summum jus, summa injuria.*

Nous serons justes. Nous userons de nos droits avec modération. Mais nous demandons avec instance qu'on ne nous les refuse pas. J'ai dû m'étonner, m'affecter, peut-être me plaindre de l'amertume avec laquelle on a répondu à mon confrère qui ne le méritait pas.

M. LE PRÉSIDENT. Il faut que ces débats aient un terme.

Me F. BARROT. Certainement. Le témoin peut-il nous dire comment s'est opérée l'arrestation du colonel?

LE TÉMOIN. Le colonel fit beaucoup de résistance ; il dit à ses canonniers : « A moi, canonniers. » Le colonel Tallandier arriva, et après une nouvelle résistance, le colonel se rendit.

Me F. BARROT. M. Tallandier tenait-il M. Vaudrey au collet?

LE TÉMOIN. Je ne me rappelle pas si c'était au collet. J'ai vu qu'il le tenait.

M. VAUDREY. M. Tallandier me tenait-il par la main ou avait-il l'attitude d'un homme qui voulait en arrêter un autre? — R. Il le tenait comme pour l'arrêter, mais je n'ai pas vu de quelle façon il le tenait.

M. Lespiaux, chirurgien au bataillon des pontonniers, est appelé en vertu du pouvoir discrétionnaire. M. Lespiaux était au greffe de la prison lorsqu'on amena le colonel Vaudrey. Le prince tendit la main à M. Vaudrey et lui dit : « Colonel, me pardonnerez-vous de vous avoir entraîné et conduit à votre perte? — Oui, » lui répondit M. Vaudrey avec un soupir.

M. LE PRÉSIDENT. Y a-t-il des témoins assignés à la requête de Mme Gordon?

Me LIECHTENBERGER. Ces témoins ne se sont pas présentés ; je suis donc obligé d'y renoncer. Je fais cependant toutes réserves à cet égard dans les intérêts de la défense.

M. LE PRÉSIDENT. L'audience est suspendue pour quelques instants. La Cour attend une communication de M. le procureur-général. (La Cour se retire.)

Ces derniers mots de M. le président causent une très-vive agitation. On se livre dans l'auditoire aux conversations les plus animées, et à une foule de suppositions sur ce que peut être cette communication. On a remarqué pendant toute l'audience l'absence de M. le procureur-général. Après quelques minutes, la Cour rentre en séance. Un profond silence s'établit.

M. LE PRÉSIDENT. L'audience est levée et renvoyée à demain.

Le public se retire évidemment désappointé.

AUDIENCE DU 13 JANVIER.

L'audition des témoins est terminée.

A l'ouverture de l'audience, M. le président donne la parole à M. le procureur-général.

Un profond silence s'établit. Quelques-uns des accusés semblent se disposer à prendre des notes.

M. Rossée, procureur-général, s'exprime en ces termes :

« Messieurs les jurés, dit-il, l'attention religieuse avec laquelle vous avez suivi jusqu'ici les débats de cette longue et pénible affaire, nous est une garantie que vous suivrez avec une exactitude non moins scrupuleuse ce qui reste à vous présenter dans l'intérêt de l'accusation et de la défense.

« D'un autre côté, fidèles à l'impartialité, ce noble caractère de la magistrature, nous ne chercherons pas à influencer vos consciences. Vous jugerez d'après l'évidence des faits eux-mêmes, et c'est un devoir que vous remplirez dignement.

« Dans cette affaire les faits parlent avec une précision si énergique que ce serait les affaiblir que de chercher à démontrer que ces actes tendaient à détruire le gouvernement établi, et à porter dans la France l'affreux brandon de la guerre civile ; que la ville de Strasbourg avait été choisie dans l'espoir d'y rencontrer l'appui d'un officier haut placé en grade, d'un officier qui devait plutôt sa position, disons-le, à la bonté du Roi qu'à son mérite et à ses services personnels. (M. le colonel Vaudrey hausse les épaules et sourit.) Cet officier qui joignait la bassesse à la lâcheté du mensonge, au parjure, a cherché à tromper le dévouement de ses soldats pour les entraîner dans son propre crime.

« Il n'est pas moins démontré que les autres accusés ont pris une part active dans le complot que vous avez à punir ; notre tâche sera donc non pas de prouver la réalité du crime, mais la part que chacun y a prise. Grâce à la Providence, grâce au courage héroïque avec lequel nos braves soldats ont repoussé l'esprit de révolte, grâce à l'inspiration du devoir, le moment que les conspirateurs avaient choisi pour leur triomphe, a été justement celui de leur chute. Ces hommes qui voulaient, au moyen d'un bouleversement, conquérir trophées, places, croix et honneurs de toute espèce..., ils sont maintenant devant vous, attendant le châtiment de leur crime !... Le gouvernement impérial était la forme choisie par les conspirateurs ; mais il fallait un drapeau à présenter aux insurgés, dans un pays si souvent agité par tant de commotions politiques. L'un des descendants de l'homme extraordinaire que nous avons vu commander au monde, fut choisi. Mais pourquoi avait-on choisi ce jeune homme? Son nom seul pouvait rassembler quelques débris des partisans du système impérial.

« Dès 1815, Louis Bonaparte avait suivi sa mère dans son exil. Il était inconnu à la France, et ne paraissait pas, malheureusement, la connaître beaucoup non plus. S'il faut croire certaine biographie complaisamment rédigée, comme l'époque actuelle en voit naître journellement, le prince Louis Bonaparte s'exerça à la gymnastique dès l'âge de sept ans. Quand des troubles éclatèrent plus tard en Italie, le prince et son frère aîné partirent pour ces contrées. Bientôt les troubles furent comprimés, la révolte étouffée, mais l'aîné des deux enfants succomba à la peine : l'autre réussit à sortir d'Italie, mais fut obligé, pour y parvenir, d'employer toutes sortes de déguisements. La duchesse de Saint-Leu demanda alors à séjourner quelque temps dans la capitale de la France avec son fils. Le Roi, qui n'est jamais sourd à aucune prière, permit ce séjour à Paris.

« Mais dans le même temps cette capitale était déchirée par des troubles sans cesse renaissants, dont la place Vendôme fut quelquefois le théâtre. Des processions eurent lieu autour du célèbre monument; là se révèlent toutes sortes de sympathies qu'encourageait encore la présence de la duchesse de Saint-Leu et de son fils. Le gouvernement fut obligé de prescrire à cette princesse de sortir de France : la mère et le fils se réfugièrent en Suisse.

« C'est alors que le jeune prince songea sérieusement à se mettre en évidence d'une autre manière. Son épée avait été brisée en Italie, il saisit la plume et se fit législateur. En mai 1832, il publia les *Rêveries politiques*, opuscule dans lequel les critiques les plus amères comme les moins fondées étaient adressées au gouvernement français, qu'il accusait de livrer la nation à la Sainte-Alliance, reproche qu'on a tant répété ailleurs. A la suite de cet ouvrage, il joignit un projet de constitution dont les principales dispositions annoncent un esprit démocratique des plus prononcés. Si une nation l'adoptait, elle serait sur-le-champ plongée dans l'anarchie, car le projet était extravagant, surtout en ce qui concerne la pondération des pouvoirs. Suivant la conclusion de ce livre, l'appel de la famille Bonaparte au trône semblait être le moyen propre à concilier l'ardeur guerrière qui s'était emparée des esprits lors de la publication du livre, avec les passions démocratiques.

« Le jeune duc de Reichstadt seul pouvait être un obstacle

aux projets du prince; mais le fils de Napoléon, atteint d'une maladie que les médecins avaient déclarée sans remède, mourut deux mois après la publication des *Rêveries*. Alors déjà, peut-on en conclure, l'ambition travaillait l'esprit du prince. Juin arriva. Des troubles dont le convoi du général Lamarque fut plutôt le prétexte que la cause, plongèrent la capitale dans le deuil.

« En même temps la révolte désolait les campagnes de la Vendée. Ainsi l'anarchie déchirait la France, là au nom du parti républicain, ici au nom de la faction légitimiste.

« Que la publication de l'opuscule précisément à cette époque fût ou non un effet du hasard, il produisit peu d'effet dans le monde politique et dans le monde savant, le prince reprit la plume, et publia ses *Considérations politiques et militaires sur l'armée.* Nous ne parlerons pas de cet ouvrage, qui nous est inconnu. L'apparition du *Manuel d'artilleur* suivit celle de ce second ouvrage. Le *Manuel* fut envoyé avec une affectation remarquable aux officiers supérieurs de la France, accompagné de lettres extrêmement flatteuses. M. Vaudrey en reçut un exemplaire; M. le général Excelmans en reçut un également.

« C'est dans les premiers mois de 1835 que les projets de Louis Bonaparte sur la France parurent visiblement. Arenenberg, château qu'habitait le prince, était voisin du château de Wolberg, appartenant au commandant Parquin. Ces deux séjours rapprochés l'un de l'autre paraissent avoir servi de point d'appui à ces ambitieux qui voulaient servir leurs intérêts en compromettant leur patrie. Ces mécontents intéressés paraissent avoir reçu dans le château un accueil favorable. »

Ici M. le procureur-général Rossée rappelle que le complot Fieschi, bien que l'accusation ne veuille pas établir de rapprochements directs, était connu à l'avance à l'étranger. Il insiste sur l'alliance bizarre, monstrueuse selon lui, qu'il faut voir dans la procédure actuelle.

« M. de Bruc, ajoute M. le procureur-général, est légitimiste; M. de Gricourt a prouvé qu'il partageait cette opinion, en cherchant à entraîner en 1832 la garnison de Quimperlé. Les autres accusés ont suffisamment prouvé, par leurs propres aveux, leur opinion bonapartiste.

« La déposition de M. Geslin est d'ailleurs explicite sur l'esprit qui avait présidé au complot. Il a hésité à l'audience, il a craint peut-être qu'on ne lui *appliquât en face*, suivant l'expression d'un défenseur, *les qualifications qu'il méritait*, et sa déposition orale a offert quelques variantes, mais elle a été nette et constante sur ce point : savoir, que le complot avait existé et qu'il avait manqué deux fois ; la première, à Strasbourg, et la seconde en Suisse. »

M. le procureur-général examine toutes les circonstances qui ont précédé le complot : les voyages des accusés à Bade, à Strasbourg, à Paris ; il relit les lettres dont il a été plusieurs fois question dans les débats, et par des rapprochements que l'accusation a déjà signalés, il établit la connivence des accusés entre eux.

M. le procureur-général arrivant aux faits qui concernent le colonel Vaudrey, s'élève contre la lâcheté de sa conduite. A ces mots, le colonel se redresse et semble se faire violence pour contenir les sentiments qui l'agitent. Lorsque M. le procureur général caractérise les actes de Mme Gordon, et fait ressortir les honteuses intrigues et les relations galantes que lui attribue l'accusation, Mme Gordon rougit et se cache le visage.

M. le procureur-général établit la culpabilité de la dame Gordon, par son intimité avec le colonel Vaudrey, par ses lettres à ce dernier et les voyages qu'elle fit avec lui ; Mme Gordon a brûlé, après l'événement du 30, et ce jour-là même, une grande quantité de papiers chez le contumace Persigny. Ces pièces devaient être de nouvelles preuves du complot, et c'est à cette disparution de papiers que la dame Gordon doit évidemment de ne pas voir plus de preuves accusatrices s'élever contre elle.

« Quant à M. de Bruc, ex-gentilhomme honoraire de Charles X, on a saisi chez lui des manuscrits qui sont une critique amère du gouvernement, un autographe de Henri V, une médaille à l'effigie de ce prince et d'autres documents qui prouvent, sans conteste possible, que l'accusé était hostile au gouvernement. Il n'est pas permis de supposer que le prince, le voyant pour la première fois à Aarau, lui aurait remis une lettre aussi importante que celle qu'il fut chargé par lui de remettre à M. le général Excelmans. De Bruc, dans la course qu'il a faite dans le même temps avec Persigny, se sera rendu à Arenenberg avec lui et se sera abouché avec le prince.

« Était-ce à ses dépens qu'il voulait faire voyager M. Excelmans, en lui offrant une place dans sa voiture ? non ; car M. de Bruc était fort gêné et un de ses créanciers était à cette époque obligé de lui écrire trois fois pour obtenir la modique somme de vingt-cinq francs.

« De Bruc a voyagé sous le nom de Bayard; pourquoi changer de nom? A Brisach, pourquoi parler avec tant de chaleur de l'Empereur, avec tant de mépris de ses généraux qui n'eussent été rien sans lui, disait-il? »

M. le procureur-général fait d'ailleurs ressortir avec détails les contradictions qui ont existé dans les lettres de l'accusé, et aussi entre les lettres mêmes et sa conduite.

« Pourquoi l'accusé avait-il des épaulettes? C'est qu'il s'annonçait à Persigny, comme devant revenir avec M. Excelmans; et comme conspirateur, il devait avoir des épaulettes. C'était pour lui qu'il les avait achetées avec un argent qui ne lui appartenait pas.

« L'expédition de Tripoli, que l'accusé déclara, dans son interrogatoire, avoir résolue, n'était qu'un conte forgé pour justifier l'existence des sommes d'argent qu'il avait en sa possession deux mois avant l'attentat. L'accusé n'a donné cette explication que pressé par le magistrat instructeur, et après avoir demandé du répit pour répondre, troublé qu'il était par l'impossibilité d'expliquer ses voyages et le contenu de ses lettres. »

M. le procureur-général résume ensuite sa discussion. « Il y a aveu, dit-il, de la part de Laity, Parquin, Gricourt et de Querelles. Le colonel Vaudrey avoue une partie de sa participation au complot; mais une foule de faits rendent ses dénégations sur le reste inutiles. Quant à Mme Gordon, ses relations avec le colonel, son voyage à Bade, à Dijon, sa course avec Vaudrey, à Fribourg, son voyage à Strasbourg, sa visite chez Persigny, et les papiers brûlés démontrent sa culpabilité. De Bruc est également coupable; ses dénégations, ses rapports avec Persigny sont marqués du sceau de l'invraisemblance. Si ces rapports ont été innocents, pourquoi refuse-t-il de les faire connaître?

L'audience est suspendue pendant un quart d'heure.

A la reprise de l'audience, M. le procureur-général continue en ces termes :

« Vous connaissez maintenant les faits qui ont précédé le complot; nous arrivons maintenant à l'exécution. Nous laisserons M. l'avocat-général, M. le procureur du roi et M. le substitut faire à chacun des accusés la part qui lui convient;

nous ne nous occuperons que des faits qui concernent Louis Bonaparte.

Louis Bonaparte partit le 25 octobre d'Arenenberg ; dans la matinée il arriva à l'auberge de *l'Étoile*, à quatre lieues de Fribourg, où il descendit à l'hôtel du *Sauvage*. Vous n'oublierez pas que plusieurs des accusés présents ou contumaces le visitèrent en cet hôtel.

« Louis Bonaparte se rendit de Fribourg à Las, et y coucha le 27. Là il reçut un émissaire venant de Strasbourg, et passa avec lui la soirée. Il a été impossible de connaître l'objet de leur conférence. De Las il revint à Fribourg, et se dirigea vers Bade. Il traversa Brisach, Bade, et arriva à Strasbourg. Son passe-port fut déposé à la porte d'Austerlitz et fut retiré le lendemain de l'hôtel de ville par son valet de chambre. De Gricourt vint à l'hôtel de *la Fleur* où était descendu le prince, et il conduisit le lendemain le prince rue de la Fontaine, 17, où de Querelles vint le chercher pour le conduire dans son propre logement. Louis Bonaparte s'occupa alors des mesures à prendre pour l'attentat ; et le matin du 30, le prince sortit de chez lui suivi de dix ou douze officiers, parmi lesquels le commandant Parquin, de Gricourt, de Querelles, Persigny. Laity était arrivé de très-bonne heure ; il se joignit également au cortége, et l'on se dirigea vers la caserne d'Austerlitz. Le colonel Vaudrey annonça traîtreusement à ses soldats qu'une révolution venait d'éclater, et que le prince Bonaparte était le nouveau souverain qu'il fallait adopter sous le titre d'empereur. On a trouvé en brouillon sur un carnet du prince, ces mots : « Que chacun reste à son rang ; demain les sous-officiers seront officiers et les officiers seront augmentés d'un grade. »

« Le régiment se mit en marche, et quatre pelotons en furent détachés, tant pour opérer l'arrestation des autorités, que pour s'emparer des presses du sieur Silbermann, et le forcer d'imprimer les proclamations du prince.

« Mais je préviens un argument de la défense : *Le prince Louis Bonaparte n'est pas ici*. Son absence au banc de l'accusation vous a pu frapper de quelque surprise ; mais ses torts ne peuvent justifier en rien ceux des autres accusés. Le roi lui a fait grâce ; il en avait le droit. Il y a plus : tous les citoyens n'ont pu que louer cet acte d'une haute sagesse. Cependant, quelques jours après l'attentat, la presse a fait entendre des plaintes : elle a accusé d'illégalité, de partialité, l'action du souverain. Dans cette action, nous le répétons, le roi s'est montré digne du beau titre de roi des Français.

« Dans les premiers jours du mois de novembre, les journaux de l'opposition montrèrent cette tentative comme une entreprise folle, insensée ; on parla de l'inexpérience du prince, de son ignorance de l'état des esprits en France, qui était son excuse ; et argumentant de la mise en liberté de la duchesse de Berry, on pensa qu'une mesure semblable serait appliquée au prince. L'extraction du prince Louis fut opérée, et ces mêmes journaux, dès ce moment, tirèrent parti de cet acte, non pas en le désapprouvant positivement, mais en déclarant l'extraction une raison suffisante pour que les coaccusés du prince ne fussent pas traités avec plus de sévérité. Les choses allèrent plus loin : un parti crut pouvoir attaquer l'autorité directement et trouver l'occasion de débusquer de leurs positions ceux qui occupaient le pouvoir. Des reproches violents ne furent pas ménagés au souverain. Il n'y a dans la mesure ni illégalité ni partialité. Sans doute, il est extraordinaire d'avoir à discuter de pareilles thèses devant un jury; mais comme les accusés s'appuieront sur l'extraction par ordre supérieur, nous devons insister sur la nature de cet acte, qui fournira des moyens à la défense.

« Nous disons qu'il n'y a pas d'illégalité : et d'abord le roi peut faire grâce ; l'article 58 de la Charte est formel ; c'est un acte sans contrôle possible. Le droit de grâce est-il assujetti à quelque forme? Doit-il s'exercer avant ou après le jugement ? Ici nous déclarons encore que le souverain avait toute latitude, car le principe est posé dans la Charte sans restriction. Vous êtes forcés de reconnaître que si plusieurs personnes sont frappées par un arrêt, le roi peut gracier l'une d'elles et laisser les autres sous le coup de l'arrêt ; et s'il peut agir ainsi, comment ne pourrait-il pas gracier, et à plus forte raison, avant le jugement. La magistrature n'est pas encore intervenue dans ce second cas ; on ne peut élever contre le pardon cette espèce de blâme qu'on se croirait en droit de manifester contre le pardon après l'arrêt, car alors il semble qu'il y ait une sorte de défaveur attachée à l'arrêt intervenu.

« En 1831, un moment de rébellion s'est manifesté dans cette ville même ; quelques gardes nationaux s'étaient opposés à la perception d'un impôt sur les bestiaux étrangers. Le préfet crut devoir, dans l'intérêt de l'ordre, suspendre la perception de l'impôt ; il fut blâmé, destitué ; nous fûmes chargé d'instruire l'affaire. Nous n'hésitâmes pas à demander l'amnistie, elle fut accordée le 25 septembre 1831. L'on vous dira, messieurs, que l'amnistie et la grâce sont différentes ; non : l'amnistie prescrit des poursuites, comme la grâce prescrit les peines. La distinction ne repose sur rien de solide ; et, revenant sur ce que nous avons dit, nous déclarons que le droit de grâce peut s'exercer avant ou après le jugement, attendu qu'aucune restriction n'a été apportée dans la Charte à l'exercice de cette prérogative.

« Le reproche de partialité n'est pas fondé. Quelle est la position de Louis Bonaparte ? Il a été banni de France par une de ces lois que la politique peut seule justifier. Louis Bonaparte n'a pas su comprendre cette nécessité ; il s'est cru frappé injustement : aigri par la douleur et le mécontentement, il a conspiré.

« Des intrigants auront cherché à exploiter le mécontentement de ce jeune homme ; une révolution amenant toujours des combinaisons nouvelles, les ambitieux auront saisi l'occasion qui s'offrait. Doué d'une imagination impressionnable, il a cru qu'il était appelé à succéder à son oncle. C'est ainsi qu'il voulait passer en Pologne, lorsque la chute de Varsovie arrêta ses pas. Il avait oublié que la tâche que Napoléon avait entreprise, il ne l'avait accomplie que par cette force qui est le génie. Qu'avait-il lui ? Rien que ces prétentions, rien que les suggestions de son entourage. Il rencontre le capitaine Raindre, qu'il ne connaissait pas : il lui fait des ouvertures ; il écrit au général Voirol, qu'il ne connaissait pas, et lui donne un rendez-vous ; au général Excelmans, qu'il ne connaissait pas, et lui demande aussi un rendez-vous ; n'est-il pas évident qu'il était fasciné par des gens intéressés à le tromper ?

« Ces observations expliquent la différence que nous voulons établir entre Louis Bonaparte et les accusés. Le prince n'était pas obligé envers l'État ; il n'avait pas reçu, comme eux, des honneurs, des grades pour protéger la patrie. Quelle parité dans les positions ? Aucune.

« N'oublions pas, messieurs, qu'en politique, qu'en religion même, il est des actes, qui, pour n'être pas conformes à des principes rigoureux, n'en sont pas moins nobles et beaux. Le prince est le descendant de cet homme extraordinaire qui régla les destinées du monde, qui supporta si noblement l'exil auquel son ambition l'avait condamné. Non, la France n'a pas oublié ses victoires ni son Code immortel ;

heureux si la France n'eût pas acheté si cher tant de gloire! Le roi, qui comprend tout ce qui est noble et généreux, a compris que la présence du prince en ce lieu ferait rejaillir sa honte sur le grand nom de l'Empereur; et méprisant les conseils d'une étroite politique, il a usé noblement des prérogatives de la couronne.

« Le système des accusés consistera peut-être à dire qu'ils ont été entraînés : ce système répugne à votre intelligence. Mais comment céder à l'entraînement de ce jeune homme de vingt-huit ans? singulier héros, auquel ont cédé MM. de Bruc, de Gricourt, une cantatrice! Non, il y a eu séduction, mais séduction par des moyens vulgaires; séduction, mais non entraînement noble et généreux, et la culpabilité doit retomber tout entière sur les accusés. D'ailleurs le prince aussi est puni, il est en exil, et là, il pourra apprendre que la soumission aux arrêts de la destinée est un devoir.

« Il n'y a dans cette affaire qu'un complice, c'est la femme Gordon; les autres ont agi dans un intérêt purement individuel. Chacun d'eux avait pris les insignes d'un grade supérieur, et avait songé avant tout à se faire son lot, à l'exception de la femme Gordon.

« Je cherche les complices sans les trouver. Était-il complice celui qui, joignant la félonie à la trahison, pousse son régiment à l'oubli de tous ses devoirs? était-il complice ce commandant Parquin qui suit partout le prince, et lutte partout avec lui? était-il complice ce Laity qui usurpe le commandement de son bataillon? étaient-ils complices ceux qui se présentèrent devant la Finckmatt? Et quand on se rappelle que ces accusés sont Français, l'indignation le dispute à la douleur. Jamais la justice n'a eu à frapper un acte plus coupable.

« Si le prince a été coupable, les accusés ne l'ont pas été moins. S'il s'était évadé, s'il était mort, il n'en faudrait pas moins juger les autres accusés. Ainsi, vous n'avez pas à vous occuper d'un acte de clémence sur lequel d'ailleurs il n'y a qu'une voix. S'il s'agissait d'une bande de malfaiteurs, acquitteriez-vous, parce que le chef serait absent?

« Vous parlera-t-on d'entraînement? L'entraînement ne peut servir de justification, car c'est toujours à un entraînement que cède le criminel. Veut-on parler d'une fascination morale? Mais d'abord le prince était-il un héros? Comment concevoir qu'un jeune homme qui n'avait que son nom ait pu produire une fascination? Non, il n'y a pas eu d'ailleurs de spontanéité ; il y a eu préméditation.

« Un acquittement serait un crime, nous n'hésitons pas à le dire ; si l'impunité était acquise au coupable, les magistrats n'auraient plus qu'à fermer le temple de la loi, et les bons citoyens devraient se résoudre à toutes les calamités. »

Après ce réquisitoire, écouté avec attention, l'interprète se met en devoir de traduire le discours de M. le procureur général. Quelques minutes se sont à peine écoulées, Me Ferdinand Barrot se lève et dit :

« Je suis fâché d'interrompre l'interprète, mais je ne puis contenir mon indignation et je veux la faire partager à la Cour. A l'instant même M. le colonel Vaudrey vient de recevoir une lettre infâme, lettre évidemment écrite par les plus cruels ennemis de M. le colonel Vaudrey. Je demande la permission d'en donner connaissance à la Cour, et j'insiste fortement pour qu'elle figure parmi les pièces du procès. La voici :

« Paris, 10 janvier. — Ami, tu as échoué dans ta tentative, mais moi je ne manquerai pas, car il ne faut qu'un coup pour tuer un loup, et après Meunier c'est à moi à le faire.

« *Signé :* PERSIGNY[1]. »

M. LE PRÉSIDENT. Je ne puis interrompre la traduction déjà commencée. Lorsqu'elle sera terminée, vous pourrez prendre telles conclusions que vous jugerez convenables.

Me FERDINAND BARROT. Oui, monsieur le président, je prendrai des conclusions.

M. LE PROCUREUR-GÉNÉRAL. Je ferai observer que cette lettre vient de m'arriver toute cachetée de Paris, et que je l'ai fait passer de suite à M. le colonel Vaudrey, sans en briser le cachet.

Me BARROT. C'est vrai, et c'est M. Vaudrey qui vient de me la remettre.

Lorsque l'interprète a achevé la traduction du réquisitoire, Me Barrot se lève.

1. Peu de jours après, dans une lettre datée de Londres, M. Persigny désavoua formellement cet écrit.

« Je demande, dit-il, que la lettre dont je vous ai donné connaissance, il y a quelques instants, figure aux autres pièces du procès; il est indispensable que MM. les jurés puissent apprécier les machinations criminelles auxquelles les accusés sont en butte, en dehors de l'accusation capitale. »

M. le procureur-général s'oppose formellement à l'adjonction de cette lettre aux pièces du procès, il ne comprend pas l'incident que la défense vient d'élever.

Me PARQUIN, avocat. J'avoue que si quelque chose m'étonne ce sont les conclusions prises par M. le procureur-général. Une lettre arrive, n'importe par qui elle a été écrite; cette lettre contient l'indice d'un exécrable attentat qu'on voudrait commettre; cette lettre mettra peut-être sur la voie d'une nouvelle tentative aussi criminelle, aussi odieuse que celle de Meunier : ce n'est plus au nom des accusés, c'est au nom de l'ordre, c'est au nom de la sûreté publique, c'est au nom du souverain que nous demandons que la pièce soit immédiatement déposée entre les mains de la justice.

M. LE PROCUREUR-GÉNÉRAL. Vous déclarez attacher beaucoup d'importance à ce document; nous, nous déclarons n'en ajouter aucune. Il serait indigne de MM. les jurés d'arrêter quelques instants encore l'audience à ce sujet. Je déclare m'opposer formellement à l'insertion de cette lettre aux pièces du procès.

La Cour rend ensuite l'arrêt suivant :

« La Cour, après en avoir délibéré, attendu que la lettre n'a aucun trait à l'attentat du 30 octobre;

« Ordonne qu'elle ne sera pas jointe au procès. »

AUDIENCE DU 14 JANVIER.

On remarque que le colonel Vaudrey est vêtu d'une capote. Les autres accusés ont le même costume que les jours précédents.

M. Gérard, procureur du roi, a la parole, il s'exprime en ces termes :

« Messieurs, le complot dont le jugement vous est déféré,

vous a été retracé dans un tableau fidèle, et je crois que le cadre et les couleurs de ce tableau vous en auront présenté une image assez complète. Vous savez quel en était le but, vous savez quels étaient les espérances, les moyens. Il me reste à dire jusqu'à quel point les coupables ont poussé l'exécution de leurs projets, et la part que chacun a prise à cette exécution. La plupart des accusés ont été pris les armes à la main; ils ont, la plupart, cherché à pousser à la révolte officiers, soldats, citoyens; ils ont avoué leur crime, ils s'en sont fait gloire. La difficulté est donc d'avoir à discuter des preuves qui sont incontestables, puisqu'elles s'appuient sur les aveux les plus explicites. Il le faut pourtant, et votre tâche sera plus facile si vous prêtez à nos paroles cette attention avec laquelle vous avez jusqu'ici recueilli les détails de ce douloureux débat. »

Après cet exorde, M. le procureur du roi annonce qu'il développera les charges qui pèsent sur le colonel Vaudrey, et particulièrement sur ses coaccusés, Parquin, Laity et la dame Gordon. L'organe du ministère public discute en effet ces charges avec clarté et rapidité. Il suit le colonel Vaudrey dans ses démarches à la caserne d'Austerlitz, dans ses courses à la tête de son régiment. Il insiste un instant sur les propositions d'avancement faites par le colonel au lieutenant Rouge. « Le colonel, dit-il, a souvent protesté de son honneur; il ne vendait pas son épée.... Mais le lieutenant Rouge était donc à ses yeux un homme sans honneur, puisque la première parole qu'on lui adresse est une proposition d'avancement s'il veut trahir. Mais le colonel était la première victime de cette séduction, puisqu'il avait reçu lui-même du prince les plus brillantes promesses! »

Après avoir montré combien fut coupable le colonel en usant de tout son pouvoir chez le général Voirol pour faire arrêter ce militaire, M. le procureur du roi passe aux événements de la Finckmatt, et fait un grand éloge du sous-lieutenant Pleignier qui a su arrêter la révolte en résistant au colonel et à Louis Bonaparte, du lieutenant-colonel Tallandier, du major Salleix et de plusieurs autres officiers.

« Le colonel Vaudrey, poursuit M. le procureur du roi, a voulu se faire un mérite qu'il n'a pas, en disant qu'il s'était rendu lorsqu'il pouvait encore résister. Mais alors les canonniers avaient déjà fait entendre ce cri : Nous sommes trahis! Les canonniers avaient reconnu leur erreur. Le sergent Kubler avait voulu trois fois faire feu sur lui, et il l'aurait fait si son lieutenant-colonel ne lui avait ordonné de mettre bas son arme, afin qu'on prît le colonel vivant. Au reste, si le colonel avait pu encore faire verser du sang, s'il l'avait fait verser, ce sang serait retombé sur sa tête.

« S'il faut croire le colonel, il aurait cédé à des mécontentements personnels : des inspecteurs généraux l'auraient maltraité, lui auraient fait subir des humiliations qu'il ne méritait pas. Mais cette allégation a été détruite par la déposition du lieutenant-colonel Tortel qui a dit que le régiment du colonel était beau et bien tenu, et que le colonel était aimé de ses soldats.

« Il a cédé à un entraînement irréfléchi ! Triste excuse ! On vous l'a dit hier, il n'y a pas eu d'entraînement là où il y a eu réflexion ; et les moyens d'exécution du complot ont été préparés avec trop d'attention pour que cette excuse ait quelque valeur.

« Et ce militaire était, dit-on, ambitieux. Sans doute, mais c'est justement son ambition qui l'a perdu. Placé à l'âge de quarante-six ans à la tête d'un régiment, lorsque tant d'autres pouvaient réclamer la position qu'on lui accordait, au nom de services peut-être plus réels que les siens, ne devait-il pas se contenter d'un si beau grade ? Jeune encore, ne pouvait-il pas espérer d'arriver aux premiers grades de la hiérarchie militaire par des voies légitimes ? Messieurs les jurés, pourriez-vous hésiter à condamner le colonel Vaudrey ? Pourriez-vous vous résoudre à voir encore les sentinelles préposées à la garde des lois présenter les armes à ce militaire qui a violé toutes les lois ? La patrie devra-t-elle récompenser à grands frais, et à toujours, ses funestes services ? »

M. le procureur du roi passe à ce qui concerne plus particulièrement l'accusé Laity. Il rend hommage à l'énergie singulière de ce jeune homme qui a distribué de l'argent aux pontonniers lorsqu'il était seul au milieu d'eux, et qui a bravé tous les dangers partout où il s'est trouvé. Il a montré le plus énergique dévouement à la cause qu'il avait embrassée, mais ce dévouement était coupable, il faut qu'il soit puni.

M. le procureur du roi passe rapidement sur les faits relatifs au commandant Parquin. A la fin de son réquisitoire contre cet accusé, il ajoute : « Le commandant Parquin s'est plaint du colonel Tallandier qui lui avait arraché ses insignes ; ces reproches sont immérités. Le commandant était à la verité son prisonnier, mais non pas un prisonnier ordinaire. On ne pouvait attenter à votre personne, mais on ne pouvait vous laisser des insignes que vous n'aviez pas le droit de porter, et dont la vue pouvait entraîner les troupes. On ne pouvait alors transiger avec la trahison; il fallait qu'aux yeux de tous le traître fût dégradé.

« Voilà ce qui justifierait le colonel Tallandier, si une conduite ferme et loyale comme a été la sienne avait besoin de justification.

« Nous nous arrêterons à ces trois accusés, continue M. le procureur du roi, et nous terminerons par quelques réflexions.

« La loi conservatrice de l'ordre social sévit contre celui qui ose tenter de renverser la constitution et d'élever sur ses débris un autre drapeau. La bonne foi de ses convictions ne saurait absoudre son crime. Le but de la loi est de comprimer ces passions ardentes et désordonnées, et l'entraînement ne peut servir d'excuse au citoyen révolté. Mais combien n'est-il pas plus coupable, si par un lien solennel il s'est obligé à défendre les lois du pays, s'il a reçu des armes pour cette défense.

« C'est en foulant aux pieds l'ordre et les lois, c'est en outrageant le prince qui a reçu ses serments, et la France qu'il entraînait dans les conséquences de son crime, que le premier des accusés a été odieux à tous les hommes de bien. Toujours une trahison note d'infamie celui qui s'en rend coupable. Quoi de plus grave, en effet, qu'une insurrection militaire! Quoi de plus dangereux qu'un soulèvement qui menaçait la France tout entière! Si le sang, par un hasard inouï, n'a pas coulé, ce n'est pas aux factieux qu'il faut en montrer de la reconnaissance; si le sang n'a pas coulé, c'est qu'ils ont trouvé eux-mêmes assez d'énergie dans leur esprit de révolte, ou bien qu'ils ont rencontré des obstacles plus puissants que cet esprit de révolte lui-même.

« Que vous diront les accusés? Qu'ils avaient fait le serment de délivrer leur patrie. Mais quand il serait vrai, autant qu'il est absurde de le croire, que la patrie gémit sous un joug oppresseur, quand donc est-il permis de délivrer son pays par la trahison? Est-il si loin de nous le temps où un peuple, fort de sa volonté, de son courage, de la justice de sa cause, se leva tout entier pour placer une royauté nouvelle sur les débris d'une royauté renversée par ses mains? Mais ce peuple ne conspirait pas; ce peuple ne faisait que se défendre contre ceux qui avaient conspiré la ruine de la patrie et de ses libertés. Ce peuple se battait pour la défense des lois. Quel était, au contraire, le mobile des accusés? La légitimité des droits du prétendant? Mais il n'en a jamais eu. Supposons qu'il en ait : ces droits ne dateraient pas d'un jour; et alors, comment justifier des serments prêtés à un autre souverain? des grades acceptés et peut-être sollicités? Ah! je le conçois : si les soldats du 4e avaient vu revenir à eux ce héros qui les avait menés tant de fois à la victoire; si, saisis du même enthousiasme qui porta l'aigle aussi rapide que la foudre du golfe Juan à Paris, je conçois que leur chef, oubliant ses devoirs, eût pu mêler ses hommages à leurs hommages. Mais ce jeune homme inconnu, quel était-il? Aucun exploit ne l'avait fait connaître, et du héros il n'avait ni le sang dans les veines ni les droits en héritage. En vain les organes de la défense viendront, doués d'un beau talent, faire valoir des considérations tirées de l'absence du principal accusé. Ces considérations, étrangères à la cause, ne seront d'aucun poids pour vous.

« Vous avez compris toute l'importance de cette affaire; il ne s'agit pas d'un délit particulier, mais d'un complot ourdi par une poignée de factieux; d'un complot dont le premier effet eût été de livrer notre belle province à la guerre civile. L'étendard de la révolte a été déployé, les devoirs les plus sacrés ont été méconnus, des magistrats ont été arrêtés, traînés en prison.... Il faut aux lois violées une satisfaction éclatante.

« Chaque jour des feuilles répandues avec profusion vous ont dit qu'il fallait acquitter les accusés, qu'il y allait de l'honneur du jury alsacien : « Parmi les accusés, disait-on, « il en est un qu'on a osé soustraire à votre justice. Vengez « la morale outragée par cette inconcevable atteinte au principe de l'égalité devant la loi; vengez-vous vous-mêmes! » Et moi, messieurs, je vous dirai : « Laissez une question dont vous n'êtes pas juges : qu'aucune influence pernicieuse ne corrompe votre jugement dans sa source; n'accordez pas aux coupables une impunité dont le danger ne saurait être comparé qu'à l'attentat lui-même. Ainsi vous prouverez à l'Europe entière que s'il n'est pas de pays plus libre que la France, il n'en est pas non plus où les principes d'ordre et de stabilité aient jeté de plus profondes racines. »

Dès que M. le procureur du roi a cessé de parler, l'interprète présente en allemand une traduction abrégée de ce réquisitoire. M. Karl, substitut du procureur du roi, a la parole.

« Messieurs, dit ce magistrat,

« Nous avons besoin de vous exprimer la profonde douleur que nous éprouvons à porter la parole dans cette affaire. N'est-ce pas un triste et déplorable spectacle que de voir une poignée d'hommes exploiter au profit de leurs mesquines passions trente millions de Français. Honneur, patrie, vous n'êtes donc que de vains mots ! Quel est en effet cet insatiable besoin de trouble et de renversement? religion, morale, on oublie tout ; l'égoïsme, l'ambition sont les seuls mobiles. Une agitation sourde et permanente s'est, il faut l'avouer, glissée dans la société; l'imagination délirante de quelques hommes leur fait voir dans une révolution les moyens de parvenir de suite à des honneurs et des richesses auxquels leurs talents ne leur permettent point d'arriver. C'est l'empire qui n'avait qu'un mobile, l'ambition, qu'un leurre, la gloire ; l'empire qui avait oublié qu'il y avait autre chose à faire d'une grande nation qu'un peuple de conquérants; c'est l'empire qui avait commencé ce malaise moral, dont nous sommes témoins; ce sont les souvenirs de l'empire qui produisent ces agitations continuelles dont nous sommes encore les témoins, et que ne peuvent calmer de sages libertés.

« Il est, messieurs, une ambition légitime, c'est celle qui a pour principe l'amour de la patrie, pour désir la félicité publique. Si la paix nous refuse aujourd'hui la gloire des combats, d'autres routes ne sont-elles pas ouvertes au mérite ? Qu'il y a loin, messieurs, de cette ambition qui est la vertu des grandes âmes à celle qui a fait agir les accusés ! Que voyez-vous en effet ici ? quelques jeunes gens, quelques militaires mécontents de leur position, qui veulent trouver dans une révolution des titres et des richesses, ne s'inquiétant pas du déshonneur qui doit les couvrir quelle que soit la suite de l'entreprise.

« Ah ! messieurs, bénissez avec nous la Providence qui déjoue les tentatives criminelles que les factions ourdissent contre notre pays. Mais n'oubliez pas surtout qu'il faut opposer aux mauvaises passions un frein terrible pour les retenir.

« L'orateur qui nous a précédé vient d'établir l'existence de l'attentat, il nous reste à constater la part plus ou moins active que les deux accusés de Querelles et de Gricourt ont prise à l'attentat, et celle qu'a prise au complot l'accusé de Bruc. »

M. le substitut examine toutes les charges qui pèsent sur l'accusé de Bruc. Arrivant à MM. de Querelles et Gricourt, il ajoute :

« L'accusation, messieurs, ne doit point les séparer. Le complot et l'attentat, pour eux aussi, sont non-seulement prouvés, mais avoués. C'est de Querelles, ainsi que vous le savez, qui s'est procuré l'aigle impériale.

Après avoir rappelé les faits, le ministère public termine ainsi :

« S'il se fût trouvé à la caserne d'Austerlitz un homme de courage et d'énergie qui eût arrêté le colonel Vaudrey, le 4e d'artillerie n'eût pas suivi son colonel. Où en serions-nous si les officiers du 46e eussent raisonné comme les officiers du régiment insurgé ! Mais jetons le voile sur ce tableau désolant, messieurs ; nous trouvons dans les paroles échappées à M. de Querelles, dans les premiers moments de son arrestation, un grand motif d'espérance. M. de Querelles a dit : « Louis-Philippe régnera longtemps sur la France, car son « plus grand ennemi était Louis Bonaparte. » Espérons que l'accusé ne se sera point trompé dans ses prévisions, et que les haines fatales qui divisent notre beau pays ne tarderont pas à s'éteindre. Et que pourrait contre le roi la rage de ses ennemis les plus acharnés? La Providence elle-même ne semble-t-elle pas avoir pris sous son égide la personne sacrée du monarque !

« Il y a, messieurs, encore en France des hommes de courage qui repousseront toujours les mauvaises doctrines, et qui soutiendront au prix de leur sang la grande création de juillet à laquelle ils ont contribué. Les souvenirs que l'on a invoqués ne sont que des inventions pour le besoin de la défense. Peut-être en 1830, si le fils de Bonaparte se fût présenté, lorsque la France expulsait de son territoire un roi parjure, aurait-il eu quelque chance de succès. Mais aujourd'hui les libertés dans leur développement progressif repoussent tout souvenir impérial. Vous l'avez remarqué cependant avec douleur : depuis quelque temps on s'applique à vanter les actions les plus honteuses ; on loue tout, excepté le bien ; et à force de répéter qu'au haut de la chaîne sociale se trouvent le vice et la corruption, on mine les bases de la société. Des écrivains ont l'inconcevable courage de trouver des éloges pour la franchise audacieuse d'un Lacenaire, d'un Alibaud. Si des associations secrètes ourdissent en silence la guerre civile, ce sont des crimes politiques, la loi ne doit point les punir! Si pour la honte de notre siècle, des assassins dirigent une arme homicide sur la personne sacrée de notre roi, l'indignation et la douleur ne trouvent pas d'échos partout; et c'est ainsi, messieurs, que l'on parvient à détruire tous les principes.

« Pauvre peuple, qui croirait travailler à son bonheur en sacrifiant son avenir au profit de quelques intrigants ! La défense voudra vous faire croire que vos attributions sont plus larges que celles de la loi; vous entendrez un frère vous invoquer au nom d'un frère; vous serez accessible à la pitié; mais vous vous rappellerez que vous êtes juges, et, rentrés dans la chambre des délibérations, vous saurez remplir votre devoir. Après le moment de la justice, viendra le moment de la clémence. Le roi sait tendre la main aux malheureux qui auraient recours à ses grâces. Mais vous, vous devez avant tout à la société la condamnation du crime. »

L'audience est suspendue. Le bruit se répand dans la salle que Me Barrot vient de recevoir une assignation devant M. Kern, juge d'instruction, à l'effet de déposer la lettre dont il a été question hier aux débats et qui était adressée au colonel Vaudrey. Hier, après la séance, M. le procureur du roi avait demandé à Me Barrot s'il consentirait à remettre la lettre, et le défenseur avait répondu que, d'après l'arrêt qui venait d'être rendu, il ne croyait pas devoir faire cette remise sans y être contraint judiciairement.

Il paraît qu'aujourd'hui Me Barrot vient de déclarer au juge d'instruction qu'il ne remettrait pas la lettre.

A la reprise de l'audience, Me Ferdinand Barrot a la parole :

Plaidoirie de Me Ferdinand Barrot.

« Ce n'est pas, ce me semble, le défenseur du colonel Vaudrey, qui devrait se lever le premier devant vous et prendre rang dans la lutte engagée. A un autre appartenait cet avant-poste de la défense. Celui-là avait la plus sûre conscience des faits qui servent de base à l'accusation, et de la responsabilité qu'ils entraînent pour les accusés. Tout, dans les débats que vous avez entendus, a procédé de lui et semblait devoir retourner à lui; il était, à vrai dire, la raison et la fin de ce procès : il en était le chef.

« D'où vient qu'il est absent, que sa mission nécessaire reste inaccomplie et que sa parole manque ici à vos consciences, messieurs? Est-ce donc qu'il a fui? Est-ce donc qu'il a voulu se soustraire à votre justice, laissant pour otages à la vindicte publique ceux qui s'étaient jetés à sa suite dans une aventureuse entreprise? Non, messieurs, mille fois non; votre justice, il la demandait, il la voulait; il avait compris que dans tout état social, celui qui fait appel à la force, et qui succombe, doit rendre compte à la loi. Né prince, il sentait couler dans ses veines un sang impérial, le plus illustre sang des temps modernes, et cependant il n'avait point songé que sa tête fût placée au-dessus des lois, et que celles-ci dussent jamais fléchir devant lui. Il était résolu à subir la destinée commune et prêt à prendre sa part dans la solennelle expiation qu'on vous demande.... Mais d'autres se sont trouvés, qui, gardiens jaloux de droits inconnus et de priviléges surannés, se sont empressés de soustraire à la justice humaine, comme une souillure, ce neveu d'empereur auquel ils ont livré passage. (Mouvement.)

« Ces doctrines, messieurs les jurés, il faut en convenir, conduisent à la violation de notre constitution. En effet, ces hommes où vont-ils? Admettre que quelqu'un peut prétendre à la royauté, n'est-ce point admettre qu'il y a au monde des hommes qui pourront par ruse ou par force arracher la couronne de France à celui qui la porte? Cela nous conduit à dire que notre sol de France peut servir de champ clos à tous les prétendants, et que nos lois doivent céder devant ces tournois de princes.

« Il n'y a point de loi qui puisse prévaloir sur l'égalité devant la loi, et le prince Louis repousse aujourd'hui avec l'énergie d'un cœur généreux le principe d'illégalité qu'on veut lui appliquer. Ne tremblez-vous pas en songeant que les prétendants de vingt dynasties peuvent se présenter armés de l'impunité qu'on leur assure. C'est bien le droit des prétendants que l'on fait prévaloir ici. Et vous allez voir que lorsqu'on vous parle clémence, on n'est pas assuré de la qualification qu'il faut lui donner. Je ne me permettrai d'appeler dans ces débats un nom qui doit rester hors de toute discussion, mais je pourrai soutenir que le droit de grâce ne doit jamais faire fléchir la justice! Et puis, messieurs, ne pourrais-je pas m'étonner aussi, dans le temps où nous vivons, de la facilité et de l'empressement avec lesquels on a imposé à celui qui ne la demandait pas la grâce dont on parle. Assurément, je pourrais, m'appuyant de l'exemple cité par M. le procureur-général, vous prouver qu'il y a une énorme différence entre l'amnistie et la grâce. Mais l'amnistie dont nous a parlé le ministère public était une mesure générale ; mais dans le fait dont il s'agit il n'y a eu ni grâce, ni amnistie. Le droit de grâce est un fait qui doit être positif et déterminé ; eh bien ! dans le dossier de la procédure est-il une seule fois fait mention du droit de grâce? Vous n'y trouverez qu'une ordonnance ministérielle. Messieurs, ne vous y trompez pas, il ne s'agit ici que d'un fait ministériel que j'ai le droit d'appeler arbitraire.... »

UNE VOIX DANS L'AUDITOIRE. Bravo !

M. LE PRÉSIDENT. Faites sortir l'interrupteur.

Me BARROT. Aussi, messieurs les jurés, vous ne reconnaîtrez pas cet acte émané du pouvoir. Je demanderai, par exemple, à M. le procureur-général si toutes grâces ne doivent pas être entérinées. Cette formalité n'a pas été remplie. La levée de l'écrou a eu lieu sous la responsabilité des autorités de cette ville. Ainsi nous restons toujours sous l'empire d'une violation de la loi.

« La conscience des juges emprunte à Dieu la justice de ce monde ; aussi est-il impossible d'admettre que la justice ait deux manières d'agir pour deux faits identiques qui se sont passés dans des circonstances identiques. Un crime est commis, la vindicte publique s'arme et s'apprête à punir ; et voilà qu'un pouvoir sans droit, sans juridiction intervient et s'arroge le droit d'entraver les pas de la justice ! C'est-à-dire qu'un homme existe, qui a été le principal auteur d'un crime ; c'est pour lui et par lui que s'exécute une entreprise, et on vous enlève cet homme, et la complicité n'est qu'un cadavre qu'on livre aux tortures de l'accusation ! Le pouvoir a séparé violemment ce qui devait rester uni ; mais s'il a jeté son influence dans un des plateaux de la balance, vous jetterez votre verdict d'acquittement dans l'autre.

« Oui, je me rassure, en parlant devant les nobles et loyaux habitants de l'Alsace ; je compte sur cette loyauté : et quand j'entendais chacun de vous, au commencement de ces débats, prêter le serment de juger avec conscience, je me suis dit qu'il était impossible qu'elle ne se révoltât pas en présence du mépris avec lequel on traite vos droits sacrés.

« Mais croyez que je suis plein du sentiment de mes devoirs

et que rien ne me fera dépasser les limites que je serai obligé de toucher. Mais je conteste à l'accusation le droit de livrer à la flétrissure cinquante années de probité et d'honneur; et chaque fois qu'on usera de cette arme, je saurai la briser dans les mains de l'accusation.

« Quel est cet homme? c'est un homme qui, dit-on, doit ses grades, non pas à son courage, mais à la bonté du roi! Je n'ai, pour répondre, qu'à ouvrir les états de service de cet homme. En 1804, le colonel Vaudrey entra au service de l'École polytechnique. En 1806, il fit partie de l'armée active, et nous arrivons en 1809 : c'est alors que le lieutenant Vaudrey fait partie de l'armée d'Italie et qu'il prend part à l'une de nos guerres d'Autriche les plus glorieuses. Dans le Tyrol, un jour, perdu, enfoncé dans les montagnes, il tombe blessé et il est fait prisonnier. En 1810, il est nommé capitaine. En 1813, dans cette campagne rude et difficile, devant le siége d'une ville, il fit une de ces actions qui ennoblissent toute la vie d'un soldat. Il défendait une batterie, entourée d'un escadron de dragons. Ceux-ci faiblissent, Vaudrey rallie autour de lui quelques-uns de ses soldats, et, à leur tête, arrache à l'ennemi les canons qu'on venait de lui prendre.

« Il tomba, lui, baigné dans son sang; mais l'Empereur le releva en lui donnant l'étoile du courage. A ceux qui ont dit que ce n'était pas un brave officier; à ceux-là, il peut répondre par cette glorieuse activité dont il a donné de si belles preuves; il peut leur dire : J'ai acquis trois croix en six ans; à vingt-huit ans j'avais la poitrine décorée de la croix et couverte de blessures. Non, colonel, vos enfants n'auront pas à rougir de vous; non, l'accusation de félonie n'entachera pas leur nom; ce nom qu'ils tiennent de vous sera leur plus noble héritage!

« On nous disait tout à l'heure que le colonel, si vous l'acquittiez, aurait le droit de recevoir le salut militaire sur les places par ses soldats, lui, cet infâme! Je dirai plus, moi : on peut dégrader le colonel Vaudrey, l'accuser devant nos soldats; il suffira de lire ses états de service, et pas un ne refusera de le saluer.

« Je n'ajouterai pas un mot pour le laver d'un reproche qui est venu mourir à ses pieds. Il a commis des erreurs, je ne le nie pas. Mais on a voulu fouiller dans la vie privée du colonel, on a relevé des faits intimes qui ne regardaient que sa famille. Y a-t-il beaucoup d'hommes qui puissent se montrer si sévères à l'égard des autres. En vieillissant on devrait se montrer indulgent. Dans les faiblesses qu'on lui a reprochées, je n'ai rien vu qui pût servir de corollaires à l'accusation qu'on élève contre lui. »

Me Barrot poursuit le récit de la vie du colonel. Il était chef d'escadron en 1814; blessé, au lit, il apprit que l'ennemi avait posé le pied sur vos provinces, habitants de l'Alsace! Il quitta son lit et put voir tomber sous les coups de l'invasion la gloire impériale à laquelle il eut le malheur de vouloir se rattacher naguère. Et puis lorsque la famille des Bourbons fut revenue au trône, il resta lui en repos. Bientôt l'Empereur revint de l'île d'Elbe; Vaudrey se joignit à Labédoyère, à Ney, qui allaient alors reporter à leur empereur un serment qu'ils avaient prêté aux Bourbons. On les appela aussi félons ceux-là; ils avaient porté la cocarde blanche, ils avaient courbé le front sous le drapeau blanc. La Restauration dit aussi que c'étaient des hommes qu'il fallait condamner, et ils sont tombés sous les épithètes d'infâmes et de traîtres. (Agitation.) Aujourd'hui ce sont là des noms qu'on ne flétrit pas, mais qui flétrissent leur condamnation. Eh! mon Dieu, il n'y a qu'un instant, il y avait là un illustre militaire (M. Excelmans) qui, lui aussi, a protesté un jour contre la justice qui punit l'oubli des serments!

Me F. Barrot arrive à 1830; il dépeint le zèle que mit à Strasbourg le colonel Vaudrey à organiser l'insurrection contre le pouvoir auteur des ordonnances. Cependant le colonel ne prit pas sur lui le mérite d'une responsabilité au moment où elle n'était plus dangereuse, mais il signa une proclamation que chacun refusait de signer, alors que la résistance pouvait être terrible pour ceux qui la tentaient. Il arma la garde nationale, il organisa l'ordre, cet homme qui ne voulait que pillage et massacre.

C'est après ces actes qu'il fut nommé colonel. C'est la bonté du roi qui lui donna ce grade, mais la bonté du roi y était excitée par l'opinion publique. A cette époque aussi, le colonel Vaudrey était un traître et un félon. Alors, il y avait beaucoup de ces traîtres. Aussi faut-il en conclure que le succès absout et que les serments ne se gardent que lorsqu'on peut les faire servir aux intérêts du pays.

« Nous sommes fâché, dit le défenseur, de n'avoir pas plus d'éloges à faire au serment politique. Le serment politique est tombé dans le domaine des transactions humaines. Tant de gens sont si habitués à en prêter, qu'on n'en a pu faire le texte d'une oraison morale. (On rit.) Si un homme n'avait jamais prêté qu'un serment, je lui permettrais de venir insulter le colonel Vaudrey.

« Le colonel a dû subir la participation qu'il avait prise à la grande insurrection de juillet. Exposé à tous les mauvais vouloirs des inspecteurs généraux du comité d'artillerie, il demandait un commandement ; on l'envoya à Bastia d'où il revint par la permission du roi, et il en a eu la reconnaissance qu'il devait. On lui donna le 4e d'artillerie, et à la tête de ce régiment il remplit tous ses devoirs avec activité.

« Je pourrais ici donner lecture d'une lettre adressée ces jours derniers par l'accusé à M. Vatout. Je pourrais dire aussi que dans des élections à Semur, M. Vatout ne l'emporta sur M. Vaudrey que de sept ou huit voix. M. Vaudrey, il est inutile de le dire, était le candidat de l'opposition.

« Enfin le cœur déchiré, il alla à Bade, il vit le prince dans une salle de bal, et c'est le colonel Eggerlé qui le présenta. »

Me Ferdinand Barrot continue sa défense ; il relève le mot de M. le procureur-général, *le système représentatif est essentiellement corrupteur*, et ce terme une *cantatrice*, que M. Rossée a employé comme un mot méprisant. « C'est un mot bien malheureux, dit-il, dans un moment où l'Angleterre et la Belgique se disputent par ambassadeur les restes d'une illustre cantatrice. »

Me Barrot rapporte l'entrevue du prince avec le colonel, dépeint les irrésistibles séductions auxquelles il a dû céder. « Voici, ajoute le défenseur, un acte qui honorera le colonel, et qui prouvera qu'il n'est pas un ambitieux avide. Le prince, lorsque le colonel lui fit sa promesse, lui montra un papier par lequel il assurait 10 000 francs de rente à chacun de ses deux enfants. Le colonel déchira ce papier : « Je donne ma vie, mon sang : je ne les vends pas ! » dit-il.

Le défenseur arrive à la déposition de M. Tallandier. Comment supposer que M. Tallandier aurait osé prendre le colonel au collet. Les artilleurs étaient exaltés ; le témoin avait des pointes de sabre en face, et les soldats auraient souffert qu'un tel affront fût fait à leur colonel !

M. TALLANDIER. Je demande la parole.

M. LE PRÉSIDENT. Le ministère public répondra pour vous.

M. TALLANDIER. On attaque mon honneur !

Me BARROT. Permettez-moi de m'expliquer ; je n'ai pas

attaqué votre honneur, mais quand je défends la tête d'un accusé....

M. TALLANDIER. Et mon honneur!

Me BARROT. Et l'honneur du colonel!

Un débat assez vif s'engage entre le défenseur et M. Tallandier. M. le président suspend l'audience; Me Barrot s'approche de M. Tallandier et lui donne des explications; celui-ci prétend que cinquante témoins peuvent attester la vérité de ce qu'il a dit. On fait cercle autour d'eux.

L'audience est reprise, et Me Barrot, après avoir rendu hommage à l'honneur de M. Tallandier, qui s'est mépris sur ses intentions, reprend sa plaidoirie et continue ainsi :

« Je me contenterai de dire que le colonel a cédé à un sentiment spontané; et que, s'il s'est rendu, c'est qu'il l'a voulu. Vous vous rappelez que le peuple entourait la Finckmatt, qu'il jetait des pierres contre le 46e, et que M. Tallandier, poussé à la dernière extrémité, fut obligé de faire feu sur le peuple. Alors les canonniers avaient leurs armes chargées, et ils auraient pu s'en servir; ainsi, sans avoir la prétention de faire un cours de stratégie, je déclare qu'il y avait possibilité de forcer la grille et de gagner le pont de Kehl; j'en appelle au colonel Tallandier, et sans m'arrêter au témoignage du capitaine Petit-Grand, auquel l'avenir peut réserver de la gloire, je dis que le colonel Vaudrey, qui a fait tant d'actions glorieuses, ne se serait pas rendu sans résistance, s'il eût pu être accusé d'avoir cédé d'une manière peu honorable. »

Après s'être livré à quelques autres considérations, Me Barrot termine ainsi :

« Messieurs les jurés, permettez-moi de vous le dire, je me suis trouvé dans le cours de ce procès sous le poids d'une impression pénible. Au moment où j'arrivais, le prince touchait au sol de l'Amérique, pour lui le sol de l'espérance, pour lui le bonheur. Déjà son esprit est plus calme et plus paisible, il respire en paix; déjà une mère peut aller le consoler et sécher les pleurs qu'a dû verser son enfant. Mais regardez de ce côté, les chagrins, les angoisses de la prison; de ce côté tant de malheurs.... Mais pour eux toutes les voix ne seront pas muettes, tout à l'heure la voix d'un frère vous demandera justice....

« Messieurs, il y avait ici un prince, parmi les accusés, et pour parler comme l'accusation, *la bonté royale* l'a mis en liberté; elle vient d'ajouter une noble action à notre histoire. Mais vous, citoyens, vous, les organes de la loi, et non pas les soutiens de la force, vous vous montrerez dignes de la mission qui vous est confiée. Vous acquitterez, et votre décision s'inscrira dans les plus belles pages de nos annales judiciaires; car il est un principe établi dans nos mœurs: ce principe c'est *justice égale pour tous!*

AUDIENCE DU 15 JANVIER.

L'audience est ouverte à neuf heures.

Me Thierriet, professeur à la Faculté de droit de Strasbourg, défenseur de Laity, s'exprime en ces termes:

Plaidoirie de Me Thierriet.

« Messieurs les jurés, si vous éprouvez quelque surprise à entendre aujourd'hui une voix qui vous est inconnue, j'ai éprouvé de mon côté une émotion bien naturelle, lorsque j'ai été appelé, du fond de la retraite où je me livre à des travaux paisibles, à défendre le lieutenant Laity. Mais dans cette voix d'un accusé qui faisait un appel à ma conscience, j'ai trouvé un appel respectable et sacré qui m'alla droit au cœur. Il serait indigne de la toge que nous avons l'honneur de porter, celui qui serait resté sourd à cet appel.

« J'ai été flatté de voir d'honorables confrères m'ouvrir leurs rangs et me convier à prendre ma place sur ce terrain qui est notre champ d'honneur. J'ai été honoré de m'asseoir entre deux hommes dont l'un porte un nom si cher au barreau français et qui a soulevé hier vos émotions avec un talent qui rend ma tâche difficile, et dont l'autre, déjà vieille illustration de ce même barreau, va répondre à l'appel fraternel avec une force et un talent qui me manqueront.

« J'ai senti grandir mon courage, j'ai accepté la défense de Laity sans hésitation, sans arrière-pensée, quand j'ai connu cette cause si riche en ressources, quand j'ai pu descendre dans le fond de son cœur, où je n'ai trouvé que des sentiments purs, généreux, désintéressés. Après tant d'attaques où l'accusation a reproduit sous toutes les formes, sous toutes les faces, les griefs élevés contre les accusés, oui, Laity, je viens vous défendre avec la conviction d'une haute conscience, dont personne n'a le droit de douter, et je vous défendrai avec tout le calme qui m'est nécessaire.

« Armand Laity est né à Lorient; son père a consacré toute sa vie à la défense de la patrie: parvenu au grade de capitaine de frégate, il est mort en retraite. Sa veuve avait un fils, elle avait un fils l'espoir de ses vieux jours, que dis-je, elle avait, elle aura un fils, car vous le lui rendrez, messieurs les jurés. Ce fils se livra durant toute sa vie à des études sérieuses. Admis à l'École polytechnique, il a passé deux ans à Metz, et au sortir de l'École, il est entré dans le régiment de pontonniers dont il fait encore partie.

« Le voilà donc livré à lui-même avec une âme ardente et fière, et une vieille expérience de vingt-trois ans. Laity avait tout de suite acquis l'estime et l'amitié de ses chefs : vous avez vu combien l'acte d'accusation aime à faire des excursions dans le domaine de la vie privée; eh bien! messieurs, pas un mot n'a pu frapper sur mon client; et cependant que d'injures ont frappé vos oreilles! un vieux militaire a été traité de lâche, tous ont été calomniés, et parmi tous ces traîtres et ces félons, il s'est trouvé aussi une *cantatrice*, c'est-à-dire une femme qui cultive les beaux-arts et use des charmes de sa voix. Une cantatrice! mais le procureur-général a oublié qu'en Grèce on semait autrefois des fleurs sur leurs pas, et qu'elles étaient tout à la fois admirées et respectées!

« M. le procureur du roi vous a dit encore : Regardez-les, ils se posent comme des héros. Ah! messieurs, si vous les aviez vus renier avec faiblesse les faits qui leur sont imputés, on vous les aurait représentés comme des hommes pusillanimes; ils se sont posés en hommes de cœur, et l'on voudrait leur reprocher leur courage. Ce n'est pas tout encore, l'accusation n'a rien oublié, rien, que tout ce qui pouvait être favorable aux accusés; eh bien! messieurs, pas un mot n'a pu frapper Laity, et cependant à quelles odieuses insinuations n'est-on pas descendu?

« On a trouvé moyen d'introduire dans cette cause le nom infâme de Fieschi; M. le procureur-général, dans son exposé préliminaire, a parlé des attentats qui se renouvellent aujourd'hui; M. le substitut a été encore plus explicite; il a dit qu'il y avait des hommes qui ne condamnaient pas Alibaud. Eh bien! messieurs, nous le condamnons, nous le condamnons au nom de tout ce qu'il y a de noble, de généreux et de franc.

« Que voyons-nous faire au jeune pontonnier?

« Il rêvait, plein d'enthousiasme, pour le glorieux souvenir de l'Empire, pour les hauts faits d'armes de la grande armée. Quant à l'ambition, il n'en a point. Il avait pris, a-t-on dit, le commandement du bataillon; mais il n'avait pas changé de grade; seul d'officier parmi tous les pontonniers, il devait marcher à leur tête, il devait prendre leur commandement.

« Oh! si ces sentiments l'ont égaré, vous conviendrez, du moins, que la source était pure. En effet, messieurs, montez dans les palais des riches, ou descendez dans la chaumière du pauvre, parcourez l'Europe entière, et, du sommet des Pyramides jusqu'au rocher de Sainte-Hélène, vous entendrez répéter partout le nom glorieux du grand Napoléon; partout vous y trouverez l'image du grand capitaine.

« Eh bien! c'est dans cet état de choses que le 25 juillet un ami est venu au nom du prince Louis-Napoléon lui rappeler ses projets. Il accepte avec enthousiasme; ce n'est pas tout encore, un mois après, Louis Bonaparte arrive à Strasbourg, Laity voit le neveu du grand homme, celui-ci lui dit qu'il est sûr de l'armée, il lui lit ses proclamations avec les larmes dans les yeux et dans la voix. Comment voulez-vous qu'il recule! Ah! il préférerait mille morts à la plus légère lâcheté!

« M. le procureur-général vous a dit que le prince avait été entraîné, mais le contraire est parfaitement prouvé, et d'ailleurs si l'on n'admet pas ces preuves, il faut faire venir ici un témoin qui lèvera tous les doutes; ce témoin, c'est le prince. »

Après avoir discuté les faits principaux à la charge de Laity, Me Thierriet continue ainsi:

« Si vous nous condamnez, nous, agents secondaires, cela serait indigne du cœur français. En général, les priviléges sont odieux, mais il n'en est point de plus odieux que ceux qu'on voudrait introduire dans le temple de la justice.

« Et qu'arriverait-il si le prince, s'échappant des mains de ceux qui le conduisent au delà des mers, entrait tout à coup dans cette enceinte; s'il venait tout à coup s'asseoir sur ce banc? C'est alors que vous n'oseriez pas condamner; non, le prince serait mis en liberté et nous entraînerait tous avec lui.

« Voilà de quoi on nous prive!

« Ce qu'on a voulu, c'est consacrer pour les prétendants le droit de combattre pour leur ambition. Déjà on a renvoyé la duchesse de Berry au lieu de la juger. Demain le duc de Bordeaux peut mettre le pied sur le sol français, il a son brevet d'impunité dans sa poche (hilarité). Il en serait quitte pour un voyage sur mer aux frais de l'État. »

Le défenseur cite cette phrase de Cicéron (*De Officiis*) : « Il faut bien prendre garde que pour la même cause les uns soient punis, et les autres ne soient pas même recherchés. » Il cite également plusieurs passages de d'Aguesseau sur l'égalité de la justice; il lit enfin le discours de M. Dupin au roi, le 1er janvier.

« Lors du procès d'avril, la question d'amnistie fut portée à la tribune de la Chambre des députés. Le même jurisconsulte, M. Dupin, qu'on peut bien, je crois, mettre à côté de M. Bérenger cité avant-hier, M. Dupin s'opposa à l'exercice du droit de grâce : « Prenez-y garde, dit-il, ayez de l'indulgence pour les accusés, manifestez pour eux de la bienveillance; mais vous vous trompez en demandant que grâce soit faite aux accusés. Le roi ne peut pas faire grâce avant jugement; on jugera les accusés, et alors le roi pourra exercer sa noble prérogative. » Et vous le savez, messieurs, la Cour des pairs subit les embarras de ce long procès. Les principes ne sont pas de ces idoles qu'on exposait aux peuples pour les briser ensuite. Les principes doivent être appliqués : ils doivent rester debout! »

Me Thierriet rappelle la qualification donnée en pleine pairie par le général Excelmans à la condamnation du maréchal Ney. « En est-il un parmi vous, messieurs les jurés, qui voudrait avoir versé ce noble sang? Aujourd'hui le gouvernement fait une pension à sa veuve. J'irai plus loin : à cette heure, tous les chefs vendéens se rendent et se présentent aux Cours d'assises : eh bien! on les acquitte. On comprend qu'il faut aujourd'hui oublier ces luttes déjà vieilles et pardonner à ces hommes qui cependant ont versé tant de sang, ont ordonné tant de massacres, tant d'incendies, tant de pillage; et nous, serons-nous condamnés; nous qui n'avons pas versé une seule goutte de sang! (Mouvement.)

« Quel gouvernement auriez-vous établi, demande l'accusation, si vous aviez réussi? Nous n'en savons rien. Il s'agissait de constituer de nouveau le principe de la souveraineté populaire, et d'en appeler à la majesté du peuple. En attendant votre vote universel, a-t-on vu quel gouvernement aurait pu vous assurer du repos de la France ? Eh ! messieurs, quand les vainqueurs de juillet improvisèrent un gouvernement provisoire, croyez-vous qu'ils avaient tout prévu? Voulez-vous que je vous signale maintenant le véritable danger que je vois dans ceci? Avec la doctrine que l'on vous professe, il est établi que tous les prétendants peuvent venir successivement ravager la France. Leurs héritiers vont venir diviser la France, comme don Carlos a divisé l'Espagne; que votre pays soit abreuvé de sang!...

« J'ai fini ma tâche, dit en terminant le défenseur. Puissent mes faibles efforts ne pas avoir été impuissants. J'abandonne Laity à votre justice et à votre humanité. Considérez que cette entreprise n'a pas eu de résultats, considérez l'avenir de mon client détruit, si vous ne le protégez; songez à l'épreuve terrible de ces débats, suffisants pour provoquer les plus sérieuses réflexions de ce jeune homme. Rendez-le-moi ! que je puisse le renvoyer à sa mère ! Je vous en conjure par tout ce qu'il y a de plus sacré; je vous en conjure au nom de vos enfants ! Songez à cette pauvre mère, qui me dirait : « Je vous ai confié mon fils, qu'en avez-vous fait? » Rendez-le-moi, car je déchirerais ma toge, et il me faudrait fuir le barreau. Ah ! je vous en supplie encore une fois, par l'intérêt que je porte à ce jeune homme, par le désespoir dont m'accablerait la moindre condamnation ! »

M. LE PRÉSIDENT. Le défenseur Parquin a la parole. (Profond silence.)

Plaidoirie de Me Parquin.

Me Parquin se lève, et d'une voix émue commence en ces termes :

« Messieurs,

« Je suis venu accomplir un pieux devoir.... je suis venu, dans cette cause grave et solennelle, prêter le secours de ma voix au compagnon, à l'ami de mon enfance, à mon frère, à ce Charles qui par une louable émulation s'était chargé de couvrir d'éclat dans la carrière des armes un nom que je m'efforçais de ne pas porter sans quelque estime au barreau. A la nouvelle du fatal complot, je fus consterné, anéanti. Bientôt je dus suivre deux inspirations différentes sans être contraires et dont les âmes généreuses comprendront la simultanéité : la première de m'adresser au souverain, de déposer au pied du trône l'expression de ma profonde douleur; la seconde d'écrire à mon frère malheureux et dans les fers : « Charles, veux-tu de moi pour te défendre? »

« Cette défense, hélas! au moment où je l'offrais moi-même, je ne la comprenais guère : le crime n'était-il pas flagrant? l'étendard de la rébellion n'avait-il pas été levé? Parquin exalté par le fanatisme des souvenirs de l'Empire, n'avait-il pas tourné contre le gouvernement de son pays l'arme qui lui avait été confiée pour le servir?... Aucune de ces difficultés, messieurs, ne se montrait à mon esprit.... Parquin est accusé.... Parquin a besoin d'un défenseur.... je veux, je dois être le sien.... Qui donc pourrait ne pas être touché des paroles d'un frère!... Un frère!... Mais c'est un défenseur donné par la nature.... tel moyen serait inefficace, tel argument serait décoloré dans la bouche du plus éloquent des défenseurs, qui prend de la consistance, qui acquiert une sorte d'influence magique dans la bouche d'un frère.... On permet tout, on passe tout à un frère.... Au fond de mon cœur j'entendais déjà résonner ces mots qui devaient se rencontrer plus tard placés sur des lèvres augustes : « La dé-« fense d'un accusé est un devoir sacré; combien ce devoir « n'est-il pas plus impérieux lorsqu'il s'agit d'un frère! » (Sensation générale.)

« Me voilà donc! A moi de vous apprendre, messieurs les jurés, par quel égarement l'un des plus beaux caractères guerriers de cette époque a pu tomber dans l'entier oubli de ses devoirs! à moi de vous transmettre des détails qui ne sont pas dépourvus d'intérêt et qui, s'ils le laissent toujours sans justification et sans excuse, ne laisseront pas du moins inexpliquée sa participation à l'attentat.... Mais, pour cela, il faut que je reprenne d'un peu haut la vie de l'homme qui est maintenant devant vous.... Mon exposé sera rapide : je ne dirai que ce qui sera utile.... certain d'ailleurs que, dans ce pays, on m'accueillera en considération même du motif qui m'y conduit.

« Denis-Charles Parquin, au sortir du collége, embrassa le métier des armes. Il aurait pu faire son apprentissage dans quelques-unes de nos écoles militaires; il ne voulait point: il crut que, pour devenir bon officier, il fallait commencer par être simple soldat. C'était le temps où nos guerriers, rarement en garnison, à l'armée presque toujours, comptaient leurs années de service par leurs campagnes. Parquin eut cet avantage que chacun de ses grades fut le prix d'une action d'éclat : tous il les conquit sur le champ de bataille.

La presse, avec une bienveillante sollicitude, a déjà reproduit quelques-uns de ces hauts faits, qui, disséminés sur plusieurs existences militaires, suffiraient pour les illustrer toutes, et qui, réunis, groupés en une seule, font que bien peu pourraient lui être comparées. Pourquoi des traits si dignes d'être signalés à l'admiration publique ne trouveraient-ils pas leur mention ici? Ce sera une compensation naturelle et fort légitime aux rigueurs, je pourrais dire aux injustices, de l'acte d'accusation. » (Très-bien!)

Me Parquin trace un tableau intéressant et rapide de la vie militaire de son frère. Il raconte les actions d'éclat qui le firent distinguer dans la Péninsule espagnole.

Il décrit ensuite quelle fut la conduite de son frère dans la pénible mais si glorieuse campagne de France.

« Dans le courant de mars 1814, l'empereur marchait de Vitry-le-François sur Troyes; le général Sébastiani donne l'ordre au capitaine Parquin, qui était à l'avant-garde, de charger à outrance sur une batterie de dix-huit pièces de canon que l'ennemi avait établie en rase campagne. La charge est exécutée avec une telle audace et un tel succès, que le général Sébastiani, dans le compte qu'il rendit à l'empereur de cette affaire, disait : « Il y a vingt ans, Sire, que je suis of-
« ficier de cavalerie, et je n'ai jamais vu charger plus intré-
« pidement. » Paroles bien flatteuses pour le jeune capitaine Parquin.

« Voici maintenant comment il obtint la croix :

« L'empereur passait une revue. Un jeune lieutenant de cavalerie, dont le régiment venait d'être inspecté, descend de cheval, et va se poser à l'extrémité du front de bandière. Napoléon remarque la taille élevée et la belle stature de notre officier, auquel une blessure à la lèvre supérieure donnait un aspect encore plus martial. Un instant après, le même lieutenant se retrouve sur le passage de l'empereur. La troisième fois, fatigué de cette interpellation muette, Napoléon lui demande brusquement : « Qui es-tu? Que me veux-tu? — « Vingt-six ans d'âge, onze ans de service, « onze campagnes, cinq blessures, la vie sauvée à un maré« chal de France, cinq drapeaux pris à l'ennemi. Je désire « la croix. » A de tels récits, je le demanderai encore, est-il beaucoup d'existences militaires mieux et plus glorieusement remplies?

« La Restauration survient. Napoléon banni de France, mort pour la France, Parquin, comme tous les braves qui avaient combattu sous ses ordres, surtout comme ceux qui avaient servi dans la garde, avait voué une sorte de culte à sa mémoire. Parquin avait été soupçonné, non pas d'avoir trempé dans la conspiration du mois d'août 1819, mais de ne l'avoir pas révélée en ayant eu connaissance. C'est à cela probablement que le ministère public fait allusion, lorsqu'il suppose que Parquin n'était pas d'ailleurs à son coup d'essai *en fait de tentative sur la fidélité des troupes*. Dans cette partie de l'acte d'accusation, le ministère public se trompe, comme presque dans toutes les autres. Jamais Parquin ne fut même mis en prévention, comme ayant cherché à tenter la fidélité des troupes. Au contraire, il fut constaté par l'instruction qu'avant, longtemps avant la découverte du complot, Parquin avait refusé de recevoir l'uniforme de capitaine de chasseurs à cheval de la garde impériale qu'une main restée inconnue lui avait expédié; aussi ne fut-il l'objet d'aucune recherche, d'aucune poursuite. Seulement, par excès de précaution, on le mit au traitement de réforme.

« Rentré dans la vie privée, Parquin connut Mlle Cochelet et l'épousa.

« Ce fut au château d'Arenenberg, ce fut dans la chapelle de Mme la duchesse de Saint-Leu, que le mariage se célébra. Arenenberg, que l'acte d'accusation prétend avoir été choisi par les deux princes, fils de Louis-Napoléon, « à « peu de distance de nos frontières, à la proximité de l'Italie, « pour demeurer sur le point qui les mettait le plus à « portée de suivre et d'apprécier les événements, » et à l'époque de l'acquisition de ce domaine, le plus jeune avait sept ans tout au plus, l'aîné n'en avait pas encore neuf. Mais telle est habituellement la vérité des réquisitoires!!! Arenenberg, oh! je n'oublierai jamais tes délicieuses veillées; quand je goûtais les charmants entretiens de cette reine, qui ne l'est plus; de cette femme si spirituelle, si bonne, si simple dans sa retraite; quand je pouvais puiser dans la conversation du prince Eugène, arrivé de Munich exprès pour le mariage, de si sages, de si instructives leçons; quand j'admirais l'amabilité, les grâces de ce jeune prince Louis, qui échappait à peine à l'enfance; qu'alors j'étais loin de prévoir qu'encore quelques années, et le malheur s'appesantirait sur la nouvelle famille; que Mme Charles Parquin mourrait avant le temps, mère d'une fille au plus haut degré intéressante, et que sa mort précéderait de peu de mois celui où mon frère, le valeureux commandant Parquin, serait jeté dans une prison, comme coupable d'attentat contre le repos de son pays!

« Les destins l'ont donc voulu! Pendant quinze années environ, Parquin va devenir l'ami, presque le commensal du jeune prince. Les termes dans lesquels Mlle Cochelet avait constamment vécu avec la mère sont ceux dans lesquels il vivra dorénavant avec le fils. Un heureux naturel grandit, se développe : Parquin le remarque et s'en applaudit. Mais il y a pour le séduire quelque chose de plus que le concours de tant de qualités aimables : le nom vénéré, les étonnantes merveilles de Napoléon, vibrent sans cesse à son oreille. C'est, du matin au soir, l'objet perpétuel de leurs discours. »

Me Parquin expose qu'il ne doit point paraître étonnant dès lors que son frère ait pu se laisser entraîner par les séductions qu'exerçaient sur son esprit les souvenirs de l'Empire, les paroles du prince Louis. Il donne lecture de différentes lettres du commandant Parquin, écrites en 1835 et en juillet 1836, c'est-à-dire trois mois avant l'événement, et dont le texte démontre que non-seulement Parquin était entièrement étranger à toute idée de complot, à toute pensée hostile au gouvernement, mais encore qu'il professait un véritable attachement pour le roi et la famille royale.

« Voilà donc, écrivait-il de Walsberg, après l'attentat d'Alibaud, voilà donc le roi échappé à l'arme à feu d'un assassin. Heureusement, le génie de la France l'a préservé. J'espère qu'il en sera toujours ainsi, si les tentatives se renouvellent; mais j'aime à croire que la punition du crime servira d'exemple, et fera clore la liste de ces affreux forfaits. J'étais sur le point de prendre la poste et de retourner à Paris; mais le roi et sa famille étaient en bonne santé, Paris tranquille, etc. »

« Je ne puis pas, ajoute Me Parquin, me reporter à la date de cette lettre (16 juillet 1836), sans être oppressé par la plus douloureuse, la plus cruelle des réflexions : c'est que, s'il y a eu concours de mon frère au complot du 30 octobre, moi, moi peut-être (fort innocemment, à la vérité), j'en suis le premier, le principal auteur.

« Le congé de M. Parquin allait expirer à cette époque, et ce n'est que sur mes instances qu'il a obtenu la prolongation d'un congé qui lui est devenu si fatal depuis. »

Après l'exposé de ces faits, Me Parquin continue ainsi :

« Voilà, messieurs, ce que je livrerais à vos consciences, si vous pouviez prononcer une condamnation plus ou moins forte, selon qu'ils paraîtraient plus ou moins coupables.... Mais après la mutilation, après l'échec qu'une grande mesure politique a fait subir à l'instruction, je le déclare hautement, ce qui vous reste à faire, sans descendre dans aucun détail, *c'est de les acquitter tous*. Vous pressentez que je veux vous entretenir de la mesure prise au sujet du prince Louis.

« L'autorité, dans une haute pensée gouvernementale, n'a pas cru devoir permettre que le prince, l'âme du complot, fût compris dans les poursuites dirigées contre les autres conjurés : elle l'a retiré de la prison ; elle l'a envoyé au delà des mers. Si de cette mesure, que l'acte d'accusation signale comme un trait de clémence destiné à prendre place dans les plus belles pages de l'histoire contemporaine, il m'est demandé ce que je pense, je répondrai : comme trait de clémence, avant le procès et même avant toute instruction, la mesure ne serait nullement dans mes sympathies. La justice doit d'abord avoir son cours ; la clémence ne peut venir qu'après.

« Est-ce qu'on peut user de clémence envers celui qui n'est pas jugé encore ; celui qui, comparaissant devant des juges, aurait pu être absous et acquitté ? Qu'est-ce d'ailleurs qu'une grâce accordée à qui ne la demandait pas, qui peut-être n'en voulait pas, sans lettres patentes du roi, sans arrêts, et qui n'est même constatée que par des injonctions ministérielles ? Mais si sous ce rapport je diffère d'opinion avec le ministère public, sous d'autres rapports, j'en fais l'aveu, la mesure a toute mon approbation : c'est à cause surtout de sa portée politique. Il était difficile de mieux agir dans le sens et dans l'esprit de la révolution de juillet.... Que l'on censure ou que l'on approuve l'acte qui a soustrait la duchesse de Berry à la juridiction des tribunaux, qui l'a reconduite hors de France.... une fois ce précédent admis, une fois qu'il avait été érigé en principe que les membres de la branche aînée, privés de l'appui de nos lois, ne pouvaient pas être tenus d'en subir les rigueurs; qu'une sorte de pudeur, sinon d'inviolabilité, les protégeait encore; que c'est par des mesures politiques, seulement par l'exil, par l'interdiction de posséder en France, qu'ils devaient être atteints, le gouvernement avait pour le prince Louis sa marche toute tracée.

« Le prince Louis appartenait à une famille dont le chef avait régné glorieusement sur nous. Comme la duchesse de Berry, il avait rompu son ban; comme la duchesse de Berry, il était venu réclamer son droit prétendu à la couronne. Ne pas lui appliquer la règle qui avait été appliquée à la duchesse de Berry, traiter l'un et l'autre différemment, se contenter d'exiler celle-là, tandis que nous aurions vu celui-ci livré comme un simple particulier à toute la vindicte des lois, c'eût été proclamer, à la grande satisfaction de certaines monarchies européennes, que Napoléon n'avait été qu'un aventurier heureux; que s'il avait régné en fait, il n'avait pas régné en droit; que n'ayant pas pu se conférer la souveraineté à lui-même, il n'avait pas pu davantage conférer le titre et l'immunité d'un prince à son neveu. En plaçant le prince Louis et la duchesse sur la même ligne, en les traitant de la même manière, en leur appliquant la même mesure, en confondant les vieilles et les nouvelles dynasties dans les mêmes égards, on honorait les unes à l'égal des autres; on proclamait devant toute l'Europe que Napoléon détrônant l'anarchie, fondant un grand empire, rétablissant l'ordre, faisant régner les lois, conduisant le pays à toutes les gloires, conquérant et législateur, avait occupé le trône de France aussi légitimement que s'il y eût été appelé par le droit divin.... Honneur, toujours honneur au gouvernement!

« Il est sorti heureusement de cette épreuve délicate. Le prince Louis soustrait à la juridiction criminelle, seulement éloigné, banni, comme la duchesse de Berry elle-même l'avait été.... non, non, ce n'est pas là un acte de pure clémence, c'est un acte de haute convenance, de grande et belle pensée politique : rarement la révolution de juillet avait encore mieux fait.

« Mais, de même que le gouvernement a eu raison d'accepter la responsabilité de cet acte devant les Chambres, il faut qu'il se résigne à en accepter les conséquences devant le jury. Ces conséqences, quelles sont-elles, et ne les avez-vous pas devinées?... L'éloignement du prince doit-il être sans action et sans influence sur le sort des accusés? Dites si on a pu le transporter en Amérique impunément pour la défense; si sa présence, ses déclarations, ses explications indifférentes au procès, n'eussent pas servi à y répandre la moindre lumière; en un mot, si chacun de vous peut dans la sincérité de son âme affirmer que le prince présent ou le prince absent, son verdict, au regard de tous les complices, aurait été le même.... Prononcez, prononcez de bonne foi : est-ce que cette prétention a quelque chose de raisonnable? Est-ce que l'on peut soutenir sérieusement que l'éloignement du prince est sans inconvénient, sans dommage pour les accusés?

« Par le seul fait de cet éloignement, l'instruction est incomplète, les débats sont mutilés, tronqués.

« Qui donc, sinon le prince accusé d'avoir préparé le complot de longue main, aurait pu expliquer son origine, son développement et ses progrès? qui aurait pu expliquer, sinon le prince, comment les accusés avaient été entraînés; et la résistance qu'ils avaient opposée d'abord et le concours qu'ils avaient consenti à prêter ensuite? qui aurait pu expliquer, sinon le prince, les instructions par lui données le 30 octobre, pour l'armement des troupes, pour la formation et la conduite des détachements, pour l'arrestation des autorités supérieures civiles et militaires? S'il est, je ne dirai plus un coaccusé, mais un témoin dont la présence doit être envisagée comme nécessaire, indispensable, c'est le prince : sans lui tout est vague, mystère, incertitude; et en l'absence du prince, dépouillés comme vous l'êtes, de tous les documents qu'il se serait empressé de vous fournir, réduits à vos simples conjectures, vous croiriez, vous, hommes honnêtes, vous, esprits droits, vous qui vous reprocheriez éternellement un verdict rendu à la légère et sans le plus mûr examen; vous croiriez, dis-je, que vous n'en pouvez pas moins exercer de redoutables fonctions!... Le prince, par la nature, par le ton même de ses explications aurait dirigé vos opinions : à celles qui sont le plus fortement arrêtées il aurait imposé quelques modifications. Ignore-t-on de quels éléments fugitifs et variables se compose la décision d'un jury; comme il reçoit de profondes, de durables impressions des choses même en apparence les plus incertaines? Le jury, je l'ai défini quelque part, c'est le juge fait homme. Le geste, l'accent, le jeu de la physionomie, jusqu'à l'inflexion de la voix, pour lui tout est source de conviction. Souvent, il serait fort embarrassé s'il lui fallait rendre compte, soit aux autres, soit à lui-même, de ce qui forme, de ce qui détermine la sienne.

« *Je crois parce que je crois*, c'est là sa seule réponse.... Du moins, et nul ne le niera, la plus petite variation dans votre verdict, aurait pu être le résultat des explications du prince ; à leur défaut vous n'avez plus, pour vous éclairer, qu'une procédure mutilée, informe, cela suffit ; vos devoirs vous sont indiqués et connus. Exposés par une circonstance qui ne peut pas vous être attribuée, à prononcer contre quelques-uns des accusés, peut-être même contre tous, sans règle d'infaillible justice, vous êtes assujettis à l'obligation rigoureuse de n'en condamner aucun.

« Encore si le prince avait pu, avant de s'éloigner, fournir quelques éclaircissements à la justice ; si même, ne pouvant pas le retenir, la justice eût à son égard procédé par contumace ! mais rien de semblable, pas un interrogatoire, aucune instruction ; un seul procès-verbal pour constater l'enlèvement ! En dix jours (le prince a été arrêté le matin du 30 octobre, et il n'a disparu que dans la soirée du 9 novembre), on ne l'a pas conduit une seule fois devant le conseiller-commissaire. Il n'a été soumis à aucune confrontation.... on ne lui a pas demandé de proférer une seule parole..... Comment ! est-ce que par hasard on aurait pu craindre qu'il parlât ? Messieurs, supposez un gouvernement moins probe que ne l'est le nôtre, ayant pour se guider dans ses actes, des maximes moins sûres d'honneur et de loyauté. Supposez un gouvernement, qui, averti des desseins du prince, et afin de mieux les déjouer, lui eût tendu un piége, l'eût attiré en France, croyant (non sans quelque fondement) qu'il est des complots comme de certaines maladies moins dangereuses dans leurs effets, si au lieu de les attendre, on a pris soin de les inoculer : supposez enfin un gouvernement qui ait de justes raisons de redouter les explications du prince.... Je m'arrête, messieurs, je ne veux pas pousser plus loin une hypothèse absurde, révoltante pour un pouvoir aux intentions duquel je ne saurais rendre un trop éclatant hommage... Mais cependant, si les cas diffèrent, les principes ne changent pas. Or, le prince (qui n'avait encore subi aucun interrogatoire), enlevé uniquement pour éviter qu'il ne donnât de dangereuses explications.... un jury sage et consciencieux devrait absoudre à l'instant même tous les complices. (Mouvement.)

« La thèse générale, l'absence du principal accusé, ne

peut devenir la cause déterminante de l'absolution des autres. A ce compte le crime obtiendrait trop souvent l'impunité. L'auteur du crime se dérobe à toutes les recherches de la justice, il s'ensuivrait que ses complices ne pourraient plus être poursuivis ni condamnés; mais nous sommes ici dans une sphère particulière; car en fait, par la volonté de qui le prince a-t-il disparu? Par le fait, par la volonté du gouvernement. Ce n'est pas le prince qui a cherché son salut dans la fuite, c'est le gouvernement, qui, lorsqu'il était sous la main de la justice, lorsqu'il sollicitait à grands cris de courir toutes les chances de l'instruction, n'a pas voulu qu'on procédât contre lui, l'a fait partir furtivement, a mis entre l'auteur principal de l'attentat et les accusés, l'intervalle d'un monde! c'est le gouvernement qui a privé le jury de sa présence!

« Eh! quoi, l'on arrache à des malheureux l'imposant témoignage qui devait les couvrir et les protéger, et l'on se croit encore le droit de poursuivre leur jugement, leur condamnation!

« Messieurs, tous les jours, dans ces procès criminels, la comparution d'un témoin peut sembler, à des accusés, utile pour leur justification. Ils la réclament; ses déclarations doivent jeter le plus grand jour sur des faits encore douteux. Qu'il soit entendu, et de sa bouche la vérité sortira entière, sans nuage.

« Mais le ministère public de s'écrier: « Ce témoin, sur « la déposition duquel vous insistez, nous l'avions à notre « disposition; un mot de nous et il comparaissait. *Il ne nous « convient pas qu'il comparaisse*, nous l'avons expatrié, le « procès se jugera sans lui. » Messieurs, ce sont vos convictions que j'adjure. Quel devrait être dans une occurrence pareille l'attitude d'un jury, plein du sentiment de sa dignité? Il ne vous convient pas qu'un témoin, dont la présence est réclamée hautement par les accusés, soit entendu. Vous l'éloignez à dessein...; faites, faites un usage de votre omnipotence. Nous aussi, direz-vous, nous avons la nôtre; vous ne pouvez pas nous contraindre à trouver des accusés coupables; nous absolvons. (Sensation.)

« Voilà, messieurs, comme vous répondriez tous; cette réponse serait accueillie aux applaudissements de l'opinion publique. Vraie, juste, consciencieuse pour l'éloignement arbitraire d'un témoin important, est-ce qu'elle aura perdu ce caractère, et même ne se sera pas convertie en une impérieuse nécessité pour un acte bien autrement grave, pour l'éloignement arbitraire du principal accusé?

« On nous dira peut-être que le renvoi de la duchesse de Berry ne fut envisagé à titre d'acquittement par aucun des nombreux accusés du crime de chouannerie. Quelle différence! La duchesse de Berry avait violé la loi qui exclut de France les Bourbons de la branche aînée; mais le fait de sa présence parmi nous était le seul qu'on pût lui reprocher. Qu'elle fût venue avec des vœux hostiles, qu'elle voulût être sur les lieux pour entretenir le zèle de ses adhérents, que son nom et sa présence fussent une excitation perpétuelle aux entreprises de sédition et de révolte, qui en doutera? Toutefois elle n'avait, je le répète, que le fait de sa présence dans la Vendée. Du reste, nulle application prouvée, nulle correspondance surprise, rien qui la rattâchat directement, absolument, à quelque mouvement insurrectionnel Elle a été saisie comme une femme, après vint-quatre heures de recherches, derrière une plaque de cheminée. Où seraient donc les accusés qui, lorsque son nom, s'il a été prononcé dans aucun procès, n'a pu l'être que d'une manière vague, générale, sans relation directe et absolue avec l'accusation, auraient pu s'affecter d'une mesure dictée par de puissantes considérations politiques, et qui ne leur en faisait pas grief? Mais le prince Louis, ce n'est pas pour le fait seul de sa présence à Strasbourg qu'il était susceptible d'être recherché et poursuivi! Le prince! il a été saisi les armes à la main, à la tête des troupes qu'il avait égarées, donnant ses ordres aux conjurés, en flagrant délit.

« Je m'attends à un autre argument : vous vous plaignez de la disparition du prince, on vous a fait tort en l'éloignant; Il eût donné sur chacun de vous des explications favorables. Eh bien! ces explications, donnez-les vous-mêmes, et on y croira. Elles passeront pour vraies. Elles auront autant de poids que si le prince les présentait à la justice. Y pense-t-on? Et quel rôle se propose-t-on d'assigner aux accusés? Devenir accusateurs! charger le prince quand il n'est point là, quand ses pas sont cloués au sol de l'Amérique, quand il ne peut plus parler!!! Ce rôle indigne de gens d'honneur (car quel que soit ton égarement, non, non, tu n'es pas encore un infâme, mon frère!) ce rôle indigne de gens d'honneur, ils le repoussent : dût s'aggraver leur position, dût leur être réservée au bout de ce procès une peine sévère, la mort....

jamais, jamais ils ne consentiront à se disculper, en accusant le prince. Le prince absent est sacré pour eux....

« Par l'éloignement du prince, il ne vous est donc plus permis de tout savoir. La vérité ne peut arriver jusqu'à vous que mutilée, incomplète; maintenant la difficulté se réduit à ces simples termes : il a convenu au gouvernement d'enlever aux accusés le bienfait des déclarations du prince; les en punirez-vous? Il ne convient pas aux accusés de se disculper en accusant le prince; les en punirez-vous?

« Messieurs, toutes les fois que nos rois rendent des ordonnances de grâces, c'est avec la formule obligée : Sous la réserve du droit des tiers, *salvo jure alieno*.

« Le droit des tiers veut toujours être respecté. Les lois, les ordonnances de faveur ne doivent jamais porter atteinte au droit des tiers.... Le prince (je répète votre phrase favorite) a été l'objet d'un acte de clémence destiné à prendre place dans les plus belles pages de l'histoire contemporaine. Vous n'avez pas pu être clément, généreux, libéral à mes dépens.... Dès qu'il est démontré, reconnu que le sort des accusés peut être aggravé par l'éloignement du prince, il n'y a plus qu'un seul verdict possible, l'acquittement. Et cet acquittement que tant de cœurs appellent, qui est-ce donc, messieurs, qui en souffrirait? »

Me Parquin établit que, dans l'intérêt même de la France, un verdict d'acquittement prouvera sa puissance, son aversion pour la révolte, et l'indifférence avec laquelle elle voit s'élever et mourir ces folles tentatives qui l'émeuvent à peine.

« Si l'avenir du pays, ajoute Me Parquin, ne doit pas souffrir de l'acquittement des accusés, la morale publique, du moins, en souffrira-t-elle? Non, messieurs, une voix éloquente, une voix amie vous l'a prouvé. La morale publique recevrait le plus sanglant outrage de l'inégalité des conditions entre les artisans du même complot. Le prince mis en dehors du procès parce qu'il est de sang illustre! les accusés traduits et condamnés parce qu'ils sont de sang vulgaire!... Eh! vous ne le voudriez pas! Est-ce que vous auriez à suivre une règle plus sûre que celle qui vous est tracée par la Cour royale de Colmar? Quelque habileté, quelque ténacité que M. le procureur général ait déployées dans l'exposition de son système sur la mesure relative à l'élargissement du prince et sur les effets de l'acquittement des accusés, ce système monstrueux, la Cour de Colmar l'avait jugé, l'avait proscrit d'avance; le prince avait été, comme ses complices, compris dans l'arrêt d'évocation: un acte du gouvernement le lui dérobe; va-t-elle rester spectatrice indifférente d'un fait qui doit laisser sa justice désarmée, impuissante? Elle s'en garde bien: elle proteste; elle ne veut pas tolérer sans contradiction et sans réserve l'évidente violation du principe fondamental de l'égalité devant la loi. Vous, messieurs, vous vous conformerez à son esprit; elle vous inspirera l'œuvre qu'elle n'a pu conduire à fin; votre verdict se chargera de le compléter, de le parfaire; comme elle, en acquittant les accusés après que le gouvernement a affranchi leur chef, vous ne croirez pas vous rendre coupables d'un crime; vous inscrirez sur votre bannière: Égalité devant la loi!

« A votre décision, impatiemment attendue, tout le monde gagnera: le pays, la morale publique, les principes et les accusés. Une seule personne pourrait y perdre, le roi.... le roi! car il n'aurait plus, messieurs, cette occasion, adroitement insinuée par l'un des organes du ministère public, d'exercer encore une fois sa haute clémence.... Ah! sans doute, celui qui a compris de poignantes douleurs et qui s'y est associé; celui qu'une voix suppliante n'a jamais imploré en vain; celui qui a ouvert les portes de leur cachot aux insurgés de juin comme aux rebelles de la Vendée; celui qui a brisé les fers des prisonniers de Ham, celui-là n'eût pas dédaigné les vœux formés par les accusés de Strasbourg.... Mais assez d'autres circonstances lui seront offertes; et que ce serait mal connaître son noble cœur, si l'on pensait qu'heureux seulement dans l'application du droit de faire grâce, il éprouve des joies moins vives, moins pures, quand des accusés sont absous par la justice, que lorsque, les sachant déclarés coupables, il a conquis le beau privilége de pardonner! »

Un murmure approbateur accueille ces dernières paroles. Pendant ce plaidoyer, qui a produit sur l'auditoire la plus vive impression, le commandant Parquin est visiblement ému et cherche en vain à cacher quelques larmes. Au moment où Me Parquin cesse de parler, il se retourne vers l'accusé, et les deux frères se jettent dans les bras l'un de l'autre.

Cette scène émeut profondément l'auditoire. Les confrères de Me Parquin lui adressent de vives félicitations.

Après quelques minutes de suspension, l'interprète, qui commence à paraître fatigué du rôle qu'il remplit depuis huit jours, traduit avec impassibilité la plaidoirie de Me Parquin. Le public, que cette traduction semble intéresser fort peu, a beaucoup de peine à garder le silence que lui imposent les huissiers.

M. le président donne ensuite la parole à Me Martin.

Me MARTIN. Je ne puis plaider en ce moment, et l'émotion dans laquelle me laissent les éloquentes plaidoiries que vous venez d'entendre, ne me permettent pas de prendre la parole.

M. LE PRÉSIDENT. Nous ne pouvons suspendre ainsi les audiences; alors, que le défenseur de M. de Gricourt prenne la parole.

Me CHAUVIN. Ce n'est pas mon tour, et je n'ai ici aucune espèce de notes.

Après un court débat, l'audience est renvoyée au lendemain.

Il est deux heures.

AUDIENCE DU 16 JANVIER.

L'affluence est aussi considérable que les jours précédents.

Avant l'ouverture de l'audience, on s'entretient de la mesure administrative prise la veille par M. le préfet à l'occasion des portraits des accusés. Il paraît que le *Courrier du Bas-Rhin* avait fait faire ces lithographies, afin de les distribuer à ses lecteurs. Mais on sait qu'aux termes de la loi du 9 septembre, aucun dessin ne peut être publié sans l'autorisation administrative. On dit que cette autorisation a été formellement refusée.

On paraît généralement blâmer ce refus; car la publication de ces dessins ne pouvait avoir aucun caractère politique, et avait uniquement pour but de satisfaire la curiosité publique.

Quelques personnes se communiquent un écrit autographié qui contiendrait un projet de défense préparé par le prince Louis[1].

1. Voici les principaux passages de cette défense dont l'authenticité n'est pas établie :

« Ce n'est pas ma vie que je viens défendre devant vous; j'y ai renoncé en mettant le pied sur le territoire français, mais c'est mon honneur et

A neuf heures précises, l'audience est ouverte.

Me Parquin demande la parole.

« Messieurs, dit-il, je regrette de retarder un instant le plaisir que nous devons nous promettre du plaidoyer de notre confrère et ami Me Martin; mais je le dois pour rectifier un fait qui intéresse essentiellement l'honneur d'un brave officier. On lit dans l'*Estafette*, journal qui se publie à Paris, les mots suivants, comme faisant partie de l'interrogatoire de mon frère :

« D. Le prince ne vous a-t-il pas dit que le colonel Brice « et le régiment de cuirassiers à Haguenau seraient du com-

mon droit! Oui, messieurs, mon droit! Après 1830 j'ai demandé à rentrer en France comme citoyen, on m'a repoussé; j'ai demandé à servir comme simple soldat, on ne m'a pas répondu, on m'a traité en prétendant; eh bien! je me suis conduit comme prétendant.

« Ne croyez pas cependant que je ne prétendisse qu'au désir de m'asseoir sur une chaise recouverte en velours; mes idées étaient plus élevées. Je voulais remettre le peuple dans ses droits. Je voulais convoquer un congrès national qui, consultant les antécédents et les besoins de chacun, eût fait des lois françaises sans emprunter à l'Angleterre et à l'Amérique des constitutions qui ne peuvent nous convenir.

« .... L'Empereur a rempli sa mission civilisatrice. Il a préparé les peuples à la liberté en introduisant dans les mœurs le principe d'égalité et en faisant du mérite la seule raison de parvenir.

« .... Tous les gouvernements qui se sont succédé ont été exclusifs. Les uns s'appuyant sur la noblesse et le clergé, les autres sur l'aristocratie bourgeoise, d'autres enfin uniquement sur les prolétaires. Le gouvernement de l'Empereur, au contraire, s'appuyait sur le peuple comme un général sur son armée.

« .... Le gouvernement de Napoléon reçut quatre fois la sanction populaire. En 1804, le peuple français reconnut par quatre millions de voix l'hérédité dans la famille impériale. Depuis, il n'a plus été consulté. Comme aîné des neveux de l'Empereur, je pouvais donc me considérer, non comme le représentant de l'Empire, car depuis vingt ans les idées ont dû changer, mais comme le représentant de la souveraineté nationale. J'ai toujours regardé l'aigle comme l'emblème des droits du peuple et non comme l'emblème d'une famille.

« .... Fort de ces idées et de la sainteté de ma cause, je me suis écrié : Les princes qui se disent de droit divin trouvent des hommes qui consentent à mourir pour eux, pour rétablir les abus et les priviléges, et moi dont le nom rappelle la gloire et la liberté, mourrai-je donc seul dans l'exil? Non, m'ont répondu mes braves compagnons d'infortune, nous mourrons avec vous ou nous vaincrons ensemble pour la cause du peuple français.

« .... Ne croyez pas que j'ai voulu singer les derniers empereurs romains, que la soldatesque élevait un jour sur le pavois et renversait le lendemain. J'ai voulu faire la révolution par l'armée, parce qu'elle offrait plus de chances de réussite, et pour éviter aussi les désordres si fréquents dans les bouleversements sociaux.... »

« plot? — R. Non, et cependant il aurait pu me le dire, car « le colonel Brice était avec nous. »

« Je ne sais si la question a été faite, mais la réponse ne l'a certainement pas été. Ce journal est le seul qui ait mis ces paroles dans la bouche de Parquin, et comme cette note peut compromettre l'honneur d'un brave militaire, j'ai dû m'empresser de faire cette réclamation. » (Marques unanimes d'approbation.)

Plaidoirie de Me Martin.

Me Martin, défenseur de l'accusé de Querelles, a la parole. Il s'exprime ainsi :

« Messieurs les jurés, après les trois défenses que vous avez déjà entendues et à côté surtout de l'avocat célèbre qui, en venant vous demander le salut de son frère, protége aussi les autres accusés de la puissance tutélaire de son talent, il m'est difficile à moi de remplir convenablement ma tâche.

« Et cependant, outre les explications que je vous dois sur le compte de mon client, je suis, moi, comme Alsacien, trop intéressé à la décision que vous allez rendre, pour cacher les sentiments qui m'agitent. Les Alsaciens doivent garder en cette circonstance cette vieille réputation de justice et d'égalité qui a toujours honoré notre province. Ou si nos concitoyens sont tellement dégénérés qu'un jury alsacien puisse devenir le complice d'une si horrible iniquité, je le dis avec douleur, leur décision sera contraire au droit commun, contraire au droit criminel, contraire à la justice de tous les peuples, contraire à toute morale. Je ne vous demande pas d'examiner tel ou tel fait relatif aux accusés, mais s'ils doivent être condamnés pour tel ou tel fait qu'a commis le prince, alors que le gouvernement déclare celui-ci non coupable. Telle est la seule proposition que ce procès offre à résoudre ; chacune des questions qui vous sera posée renferme au fond cette proposition principale.

« Je sais bien que le ministère public place ailleurs la question ; car pour lui, agir autrement serait déclarer que son accusation est insoutenable ; il veut mutiler votre droit d'examen, il voudrait que vous ne pussiez pas comprendre le droit de la défense.

« L'accusation a tout exagéré; l'accusation a soutenu la culpabilité de nos clients avec passion; l'accusation a été inexacte, elle a été malveillante à l'égard des accusés. Que signifie cette ville et ces campagnes menacées du plus affreux carnage? quel a donc été l'effroi des habitants de cette cité? quels ont été ces désordres militaires dont on a tant parlé? Mais tout ce qui a été dit à ce propos est contraire à ce qui s'est passé, à ce que sont venus affirmer ici de nombreux témoins. Ils voulaient le pillage et les réquisitions, et voilà qu'ils distribuent de l'argent aux soldats pour éviter des exactions. Ils voulaient le carnage, et voilà qu'ils négligent un matériel d'artillerie qui pouvait en un instant leur soumettre la ville entière; et dans le moment où ils peuvent encore vaincre, le prince leur en refuse la permission pour épargner le sang!

« Non, tout a été exagéré, tout est mal fondé, erroné. C'est une addition qu'on a faite, c'est une aggravation des faits, déjà bien assez graves par eux-mêmes. Mais ces faits ont avec eux un caractère de douceur, de générosité même et c'est là une vérité qu'on avait intérêt de battre en brèche.

« Est-ce par la peur qu'on veut vous arracher un verdict qui ne doit être qu'un acte de vérité et de justice? »

Me Martin examine les antécédents de son client, et prouve que sa moralité était pure, et qu'il n'est pas sorti du 61e de ligne, parce qu'il était criblé de dettes, comme l'a soutenu l'accusation. Le défenseur lave son client du reproche d'ambition vulgaire qu'on lui a fait. Il a jeté quelques pensées fugitives sur un carnet, et l'on a conclu de ces rêveries si naturelles à son âge, qu'il voulait parvenir aux plus hauts grades par tous les moyens. « Eh! messieurs, s'écrie l'avocat, il a pu rêver qu'il deviendrait maréchal de France, comme le plus jeune de nos magistrats peut rêver qu'il deviendra garde des sceaux. » (On rit. M. Karl, substitut du procureur du roi, partage cette hilarité.)

Arrivant à la question de l'enlèvement du prince, le défenseur insiste comme l'ont fait ses confrères, sur l'illégalité de cette mesure, et il en conclut comme eux que l'acquittement des accusés est la conséquence nécessaire de cet acte. Cette mise en liberté est une violation de la Charte qui veut l'égalité pour tous. « En acquittant, dit le défenseur, vous faites rentrer la justice dans la constitution et en même temps vous faites votre devoir d'hommes probes et libres. L'institution du jury est la dernière de nos libertés, et si les jurés hésitaient à user de leur droit, tout serait perdu. La Cour royale de Colmar n'a-t-elle pas elle-même protesté? car c'était une protestation que son arrêt; à vous la vôtre maintenant; c'est vous, par votre décision, qui rétablirez les droits consacrés par la Charte, et vous serez en même temps fidèles à vos serments.

« La mesure employée à l'égard du prince, vous en trouverez la définition dans nos recueils de jurisprudence : c'est une lettre de cachet. Oui, cette mesure que vous dites devoir fournir une des belles pages de l'histoire contemporaine, c'est une lettre de cachet! et c'est en 1836, après quarante ans d'abolitions, que nous voyons se renouveler de pareils abus et des magistrats se courber devant l'arbitraire! » (Mouvement.)

Me Martin établit la différence qui existe entre la grâce et l'amnistie, entre la grâce qui s'applique à la personne, et l'amnistie qui s'applique au fait, suivant l'opinion de M. Legraverend, jurisconsulte, qu'avait cru devoir citer l'accusation.

Le défenseur insiste pour prouver que l'acte de mise en liberté du prince est illégal. On a cité le renvoi de la duchesse de Berry? mais une illégalité n'en excuse pas une autre; et d'ailleurs si nous raisonnons dans ce sens, nous demanderons si l'on a jugé les complices de la duchesse de Berry? Non. Eh bien! le bénéfice acquis à ces complices est acquis également à ceux du prince Louis.

« De quoi s'agit-il donc ici? D'un crime tout politique. Les crimes politiques sont des fautes amenées par les circonstances; il ne les faut punir que dans d'absolues nécessités, autrement c'est une réaction. N'arrive-t-il pas souvent que ces circonstances sont créées par le pouvoir qui pouvait les empêcher? Le pouvoir était averti de tout ce qui se tramait. M. le capitaine Raindre en a déposé. M. Raindre a déclaré à M. le général Voirol ce qu'il avait appris du complot; M. le général Voirol en a informé le ministère et en même temps le préfet du Bas-Rhin. La police se disait en mesure et pourtant elle n'a rien empêché! Ah! N'est-il pas vrai qu'il pèse une grave responsabilité sur ceux qui auraient pu éviter de grands malheurs, et qui, par leur incurie, sont seuls cause que des crimes politiques aient pu se consommer? En raison de cette responsabilité même, qui pèse sur le pouvoir, il n'y a plus de condamnation possible, et pourquoi condamneriez-vous? serait-ce dans l'intérêt de l'ordre et de la sécurité publique? Ils ont été troublés par un prétendant et ne l'eussent pas été sans lui. Ce n'est pas pour eux-mêmes que les accusés se sont associés aux événements, c'est pour le prince, qui avait tout organisé, tout dirigé, tout commandé. C'était le prince qu'il fallait atteindre, dans l'intérêt de l'ordre et de la paix publique; et puisque le gouvernement a cru ne pas compromettre cet ordre et cette paix publiques, en mettant le prince en liberté, ce n'est pas à vous qu'il appartiendrait de vous montrer plus sévères envers ceux qui n'ont été que des instruments.

« Vous seriez le premier jury alsacien qui aurait prononcé une condamnation politique. N'est-ce donc rien que cette probité politique, qui fait l'honneur de notre Alsace? C'est justice que nous venons réclamer, pure justice; non pas une justice boiteuse, non, mais une justice égale pour tous, une justice entière!

« Nous aussi, nous avons été réduits à nous écrier : Système représentatif, système corrupteur! (Murmures au siége du ministère public.) Nous en cherchons depuis longtemps les causes. Est-ce le peuple qui est corrupteur? Non, la corruption vient d'en haut, la corruption vient du pouvoir lui-même....

M. LE PRÉSIDENT. Maître Martin, on ne peut vraiment tolérer de pareilles allégations....

M. LE PROCUREUR GÉNÉRAL ROSSÉE. Non, c'est intolérable!

M. LE PRÉSIDENT. On vous a donné hier, dans la défense, un exemple de modération et de sagesse que vous devriez mieux suivre.

M. LE PROCUREUR GÉNÉRAL. Vous avez blâmé le pouvoir, la magistrature et l'administration. Vous avez dit que les magistrats avaient agi avec passion dans cette affaire, vous avez dit que l'administration avait agi avec incurie et que le pouvoir était corrupteur. Ce sont là des expressions que nous ne pouvons souffrir.

Me MARTIN. Vous vous êtes mépris, peut-être.....

M. LE PRÉSIDENT. Nullement, et je vous répète que l'exemple qui vous a été donné hier devrait mieux vous profiter.

Me MARTIN. Je voulais seulement dire que la corruption, de quelque part qu'elle vienne, doit trouver son remède dans la morale et la religion. C'est par là que je voulais terminer; mais je veux ajouter encore qu'une condamnation prouverait que nous, Français, ne tenons pas à notre liberté et serait une tache pour l'Alsace; c'est un intérêt important, l'honneur alsacien que vous devez conserver intact et que vous transmettrez ainsi à vos enfants. »

Une vive agitation se manifeste après cette plaidoirie, et se calme peu à peu pendant la traduction qu'en fait l'interprète.

M. le président donne la parole à Me Chauvin, défenseur de l'accusé de Gricourt.

Plaidoirie de Me Chauvin.

Me CHAUVIN. Mon jeune client a voulu vous dire tout son crime, que l'accusation ne connaissait pas encore, ou connaissait mal; et moi, messieurs, je n'ai pu me refuser à cette tâche si nouvelle pour mon ministère.

« Et pourtant une autre voie nous était ouverte, moins périlleuse, sans doute. Il semble même qu'une défense bien aisée et bien sûre nous fût offerte, précisément par le mauvais langage et les injures de l'acte d'accusation. Car nous pouvions bien, après tout, accepter cette jeunesse aventureuse et dissipée que M. le procureur général vous a faite si perdue de mœurs.

« Imprudentes paroles! qui vont plus loin et plus haut que vous n'avez cru, monsieur le procureur général. Elles s'adressent à tout ce qu'il y a de distingué, de plus haut placé dans la jeunesse de France. Et si vous savez les noms propres que je pourrais citer ici malgré l'éloignement des situations et des intérêts politiques..... Oh! j'en suis sûr....

M. LE PROCUREUR GÉNÉRAL. Si c'est un parti pris au banc de la défense, d'attaquer, de calomnier tout, nous ne le souffrirons pas, et nous prendrons des réquisitions.

Me CHAUVIN. S'il plaît au ministère public de prendre des réquisitions, qu'il les prenne. S'il veut retirer ses paroles, je ne dis plus rien qui pourrait l'irriter.

M. LE PROCUREUR GÉNÉRAL. Je ne retire rien.

M. LE PRÉSIDENT. Vous vous livrez à des insinuations personnelles fort inconvenantes et dont des hommes qui se respectent devraient s'abstenir. Continuez votre défense.

Me CHAUVIN. Si nous avions voulu, nous aurions représenté ce jeune gentilhomme ardent, fou, dissipé, mais généreux; ayant sucé le lait de la branche aînée et détestant cordialement les nouveaux Bourbons, quoique en conscience ils ressemblent bien aux anciens. Gentilhomme de l'autre siècle, lui aussi, se jetant à l'étourdie partout où il y a des coups à donner et à recevoir; tirant l'épée dans l'Ouest, pour une princesse d'une race ointe et sacrée, et arborant en Alsace le drapeau d'une famille élevée dès longtemps sur le pavois populaire par quatre millions de suffrages. N'est-ce pas, messieurs, que je vous eusse facilement intéressé à ce type devenu si rare aujourd'hui et pourtant si français, si longtemps français, du moins, qu'en vérité il ne faudrait pas le perdre tout à fait. Mais cette voie de salut, messieurs, nous nous refusons à y entrer, et les moyens de défense qu'on a cru mettre à notre portée, nous les dédaignons.

« Non, messieurs les jurés, Raphaël de Gricourt n'est pas ce qu'on l'a dit en ce libelle judiciaire que vous avez entendu. C'est un jeune citoyen de fortune et de loisir, sans doute, mais par là même d'étude et de capacité. Et prenez garde que sous ces cheveux blonds et cette figure de 23 ans il y ait plus de sérieux et de portée qu'en bien des têtes grises; vous en pourrez juger, messieurs, car mon jeune client entend bien vous expliquer, à vous ses pairs, ses concitoyens de Strasbourg, tout le concours qu'il a donné à l'affaire du 30 octobre. Et je n'ai pas moi-même d'autre défense à vous présenter.

« Par son origine, son éducation, tout ce qui avait entouré et dirigé son enfance, Raphaël de Gricourt aboutissait naturellement au parti légitimiste, et c'est là ce que l'accusation a exploité jusqu'à faire d'un enfant de dix-huit ans un chevalier, armé de toutes pièces, et chevauchant vers Quimper, soutien des droits de Mme la duchesse de Berry. Mais en ceci du moins, M. le procureur général n'aura montré qu'un zèle d'intervention bien malhabile pour l'honneur de la monarchie nouvelle. Car un légitimiste de naissance qui remonte vers l'Empire, en passant sur le corps au juste milieu, fait en cela même regretter la glorieuse politique de l'Empereur, où les grandes familles s'associaient si loyalement aux masses nationales. Ces belles paroles de Napoléon vous auront été remises en mémoire, bien involontairement sans doute, par M. le procureur général lui-même :

« Ce ne sont pas les *nobles* et les *émigrés* qui ont amené « la restauration, c'est bien plutôt la restauration qui a res- « suscité les nobles et les émigrés. Fouché n'était pas un « noble, Talleyrand n'était point un émigré ; Augereau et « Marmont n'étaient ni l'un ni l'autre. J'ai été trahi par « Murat, que de soldat j'avais fait roi ; par Berthier, espèce « d'oison, dont j'avais fait un aigle. Et les Macdonald, les « Valence, les Montesquiou me sont restés fidèles jusqu'au « dernier moment. Et il n'y avait pas d'autre politique à sui- « vre, ajoutait-il, l'or avait tout corrompu, tout empoisonné. « Les tripoteurs obstruaient toutes les voies du gouverne- « ment. Ils avaient avili le Directoire et comptaient bien « faire leur proie du consulat. Mais je fis rentrer dans le « néant tout ce clinquant doré de l'usure et de la fraude. De « toutes les aristocraties, celle-là m'avait toujours semblé la « pire. »

« Maintenant, dit Me Chauvin, que vous savez quel est Raphaël de Gricourt, je me sens plus assuré de votre bienveillance et de votre attention.

« L'acte d'accusation, messieurs, saisit mon jeune client le 28 juillet 1835, au château d'Arenenberg, en Suisse, en compagnie du prince Louis-Napoléon, et dans l'attente du régicide qui devait se commettre sur le boulevard du Temple, à Paris. Du 28 juillet au 30 octobre 1836, M. le procureur général ne lui fait pas grâce d'un instant. Tous les attentats, tous les complots, tous les crimes de ces quinze mois, Raphaël de Gricourt y est initié ; c'est M. le procureur général qui l'a écrit dans son acte d'accusation. Si donc l'abominable Fieschi a construit dans l'ombre sa machine infernale, de Gricourt le savait. Et quand Alibaud se procurait avec tant de précautions et de peines la canne-fusil de M. Devisme, de Gricourt ne l'ignorait pas. »

Me Chauvin développe quelques idées sur l'indifférence politique de l'époque, qui fait un devoir de l'indulgence, dans un temps où une répression sévère n'est pas utile pour calmer les passions. Il s'étonne qu'on prétende tout d'abord qu'une dynastie quelconque est sans avenir national. « Qui parut jamais, dit-il, plus dépourvue d'avenir, plus éloignée de toutes les chances de régner sur nous autres Français, que la famille des Bourbons en 1812 ? Eh bien ! en 1814, un vieillard parti d'Artwell posait son pied goutteux sur la jetée de Calais ; c'était le fils de saint Louis et d'Henri IV qui venait régner sur la France ! Il y eut, sans nul doute, de l'hésitation et de l'effroi à l'aspect des armées étrangères. Oh ! tout enfant, je frémissais au hennissement des chevaux de l'étranger ! Mais, je vous le demande, messieurs, la France, au milieu de ses malheurs, ne fut-elle pas heureuse de retrouver alors cette ancienne dynastie si mal traitée ? »

Me Chauvin termine en reconnaissant que la dynastie actuelle a pour mission d'établir l'ordre et la tranquillité, mais par des voies nouvelles, par des voies de conciliation, par des moyens tout sociaux. Il finit en faisant, comme ses confrères, un appel aux sympathies des jurés pour une bonne justice.

L'interprète traduit. M. le président donne ensuite la parole à Me Liechtenberger, défenseur de Mme Gordon et de M. de Bruc.

Plaidoirie de Me Liechtenberger.

« Messieurs les jurés, dit-il, si Mme Gordon, que je viens défendre en ce moment, était accusée d'avoir pris au complot une part active et directe ; si elle était accusée d'avoir rempli un rôle dans les événements de la matinée du 30 octobre, ah ! ma tâche serait déjà accomplie ; je resterais assis à cette place, ne sachant ce que je pourrais ajouter à ces moyens tirés de tout ce qui peut émouvoir, échauffer le cœur d'un citoyen français, à ces arguments qui saisissent et subjuguent, et qui depuis trois audiences ont excité mon admiration et électrisé mon cœur. Mais, il me faut descendre de la hauteur des questions politiques, de ces vastes théories qu'un admirable talent a fécondées ; c'est une simple discussion de preuves que j'ai à entreprendre. »

Me Liechtenberger s'élève tout d'abord contre les flétrissures que l'accusation a jugé à propos d'appliquer à Mme Gordon pour étayer et renforcer ce qu'elle croit être les preuves de son crime. « On l'a appelée intrigante parce qu'elle écrivait à M. Vaudrey : *Je me lance à corps perdu dans l'intrigue ;* mots inoffensifs et sans portée ; saillie qui peut échapper à la personne la plus ennemie de l'intrigue, et qui s'explique si bien par la vie aventureuse d'artiste. Est-ce dans ces mots que vous avez puisé la nécessité de livrer aux malignes suppositions du public la vie privée d'une femme? On a dit qu'elle était une intrigante, et cela pour arriver à dire qu'elle était sans fortune? Oui, ma cliente est sans fortune! elle l'avoue avec orgueil, et, dans un temps où l'on s'enrichit si fréquemment par toutes sortes de moyens corrupteurs, c'est un honneur pour elle. »

Après avoir discuté la valeur de quelques allégations du ministère public, et prouvé, par un certificat, qu'en effet Mme Gordon éprouva à l'épaule une luxation qui nécessita une opération très-douloureuse chez M. Vaudrey, et qui fut la seule cause du séjour forcé de sa cliente dans la maison du colonel, le défenseur s'indigne qu'on ait cru faire honte à sa cliente en l'appelant *cantatrice*. « Sommes-nous donc en Béotie, s'écrie-t-il, qu'on croie devoir flétrir le dévouement aux arts?

« Le grand Frédéric était fier d'exceller sur l'instrument de la flûte; et, après un concerto, il était aussi heureux de recevoir les félicitations de ses auditeurs, que s'il eût été complimenté après une grande bataille. Un des honorables défenseurs a déjà parlé de Mme Malibran; ne puis-je rappeler que lorsque cette illustre cantatrice donnait des concerts en Allemagne, le grand-duc de Saxe lui faisait porter les armes par les soldats de sa garde. Quand Rubini alla chanter en Angleterre, le roi de la Grande-Bretagne ne fit-il point battre aux champs sur son passage? Une cantatrice! dans notre pays un pareil mot à une femme qui cultive les arts! En France, on honore ceux qui les cultivent, on plaint ceux qui les méprisent et qui cherchent à les avilir. » (Mouvement.)

Pendant le cours de ce plaidoyer, Mme Gordon a versé d'abondantes larmes. Lorsque Me Liechtenberger a fini de parler, Mme Gordon se penche vers lui et lui serre affectueusement la main.

L'interprète traduit cette plaidoirie.

M. LE PRÉSIDENT. Me Liechtenberger me fait savoir qu'il vient d'être saisi par un enrouement subit, et qu'il lui est impossible de présenter aujourd'hui la défense de l'accusé de Bruc. L'audience est renvoyée à demain.

Le public se retire, et on aperçoit dans l'enceinte réservée des débris de volailles et de pâtés que quelques prévoyants

Strasbourgeois avaient apportés dans l'attente d'une audience un peu longue.

AUDIENCE DU 17 JANVIER.

L'affluence est toujours considérable: elle semble même augmenter à mesure que ces débats approchent de leur terme.

Me Liechtenberger, avocat de M. de Bruc, continue sa plaidoirie.

« Messieurs les jurés, dit-il, nous approchons enfin du terme de ces longs et fatigants débats. C'est pour la dernière fois que la parole de la défense va se faire entendre. Cette fois encore sa tâche sera bien facile: je viens vous parler de M. de Bruc.

« D'où vient que dans ce mémorable procès, chacun des défenseurs s'est cru obligé, avant de commencer la discussion des points capitaux du procès, de faire précéder la défense de discussions sur les personnes elles-mêmes? N'est-ce pas que dans cette affaire quelque chose d'extraordinaire se reconnaît à l'instant? N'est-ce pas que l'accusation, avant de s'efforcer de livrer les accusés au glaive de la vindicte des lois, a essayé de les perdre dans l'opinion publique?

« Et qui a le plus à se plaindre de ces insinuations hostiles, et j'oserai dire immorales, que l'accusé que je défends? Contre qui se sont amassés ces mots blessants, ces inductions déshonorantes? L'accusation dit que M. de Bruc est légitimiste. On ne lui en fait pas précisément un crime, mais cette qualification a bien sa portée. Or, sommes-nous ici pour voir juger les opinions? Les opinions ne sont-elles pas la propriété de l'homme, le domaine de la pensée? Ah! l'opinion de mon client n'est pas la mienne, mais je la respecte parce qu'elle est basée sur de profondes convictions; je la respecte, et le ministère public devait la respecter, parce qu'il savait bien qu'il entraînait M. de Bruc sur un terrain ardent et où la défense eût été comme interdite. Le ministère public a-t-il oublié les lois de septembre? ah! s'il les oublie, je lui en sais gré, c'est qu'il espère comme moi qu'elles ne prendront jamais racine dans ce pays! (Mouvement.)

« M. de Bruc était commandant dans la Vendée en 1815; il n'était donc pas sans mérite, ce jeune homme de dix-huit ans à qui l'on confia la direction de toute la cavalerie vendéenne; M. de Bruc était, avant la révolution de Juillet, gentilhomme de la maison du roi. Ah! sans doute, Charles X, comme bien d'autres rois qui ont régné avant et depuis lui, a pu faire de mauvais choix. Mais est-il donc un aventurier, ce rejeton d'une des plus illustres familles de Bretagne qui, dans les temps les plus reculés, a donné tant de lieutenants généraux à la France! est-il donc un aventurier, cet homme qui compte parmi ses alliances, parmi ses parents les plus proches, les Montmorency, les Mortemart, les Condé-Brissac! Est-il un aventurier, le parent de Louis-Philippe, car Mme de Cossé-Brissac, sa sœur, a pour proche parente Mme de Rosthelain d'Orléans, de la famille des d'Orléans qui occupent aujourd'hui le trône de France.

« Lorsque M. de Bruc a été arrêté, il était porteur de 3300 fr.; mais cette somme n'était pas considérable pour un homme qui voyage beaucoup, et qui voyage toujours en poste. M. de Bruc, ajoute-t-on, est un homme embarrassé dans ses affaires. Si nous avons dit tout à l'heure quelle était son illustration, maintenant je vais vous dire quelle est sa position sociale. Son frère aîné est à la tête d'une fortune de 200 000 fr. de rente; sa mère, qui existe encore, possède une des plus belles fortunes de France. La fortune personnelle de mon client est considérable encore; je ne vous dirai pas que M. de Bruc, véritable officier de hussards, n'a point entamé son avoir. Mais, messieurs, M. de Bruc n'est pas un homme ruiné, car vers l'époque où le reçu de 4500 fr. a été signé, M. de Bruc venait de faire une succession considérable.

« Vous eussiez été un héros, s'est écrié le ministère public en s'adressant à M. de Querelles, vous eussiez été un héros, si vous vous étiez retiré du complot avant son exécution. M. de Querelles eût été un héros! et ce fait que l'on semble élever si haut dans la personne de M. de Querelles, ce fait est celui qui se trouverait incriminé dans M. de Bruc, il s'est retiré lorsqu'il s'agissait d'agir, il s'est retiré en homme prudent; en lâche, tranchons le mot. M. de Bruc un lâche.... Ah! messieurs, que ne puis-je déchirer les vêtements qui le couvrent et vous montrer son corps sillonné de cicatrices. A Breslau, il reçoit deux coups de lance; à Hanau, en 1813, une balle lui traverse le cou. A Montereau, le jeune officier de dix-sept ans s'élance sur un escadron de hulans, tue leur colonel de sa propre main, s'empare de son cheval et le ramène sur le champ de bataille, où il fut décoré. (Mouvement.)

« Dites, c'est un lâche, cet homme! Maintenant, messieurs, je ne vous dirai pas ce que M. de Bruc a fait pendant la Restauration, j'ajouterai cependant qu'il fit avec distinction, comme chef d'escadron, la campagne d'Espagne, en 1823.

« En 1830, après la révolution de Juillet, on a offert au commandant de Bruc le grade de lieutenant-colonel; mais cet homme, sans honneur, crut cependant que son honneur était engagé à ne pas prêter un nouveau serment, et il refusa. »

M. Liechtenberger discute ensuite et réfute les charges élevées contre son client.

« C'est vers la fin du mois d'août que, pour la première fois de sa vie, M. de Bruc arriva à Bade. Le prince Louis en était déjà parti. M. de Bruc revint à Strasbourg le 10 septembre; il y resta jusqu'au 24 du même mois. Il fit alors la rencontre de M. de Persigny. Il part avec ce dernier faire un voyage de plaisir à Arau, où il reçoit une lettre pour le général Excelmans. Enfin, après divers voyages, M. de Bruc arrive à Fribourg. Voyons maintenant quelles sont les charges qui pèsent sur mon client. La première est un reçu de 4500 fr. trouvé chez M. de Persigny, reçu dont la date remonte au mois d'avril 1836. Que vous a-t-il répondu dans ses interrogatoires? Que cet argent était destiné à une expédition qu'il projetait. Vous ne l'avez pas cru; mais ouvrez donc la *Gazette de France* et le *Messager*, vous y verrez que M. de Bruc projetait dès longtemps une entreprise militaire sur le pachalick de Tripoli. Allez donc fouiller dans l'étude de M. Bouart, à Paris, et vous y trouverez le traité passé entre M. de Bruc et Hussen-Bey, chargé d'affaires, à Paris, du pacha de Tripoli. Mais n'entrons pas dans de plus grands détails et arrêtons-nous à la date, le 15 avril 1836, et l'accusation vous a dit que cet argent devait servir à payer les frais de voyage du général Excelmans. Ainsi donc, M. de Persigny aurait remis, au mois d'avril, une somme pareille pour un voyage qui n'était pas prévu, qui ne pouvait pas l'être, et qui ne devait avoir lieu qu'au mois d'octobre de la même année.

« Maintenant, messieurs, que vous êtes convaincus qu'on assignait au reçu de M. de Bruc sa véritable date, il est impossible de rattacher ce reçu à la conspiration. Je vous demanderai s'il suffit d'être traîné devant la justice pour être obligé de dévoiler au public tous les secrets de famille ; et si, lorsque l'accusation veut se livrer à de coupables interprétations, l'accusé ne doit pas se taire.

« Arrivons à M. de Persigny. M. de Bruc a dit : *J'ai un plan que je vous communiquerai plus tard.* Eh ! messieurs, pensez-vous que toutes les personnes qui ont pu rencontrer le prince Louis-Napoléon, lorsqu'il mûrissait ses projets, croyez-vous que toutes les personnes qui lui eussent témoigné quelque sympathie eussent été coupables de complot ? — Le complot est une résolution d'agir concertée en commun, c'est-à-dire il faut que les personnes qui ont simultanément conçu cette résolution d'agir soient tombées d'accord sur le mode d'exécution. Ne vous étonnez pas que la loi ait pris tant de soin de définir le complot ; songez que lorsqu'il s'agit de complot vous sortez du principe de la législation criminelle, car les pensées n'appartiennent qu'à Dieu, et Dieu seul peut les juger. Il faut donc, pour que le complot puisse être admis, que toutes les conditions prévues par la loi se trouvent réunies. — *J'ai un plan que je vous communiquerai plus tard*, qu'est-ce que cela veut dire ? Cela veut dire qu'aucun plan n'avait encore été arrêté. Eh ! messieurs, si M. de Bruc avait donné sa coopération d'agir concertée en commun, qu'aurait dit M. de Persigny ? Il se serait dit : Mais M. de Bruc se moque de moi. Il est donc impossible de reconnaître dans cette phrase l'existence d'un complot.

« Et ce qui explique la non coopération de mon client, ce sont ses démarches ultérieures. Il part de Fribourg le 30 au matin, il arrive à Kehl dans la soirée. Le lendemain matin où va-t-il ce conspirateur ? Il vient à Strasbourg. Quelle est sa première démarche ? Il se rend chez M. de Persigny, dans une maison devenue l'objet de la surveillance de la police. C'est là qu'il apprend la fuite de cet accusé. Alors il se rappelle ce qui s'est passé, il se souvient qu'au mois d'octobre une lettre lui avait été remise par le prince Louis. Alors l'inquiétude le gagne. Cette inquiétude n'était-elle pas justifiée ? M. de Bruc ne connaissait-il pas cette effrayante statistique qui établit que dans la capitale 20 000 personnes ont passé durant le cours d'une année sous les guichets de la préfecture de police. Qu'a fait alors M. de Bruc ? Il a fait ce que vous auriez fait.... Il est parti.

« Mais comment M. de Bruc a-t-il reçu la lettre pour le général Excelmans. Il était à Arau, et le prince était descendu dans le même hôtel que lui ? Il le voit arriver, il voit un militaire décoré, la conversation s'engage, M. de Bruc lui parle de son retour à Paris; le prince alors lui propose de se charger d'une lettre pour le général Excelmans.

« Eh bien! messieurs, ne trouvez-vous pas là quelque chose de très-ordinaire; et quand le général Excelmans vous a dit ici qu'aucune parole de M. de Bruc n'avait eu rapport à la conspiration; qu'interrogé sur ce que voulait le prince, mon client avait répondu : je n'en sais rien; après cette déclaration, le ministère public a eu le triste courage de persévérer dans son accusation, cherchant à se servir des lois comme d'un lacet à l'aide duquel il voudrait entraîner les personnes qu'il suspecte. »

Après une discussion habile et pressée des autres faits de l'accusation, l'avocat termine en ces termes :

« Ma tâche s'achève et la vôtre commence, messieurs. Nous n'avons aucun doute sur le but où elle nous conduira. Je suis heureux que la position particulière qu'occupent mes deux clients dans ce procès ne m'ait pas réduit au désespoir de répéter ce que d'autres vous ont exprimé avec tant d'âme et de talent. Vous apprendrez à l'Europe entière combien, dans notre vieille et franche Alsace, on aime la loi, combien on est jaloux de faire respecter la justice, vraie justice qui ne fait acception aucune des personnes. Vous rejeterez ce principe corrupteur, qui souvent a poussé à tant d'actes que la morale réprouve; ce principe que les lois impuissantes contre les grands ne conservent leur efficacité que contre les petits. Vous rendrez un éclatant hommage au principe écrit en tête de notre constitution. Hommes d'égalité, citoyens, vous apprendrez au pays que cette égalité n'est pas un mot, mais un principe, un droit, une égide pour tous. »

M. Devaux, avocat général, se lève pour répliquer.

« Messieurs, dit-il,

« L'affaire qui vous est soumise est grave sous le rapport des personnes; elle est grave aussi sous le rapport des faits. Parmi les accusés se trouvent deux militaires qui ont répondu aux bienfaits de la société par la trahison; elle est grave sous le rapport des faits; il s'agissait d'arracher le sceptre à un roi, qui le porte avec gloire, pour le remettre en des mains débiles.

« Les défenseurs ont renoncé à nier les faits; mais ils

ont adopté un système préjudiciel : ce système nous l'examinerons; mais il faut rétablir auparavant la position qui nous appartient, et qui trop souvent a été méconnue dans ces longs débats. L'attaque a été dirigée contre nous : chaque défenseur a fait retentir tour à tour que la vie privée devait être murée; nous pensons encore, et nous penserons toujours le contraire. Dans la vie humaine, les faits se lient intimement; et toutes les fois qu'on a développé le crime, on a dû pénétrer dans la vie privée pour faire parfaitement apprécier le criminel. Nous avions donc intérêt à examiner les accusés, et à faire connaître que tous ces hommes qui se présentaient comme mus par des idées de bien public, n'avaient agi que dans des vues d'intérêt personnel. Nous disons donc que tous les faits avancés sont vrais : ils sont appuyés de pièces que nous mettons sous les yeux des jurés. La première question qui a été traitée repose sur la prétendue illégalité de la mise en liberté du prince Louis Bonaparte. L'article 1er de la Charte dit que tous les Français sont égaux devant la loi, mais il n'existe jamais de principe absolu, car il y a dans notre législation même des exceptions dans certains cas. « Le roi, est-il dit plus bas, a le droit de faire grâce. » Deux hommes ont commis le même crime, dès lors ils sont frappés des mêmes peines; eh! bien, le roi peut en gracier un et laisser l'autre sous le coup de la loi.

« Sous l'ancienne législation, le droit de grâce comprenait la faculté pour le souverain de remettre la peine prononcée par une décision judiciaire : il comprenait encore les lettres d'abolition. Ainsi, on voit dans les seizième et dix-septième siècles beaucoup de souverains accorder le droit de grâce. En effet, dans le seizième siècle, un prince du sang a levé l'étendard de la révolte. Il est fait prisonnier, les armes à la main. Tous ceux qui le suivent sont condamnés à mort; le prince seul est amnistié. — La grande révolution de 1789 avait détruit le droit de grâce; mais le mouvement qui portait tous les hommes vers la liberté a pris une autre direction : un homme puissant s'est mis au timon de l'État, et le mouvement rétrograde a eu lieu. L'an X, le droit de grâce se rétablit.

« Cette disposition est renouvelée dans la Charte de 1814; elle parle du droit de grâce, elle en parle sans condition. La Charte de 1830 a renouvelé ces dispositions. Il doit donc être admis que ce droit de grâce est compris dans toute son extension. Et ce qui s'est passé depuis l'an X jusqu'à ce jour prouve que le droit d'amnistie a été compris dans le droit de grâce. Ici, dit-on, la mesure ne rentre pas dans les termes de la loi ; il faut des lettres, et des lettres-patentes ; où sont-elles ? Toutes ces choses ne sont que des choses d'usage. Il s'agit de savoir si, en cette circonstance, la volonté du souverain s'est manifestée ; eh bien ! cette volonté n'est pas contestable ; le *Moniteur* rend compte de la mesure prise en faveur de Louis Bonaparte, et il ajoute : « Cette mesure a « été prise d'après les ordres du roi. » Sous ces différents rapports l'acte ne peut donc être considéré comme illégal.

« Ici, messieurs les jurés, vous n'êtes pas les mandataires du gouvernement, mais ceux de la société ; or, que vous demande-t-on ? protestation contre le pouvoir au préjudice de la société tout entière. C'est dans l'intérêt de la société que vous êtes sur les bancs des jurés, c'est dans l'intérêt de tous que vous devez condamner : la protestation que vous feriez serait entièrement illégale.

« Mais cet acte du gouvernement ôte-t-il au complot sa criminalité ? On ne peut admettre ici aucune fascination de la part de Louis Bonaparte. Le prince n'avait rien en lui qui pût entraîner : c'est un homme vulgaire et sans aucune portée politique. Ici nous allons apporter nos preuves ; on doit juger un homme d'après ses liaisons ; or nous disons : les personnes avec lesquelles nous le trouvons lié sont, de toutes celles que l'on peut connaître, celles qui paraissent les moins aptes à une grande entreprise ; sous ce rapport déjà Louis Bonaparte ne nous paraît donc pas un homme d'une grande valeur. Maintenant examinons sa conduite, ses actes.

« Vous connaissez sa folle expédition d'Italie, vous connaissez la lettre qu'il a écrite au général Voirol, celle envoyée au général Excelmans. Dans tous ses écrits enfin, nous trouvons partout l'homme complétement vulgaire. Peut-on admettre que ce prince ait eu une telle volonté que ceux qui marchaient avec lui ne pouvaient lui résister ?

« Mais enfin, nous admettons donc que Louis Bonaparte, plus grand encore que son oncle, parût sur ces bancs ; eh bien ! la position des accusés ne serait pas changée !

« Messieurs,

« La loi ne vous permet point de protester ; elle ne vous permet point de sortir des questions qui vous sont soumises ; ce n'est pas à vous de donner une leçon aux ministres. Ici vous avez à suivre l'exemple de la Cour royale de Colmar.

Appelée à examiner la question, elle a dit qu'elle ne pouvait s'empêcher de rendre hommage à l'égalité devant la loi; mais elle a dit : « C'est à vous, jurés, de prononcer sur le sort des accusés. »

« La duchesse de Berry a été mise en liberté, et toutes les cours de Vendée ont constamment acquitté. Effectivement, de nombreuses décisions ont été rendues depuis quelques années, mais elles ont été rendues sur des pourvois formés par des contumaces : le jury ne pouvait pas s'abstenir de renvoyer des poursuites, parce que l'accusation manquait de preuves. »

M. l'avocat général discute ensuite les faits particuliers imputés aux accusés; il discute les états de service de chacun d'eux, et s'attache à réfuter les antécédents honorables que la défense a fait valoir. Il termine par demander une condamnation qu'il réclame au nom de la société tout entière.

Une longue agitation succède à ce réquisitoire. Le colonel Vaudrey et le commandant s'entretiennent vivement avec leurs défenseurs.

Après une courte suspension, la parole est à Me Parquin.

Me PARQUIN. Messieurs, j'ai défendu mon frère et je croyais ma tâche finie, mais voilà que le vœu de mes obligeants confrères de Strasbourg et de Paris m'oblige à reprendre la parole, pour répondre au nom de tous. J'apprécie cet honneur insigne, mais je ne m'en dissimule pas les dangers. Que mon zèle supplée au temps qui m'était nécessaire pour apprêter de nouveau mes armes. Que par la seule force de mon droit je reste victorieux de ce nouveau combat. Par la seule force de mon droit! Personne ne se méprendra sur le sens de mes expressions. On nous a reproché de vouloir à tout prix trouver les accusés innocents. Non, messieurs, telle n'a pas été notre prétention.

« Leur conduite, nous la blâmons aussi sérieusement que qui que ce puisse être. Si une haute pensée n'avait voulu que le principal coupable ne relevât, après sa capture, que de la générosité royale; si le prince Louis avait été assis sur ces bancs, parmi les autres accusés, notre rôle se fût réduit à peu de chose. Les faits sont patents, et nous n'aurions eu à dire que quelques paroles sur la circonstance atténuante de l'entraînement. Mais ce qui nous autorise à demander comme un droit l'acquittement de tous les accusés, c'est l'enlèvement du prince Louis.

« Je rentre dans la question légale, ce n'est plus la voix d'un frère qui parle devant vous, c'est celle d'un jurisconsulte. Je passerai en revue avec soin les arguments de M. l'avocat général. Je tiens trop à les réduire au néant.

« Je diffère en plusieurs points de la pensée de mes honorables confrères; je le leur ai dit quand ils m'ont confié le soin de répliquer pour tous, mais ils m'ont répondu: parlez: vous allez au même but, bien que par des voies différentes; salut des accusés, soyez la suprême loi! »

Me Parquin se demande si M. l'avocat général a bien déterminé le droit de grâce. « Si nous avons vu, dit-il, la Cour royale de Colmar protester contre l'enlèvement du prince, c'est qu'elle y a vu un acte gouvernemental, dont on devait compte au pays.

« Au reste, s'il y avait eu grâce, les lettres de grâce doivent exister. Où sont-elles? La Cour de Colmar les a-t-elle entérinées? Non, il y a plus: les lettres de grâce sont toujours contre-signées par le garde des sceaux qui appose sa signature après celle du roi. Or, où est cette signature? Le général Voirol s'est transporté à la prison, porteur d'une lettre du ministre de la guerre; le préfet s'est transporté à la prison avec une lettre du ministre de l'intérieur, voilà bien deux lettres de ministres étrangers à l'administration de la justice. On ne rencontre nulle part la présence du garde des sceaux. » Me Parquin s'élève avec force contre la manière dont on a traité le prince absent. Comment n'a-t-il pas répugné au ministère public de prononcer la moindre parole qui pût retentir au dehors de cette enceinte et affliger le prince au delà des mers? Si la presse recueillait les paroles malveillantes de l'accusation, le prince ne pourrait-il pas dire: « Qu'est-ce qu'un gouvernement semblable? Il refuse de m'entendre, il refuse de me laisser asseoir au banc des accusés et présenter ma justification; et lorsque j'ai dû m'expatrier, on me frappe, on me déchire. »

Le défenseur donne lecture de quelques lignes d'une lettre que le prince adressait à son défenseur, lettre commencée à Paris le 11 novembre et close le 15 à Lorient.

« Malgré mon désir de rester avec mes compagnons d'infortune et de partager leur sort, le roi dans sa clémence a ordonné que je fusse transporté en Amérique. J'apprécie, comme je le dois, la bonté du roi, mais je regrette bien vivement de ne pouvoir comparaître à la barre des tribunaux pour expliquer les démarches à la suite desquelles j'ai entraîné mes amis à leur perte.

« Certes nous sommes tous coupables, mais le plus coupable, c'est moi. C'est celui qui, méditant depuis longtemps une révolution est venu tout à coup arracher des hommes à une position honorable, pour les livrer à tous les hasards d'un mouvement populaire.

« Vous voyez donc que c'est moi qui les ai séduits en leur parlant de tout ce qui était capable de toucher au cœur français : ils me parlaient de leurs serments, je leur rappelai qu'en 1815 ils avaient juré fidélité à Napoléon et à sa dynastie. Pour leur ôter tout scrupule, je leur dis qu'on parlait de la mort presque subite du roi et que la nouvelle paraissait certaine. On verra par là combien j'étais coupable envers le gouvernement; or, le gouvernement a été généreux envers moi, il a trouvé que ma position d'exilé, que mon amour pour la France, que ma parenté avec l'Empereur étaient des circonstances atténuantes. »

« C'est ainsi que s'exprime ce jeune homme qu'on traitait d'ingrat et d'égoïste. Il est *reconnaissant des bontés du roi.* Le jury restera-t-il en arrière de cette générosité[1] ? »

Me Parquin suppose que le jury alsacien aurait bien pu, par reconnaissance pour Napoléon, absoudre son neveu. Dans ce cas aurait-il osé condamner ses complices?

« Je ne tarderai pas, dit le défenseur en terminant, je ne tarderai pas à quitter le beau pays de l'Alsace. Bientôt je serai de retour à Paris. Je rentrerai dans la capitale le cœur plein de reconnaissance du tendre intérêt que l'on m'a témoigné dans ce pays. J'ai rencontré des hommes de tous rangs, de toutes nuances, de toute opinion; partout on a compris ma position, partout j'ai recueilli les plus précieux suffrages. Mon cœur reconnaissant ne les oubliera jamais. Prenez votre part de cette reconnaissance, faites qu'il ne se mêle plus de poignants regrets à ce bonheur. Et toi, ma vénérable mère, qui, à quatre-vingt-deux ans, as retrouvé des

1. La lettre lue par Me Parquin appartient à l'histoire. On en publia aussi une autre du prince Louis au roi Louis-Philippe, pleine d'humbles remercîments et d'effusions de reconnaissance; mais cette dernière lettre ne nous paraît pas avoir les caractères d'authenticité nécessaires, et nous ne pouvons la citer.

jours sans repos et des nuits sans sommeil, toi qui accuses le ciel de ne t'avoir pas enlevée plus tôt à la terre, toi dont les mains suppliantes redemandent un fils, je t'entends, je te vois.... tu m'appelles... « Parquin!... qu'as-tu fait de ton frère?... » Ah! ma bonne, ma vénérable mère, sèche tes pleurs.... Ton fils! un jury d'Alsace te le rendra. »

Ces paroles prononcées d'une voix entrecoupée de larmes produisent un attendrissement général. Ce n'est qu'avec la plus vive émotion que M. le président ordonne à l'interprète de traduire cette éloquente réplique.

L'audience est levée.

AUDIENCE DU 18 JANVIER.

On remarque que les postes ont été doublés; les salles et les couloirs qui mènent à la salle d'audience, sont occupés par des factionnaires placés de deux pas en deux pas; un fort piquet stationne dans la cour du Palais de Justice.

A neuf heures et demie l'audience est ouverte.

M. LE PRÉSIDENT. Les accusés ont-ils quelque chose à ajouter à leur défense?

Les accusés s'inclinent.

M. LE PRÉSIDENTr. Les débats sont clos.

M. le président, dans un exposé concis, lumineux et impartial, présente le résumé des débats.

Après la traduction du résumé par l'interprète, M. le président donne lecture des questions que le jury aura à résoudre.

Ces questions sont au nombre de vingt-quatre; six sont relatives au colonel Vaudrey.

MM. les jurés se lèvent pour se rendre dans la salle de leurs délibérations. Aussitôt des cris partent de la tribune publique : *Acquittez.... acquittez.*

Les défenseurs se lèvent comme pour protester énergiquement contre cette inconvenante protestation.

M. LE PRÉSIDENT. Faites sortir les interrupteurs.

Voix nombreuses. Oui, oui, qu'ils sortent.

Me PARQUIN. Ces clameurs sont indécentes; elles nuisent plus aux accusés qu'elles ne leur servent.

Me THIERRIET. Nous protestons contre ces cris.

Le silence se rétablit peu à peu, et MM. les jurés se retirent dans la chambre de leurs délibérations.

Pendant la délibération, de vives conversations s'engagent. De chaque côté se forment des groupes dans lesquels on cherche d'avance, d'après la composition du jury, à préjuger quel pourra être le verdict de la majorité.

Après vingt-deux minutes de délibération, un huissier annonce la rentrée du jury:

La Cour prend séance.

M. LE PRÉSIDENT. Je déclare que la force publique a ordre d'arrêter et d'amener aux pieds de la Cour quiconque se permettrait un signe d'approbation ou d'improbation.

Le silence se rétablit.

M. LE PRÉSIDENT. Monsieur le chef du jury, veuillez donner lecture du résultat de votre délibération.

M. Vaiss, chef du jury, se lève, et d'une voix émue il dit:

« Sur mon honneur et ma conscience, devant Dieu et de-
« vant les hommes,

« La déclaration du jury est,

« Sur toutes les questions,

« NON, les accusés ne sont pas coupables. »

A ces mots, un vif mouvement se manifeste dans l'auditoire; des bravos éclatent, mais sont bientôt comprimés par le respect dû à la gravité de l'audience.

M. LE PRÉSIDENT. Qu'on introduise les accusés.

Les accusés sont amenés : bientôt ils ont lu leur sort dans l'attitude du public et dans les yeux de leurs défenseurs. Mme Gordon est tremblante et tellement émue, qu'à peine elle peut se soutenir.

A peine le greffier a-t-il donné lecture de la déclaration du jury, que les accusés se jettent dans les bras de leurs défenseurs.

M. le président prononce l'ordonnance d'acquittement, et ordonne la mise en liberté immédiate des accusés.

APPENDICE.

NOTE 1.

Le plan du prince consistait à se jeter inopinément au milieu d'une grande place de guerre, à y rallier le peuple et la garnison par le prestige de son nom, l'ascendant de son audace, et à se porter aussitôt, à marches forcées, sur Paris, avec toutes les forces disponibles, entraînant sur sa route troupes et gardes nationales, peuples des villes et des campagnes, enfin tout ce qui serait électrisé par la magie d'un grand spectacle et le triomphe d'une grande cause. Strasbourg était bien la ville la plus favorable à l'exécution de ce projet. Une population patriote, ennemie d'un gouvernement qui s'est vu contraint de licencier sa garde nationale ; une garnison de huit à dix mille hommes, une artillerie considérable, un arsenal immense de ressources de toute espèce faisaient de cette place importante une base d'opérations qui, une fois acquise à la cause populaire, pouvait amener les plus grands résultats. La nouvelle d'une révolution faite à Strasbourg par le neveu de l'Empereur, au nom de la liberté et de la souveraineté du peuple, eût embrasé toutes les têtes. Si l'on se rendait maître de cette ville, la garde nationale était immédiatement organisée pour faire elle seule le service de la place, et veiller à la garde de ses remparts. La jeunesse de la ville et des écoles, formée en corps de volontaires, se réunissait à la garnison. Le jour même où cette grande révolution s'accomplissait, tout s'organisait de manière à partir le lendemain pour marcher sur Paris avec plus de douze mille hommes, près de cent pièces de canon, dix à douze millions de numéraire et un convoi d'armes considérable pour armer la population sur la route. L'exemple de Strasbourg entraînait toute l'Alsace et ses garnisons. La ligne à parcourir traverse les Vosges, la Lorraine, la Champagne : que de grands souvenirs réveillés !...

(Extrait d'une brochure publiée à Londres par M. de Persigny, *se qualifiant aide de camp du prince pendant la journée du* 30.)

NOTE 2.

PROCLAMATIONS

DU PRINCE NAPOLÉON-LOUIS BONAPARTE.

AU PEUPLE FRANÇAIS.

Français !

On vous trahit ! Vos intérêts politiques, vos intérêts commerciaux, votre honneur, votre gloire sont vendus à l'étranger !

Et par qui ? — Par les hommes qui ont profité de votre belle révolution et qui en renient tous les principes. Est-ce donc pour avoir un gouvernement sans parole, sans honneur, sans générosité, des institutions sans force, des lois sans liberté, une paix sans prospérité et sans calme, enfin un présent sans avenir que nous avons combattu depuis quarante ans ?

En 1830, on imposa à la France un gouvernement sans consulter ni le peuple de Paris, ni le peuple des provinces, ni l'armée française : tout ce qui a été fait sans vous est illégitime !

Un congrès national, élu par tous les citoyens, peut seul avoir le droit de choisir ce qui convient le mieux à la France.

Fier de mon origine populaire, fort de quatre millions de votes qui me destinaient au trône, je m'avance devant vous comme représentant de la souveraineté du peuple.

Il est temps qu'au milieu du chaos des partis, une voix nationale se fasse entendre ; il est temps qu'aux cris de la liberté trahie vous renversiez le joug honteux qui pèse sur notre belle France ; ne voyez-vous pas que les hommes qui règlent nos destinées sont encore les traîtres de 1814 et de 1815, les bourreaux du maréchal Ney !

Pouvez-vous avoir confiance en eux?

Ils font tout pour complaire à la Sainte-Alliance : pour lui obéir, ils ont abandonné les peuples, nos alliés ; pour se soutenir ils ont armé le frère contre le frère ; ils ont ensanglanté nos villes, ils ont foulé aux pieds nos sympathies, nos volontés, nos droits.

Les ingrats ! Ils ne se souviennent des barricades que pour préparer les forts détachés ; méconnaissant le grande nation, ils rampent devant les forts et insultent les faibles. Notre vieux drapeau tricolore s'indigne d'être plus longtemps entre leurs mains ! Français ! que le souvenir du grand homme qui fit tant pour la gloire et la prospérité de la patrie vous ranime ! Confiant dans la sainteté de ma cause, je me présente à vous, le testament de l'Empereur d'une main, son épée d'Austerlitz de l'autre. Lorsqu'à Rome, le peuple vit les dépouilles ensanglantées de César, il renversa ses hypocrites oppresseurs. Français, Napoléon est plus grand que César ! Il est l'emblème de la civilisation du dix-neuvième siècle.

Fidèle aux maximes de l'Empereur, je ne connais d'intérêts que les vôtres, d'autre gloire que celle d'être utile à la France et à l'humanité. Sans haine, sans rancune, exempt de l'esprit de parti, j'appelle sous l'aigle de l'Empire tous ceux qui sentent un cœur français battre dans leur poitrine.

J'ai voué mon existence à l'accomplissement d'une grande mission. Du rocher de Sainte-Hélène, un rayon de soleil mourant a passé dans mon âme. Je saurai garder ce feu sacré, je saurai vaincre et mourir pour la cause du peuple.

Hommes de 1789, hommes du 20 mars 1815, homme de 1830, levez-vous ! Voyez qui vous gouverne, voyez l'aigle emblème de gloire, symbole de liberté, et choisissez ! Vive la France ! Vive la liberté !

Signé : NAPOLÉON.

A L'ARMÉE.

Soldats !

Le moment est venu de recouvrer votre ancienne splendeur ! Faits pour la gloire, vous pouvez moins que d'autres supporter plus longtemps le rôle honteux qu'on vous fait jouer. Le gouvernement qui trahit nos intérêts civils, voudrait aussi ternir notre honneur militaire. L'insensé! croit-il que la race des héros d'Arcole, d'Austerlitz, de Wagram soit éteinte?

Voyez le lion de Waterloo encore debout sur nos frontières; voyez Huningue privé de ses défenses; voyez les grades de 1815 méconnus; voyez la Légion d'honneur prodiguée aux intrigants et refusée aux braves; voyez notre drapeau... il ne flotte nulle part où nos armées ont triomphé! Voyez enfin partout trahison, lâcheté, influence étrangère, et écriez-vous avec moi : Chassons les barbares du Capitole! — Soldats, reprenez ces aigles que nous avions dans ces grandes journées : les ennemis de la France ne peuvent en soutenir les regards; ceux qui vous gouvernent ont déjà fui devant elles! Délivrer la patrie des traîtres et des oppresseurs, protéger les droits du peuple, défendre la France et ses alliés contre l'invasion : voilà la route où l'honneur vous appelle : voilà quelle est votre sublime mission!

Soldats français, quels que soient vos antécédents, venez tous vous ranger sous le drapeau tricolore régénéré; il est l'emblème de vos intérêts et de votre gloire. La patrie divisée, la liberté trahie, l'humanité souffrante, la gloire en deuil comptent sur vous : vous serez à la hauteur des destinées qui vous attendent.

Soldats de la République, soldats de l'Empire, que mon nom réveille en vous votre ancienne ardeur. Et vous, jeunes soldats qui êtes nés comme moi au bruit du canon de Wagram, souvenez-vous que vous êtes les enfants des soldats de la grande armée. Le soleil de cent victoires a éclairé notre berceau. Que nos hauts faits ou notre trépas soient dignes de notre naissance! Du haut du ciel la grande ombre de Napoléon guidera nos bras, et, contente de nos efforts, elle s'écriera : « Ils étaient dignes de leurs pères! »

Vive la France! Vive la liberté!

Signé : NAPOLÉON.

AUX HABITANTS DE STRASBOURG.

Alsaciens !

A vous l'honneur d'avoir les premiers renversé une autorité qui, esclave de la Sainte-Alliance, compromettait chaque jour davantage votre avenir de peuple civilisé ! Le gouvernement de Louis-Philippe vous détestait particulièrement, braves Strasbourgeois, parce qu'il déteste tout ce qui est grand, généreux, national. Il a blessé votre honneur en cassant vos légions; ils a froissé vos intérêts en consacrant les droits d'autrui, et en permettant l'établissement de douanes étrangères qui paralysent votre commerce.

Strasbourgeois, vous avez mis la main sur vos blessures, vous m'avez appelé au milieu de vous pour qu'ensemble nous vainquions et mourions pour la cause du peuple. Guidé par vous et par les soldats, je touche enfin, après un long exil, le sol sacré de la patrie. Grâces vous en soient rendues ! Alsaciens! mon nom est un drapeau qui doit vous rappeler de grands souvenirs; et ce drapeau, vous le savez, inflexible devant les partis et l'étranger, ne s'incline que devant la majesté du peuple.

Honneur, patrie, liberté, voilà notre mobile et notre but. Paris en 1830 nous a montré comment on renverse un gouvernement impie; montrons-lui, à notre tour, comment on consolide les libertés d'un grand peuple.

Strasbourgeois ! demain nous marchons sur Paris, pour délivrer la capitale des traîtres et des oppresseurs. Reformez vos bataillons nationaux qui effrayaient un gouvernement impopulaire; gardez pendant notre absence votre ville, ce boulevard de l'indépendance de la France, aujourd'hui le berceau de sa régénération. Que l'ordre et la paix règnent dans vos murs, et que le génie de la France veille avec vous sur vos remparts.

Alsaciens ! avec un grand peuple on fait de grandes choses. J'ai une foi entière dans le peuple français.

Signé : NAPOLÉON.

NOTE 3.

LETTRE

DE LOUIS NAPOLÉON BONAPARTE

A SA MÈRE.

Décembre 1836.

MA MÈRE,

Vous donner un récit détaillé de mes malheurs, c'est renouveler vos peines et les miennes, et cependant c'est en même temps une consolation pour vous et pour moi que de vous mettre au fait de toutes les impressions que j'ai ressenties, de toutes les émotions qui m'ont agité depuis la fin d'octobre. Vous savez quel est le prétexte que je donnai à mon départ d'Arenemberg ; mais ce que vous ne savez pas, c'est ce qui se passait alors dans mon cœur. Fort de ma conviction qui me faisait envisager la cause napoléonienne comme la seule cause civilisatrice en Europe, fier de la noblesse et de la pureté de mes intentions, j'étais bien décidé à relever l'aigle impériale ou à tomber victime de ma foi politique.

Je partis, faisant dans ma voiture le même chemin que j'avais suivi il y a trois mois, pour me rendre à Unkirch et à Baden ; tout était de même autour de moi ; mais quelle différence dans les impressions qui m'animaient ! J'étais alors gai et serein comme le jour qui m'éclairait ; aujourd'hui, triste et rêveur, mon esprit avait pris la teinte de l'air brumeux et froid qui m'entourait. On me demandera ce qui me forçait d'abandonner une entreprise hasardeuse. Je répondrai qu'une voix secrète m'entrainait, et que, pour rien au monde, je n'aurais voulu remettre à une autre époque une tentative qui me semblait présenter tant de chances de succès.

Et ce qu'il y a de plus pénible à penser pour moi, c'est qu'actuellement que la réalité est venue remplacer mes suppositions, et qu'au lieu de ne faire qu'imaginer, j'ai vu ; je puis juger, et je reste dans mes croyances, d'autant plus convaincu que si j'avais pu suivre le plan que je m'étais d'abord tracé, au lieu d'être maintenant sous l'équateur, je serais dans ma patrie. Que m'importent les cris du vulgaire qui m'appellera insensé parce que je n'aurai pas réussi, et qui aurait exagéré mon mérite si j'avais triomphé ! Je prends sur moi toute la responsabilité de l'événement, car j'ai agi par conviction et non par entraînement. Hélas ! si j'étais la seule victime je n'aurais rien à déplorer : j'ai trouvé dans mes amis un dévouement sans bornes, et je n'ai de reproche à faire à qui que ce soit.

Le 27, j'arrivai à Lahr, petite ville du grand-duché de Baden, où j'attendis des nouvelles ; près de cet endroit l'essieu de ma calèche s'étant cassé, me força de rester un jour dans la ville. Le 28, matin, je partis de Lhar, je retournai sur mes pas, je passai par Fribourg, Neubrisach, Colmar, et j'arrivai le soir à onze heures à Strasbourg, sans le moindre embarras. Ma voiture alla à l'hôtel de la *Fleur*, tandis que j'allais loger dans une petite chambre qu'on m'avait retenue, *rue de la Fontaine*.

Là je vis le colonel Vaudrey, et je lui soumis le plan d'opération que j'avais arrêté ; mais le colonel, dont les sentiments nobles et généreux méritaient un meilleur sort, me dit : « Il ne s'agit pas ici d'un conflit en armes ; votre cause est trop française et trop pure pour la souiller en répandant du sang français ; il n'y a qu'un seul moyen d'agir qui soit digne de vous, parce qu'il évitera toute collision. Lorsque vous serez à la tête de mon régiment, nous marcherons ensemble chez le général Voirol ; un ancien militaire ne résistera pas à votre vue et à celle de l'aigle impériale, lorsqu'il saura que la garnison vous suit. » J'approuvai ses raisons, et tout fut décidé pour le lendemain matin ; on avait retenu une maison dans une rue voisine du quartier d'Austerlitz, où nous devions nous retirer tous pour nous porter de là à cette caserne dès que le régiment d'artillerie serait rassemblé.

Le 29, à onze heures du soir, un de mes amis vint me chercher, *rue de la Fontaine*, pour me conduire au rendez-vous général : nous traversâmes ensemble toute la ville ; un beau clair de lune éclairait les rues ; je prenais ce beau temps pour un favorable augure pour le lendemain ; je regardais avec attention les endroits par où je passais ; le silence qui y régnait faisait impression sur moi ; par quoi ce calme sera-t-il remplacé demain ! « Cependant, dis-je à mon compagnon, il n'y aura pas de désordre si je réussis : car c'est surtout pour empêcher les troubles qui accompagnent souvent les mouvements populaires, que j'ai voulu faire la révolution par l'armée. Mais, ajoutai-je, quelle confiance, quelle profonde conviction il faut avoir de la noblesse d'une cause, pour affronter, non les dangers que nous allons courir, mais l'opinion publique qui nous déchirera, qui nous accablera de reproches si nous ne réussissons pas ! Et cependant je prends Dieu à témoin que ce n'est pas pour satisfaire à une ambition personnelle, mais parce que je crois avoir une mission à remplir, que je risque ce qui m'est plus cher que la vie, l'estime de mes concitoyens. »

Arrivé à la maison, *rue des Orphelins*, je trouvai mes amis réunis dans deux chambres au rez-de-chaussée. Je les remerciai du dévouement qu'ils montraient à ma cause, et je leur dis que dès ce moment nous partagerions la bonne comme la mauvaise fortune. Un des officiers apporta une aigle : c'était celle qui avait appartenu au 7e régiment de ligne ; l'aigle de Labédoyère, s'écria-t-on, et chacun de nous la pressa sur son cœur avec une vive émotion.... Tous les officiers étaient en grand uniforme ; j'avais mis un uniforme d'artillerie, et sur ma tête un chapeau d'état-major.

La nuit nous parut bien longue, je la passai à écrire mes proclamations que je n'avais pas voulu faire imprimer d'avance, de peur d'indiscrétion. Il était convenu que nous resterions dans cette maison jusqu'à ce que le colonel me fit prévenir de me rendre à la caserne. Nous comptions les heures, les minutes, les secondes ; six heures du matin était le moment indiqué. Qu'il est difficile d'exprimer ce qu'on éprouve dans de semblables circonstances ; dans une seconde on vit plus que dans dix années ; car vivre c'est faire usage de nos organes, de nos sens, de nos facultés, de toutes les parties de nous-même, qui nous donnent le sentiment de notre existence ; et, dans ces moments critiques, nos facultés, nos organes, nos sens, exaltés au plus haut degré, sont concentrés sur un seul point ; c'est l'heure qui doit décider de notre destinée ; on est fort quand on peut se dire : demain je serai le libérateur de ma patrie ou je serai mort ; on est bien à plaindre lorsque les circonstances ont été telles qu'on n'a pu être ni l'un ni l'autre.

Malgré mes précautions ; le bruit que devait faire un certain nombre de personnes réunies, éveilla les propriétaires du premier étage ; nous les entendîmes se lever et ouvrir les fenêtres ; il était cinq heures ; nous redoublâmes de prudence et ils se rendormirent.

Enfin six heures sonnèrent ! Jamais les sons d'une horloge ne retentirent si violemment dans mon cœur ; mais un instant après la trompette du quartier d'Austerlitz vint encore en accélérer les battements. Le grand moment approchait ; un tumulte assez fort se fit aussitôt entendre dans la rue ; des soldats passaient en criant, des cavaliers couraient au grand galop devant nos fenêtres ; j'envoyai un officier s'informer de la cause de ce bruit : était-ce l'état-major de la place qui était déjà informé de nos projets ? avions-nous été découverts ? il revint bientôt me dire que le bruit provenait des soldats que le colonel envoyait prendre leurs chevaux qui étaient hors du quartier.

Quelques minutes s'écoulèrent encore, et l'on vint me prévenir que le colonel m'attendait ; plein d'espoir, je me précipite dans la rue ; M. Parquin, en uniforme de général de brigade, un chef de bataillon, portant l'aigle en main sont à mes côtés ; douze officiers environ me suivent.

Le trajet est court ; il fut bientôt franchi. Le régiment était rangé en bataille devant la cour du quartier, en dedans des grilles; sur la pelouse stationnaient quarante canonniers à cheval.

Ma mère! jugez du bonheur que j'éprouvais dans ce moment-là; après vingt ans d'exil, je touchais enfin le sol sacré de la patrie, je me trouvais avec des Français que le souvenir de l'Empereur allait encore électriser!

Le colonel Vaudrey était seul au milieu de la cour. Je me dirigeai vers lui; aussitôt le colonel, dont la belle figure et la taille avaient, dans le moment, quelque chose de sublime, tira son sabre et s'écria : « Soldats du 4° régiment d'artillerie! une grande révolution s'accomplit en ce moment; vous voyez ici, devant vous, le neveu de l'empereur Napoléon, il vient pour reconquérir les droits du peuple, le peuple et l'armée peuvent compter sur lui. C'est autour de lui que doit venir se grouper tout ce qui aime la gloire et la liberté de la France. Soldats! vous sentirez, comme votre chef, toute la grandeur de l'entreprise que vous allez tenter, toute la sainteté de la cause que vous allez défendre : Soldats! le neveu de l'empereur Napoléon peut-il compter sur vous? » Sa voix fut couverte à l'instant par des cris unanimes de : « Vive Napoléon! vive l'Empereur! » Je pris alors la parole en ces termes : « Résolu à vaincre ou à mourir pour la cause du peuple français, c'est à vous les premiers que j'ai voulu me présenter, parce qu'entre vous et moi il existe de grands souvenirs; c'est dans votre régiment que l'empereur Napoléon, mon oncle, servit comme capitaine; c'est avec vous qu'il s'est illustré au siége de Toulon : et c'est encore votre brave régiment qui lui ouvrit les portes de Grenoble au retour de l'île d'Elbe! Soldats! de nouvelles destinées vous sont réservées. A vous la gloire de commencer une grande entreprise; à vous l'honneur de saluer les premiers l'aigle d'Austerlitz et de Wagram. » Je saisis alors l'aigle que portait un de mes officiers, M. de Querelles, et, la leur présentant. « Soldats! continuai-je, voici le symbole de la gloire française, destiné à devenir aussi l'emblème de la liberté! Pendant quinze ans, il a conduit nos pères à la victoire; il a brillé sur tous les champs de bataille, il a traversé toutes les capitales de l'Europe. Soldats! ne vous rallierez-vous pas à ce noble étendard, que je confie à votre honneur et à votre courage? Ne marcherez-vous pas avec moi contre les traitres et les oppresseurs de la patrie, au cri de : Vive la France! vive la liberté! » Mille cris affirmatifs me répondirent : nous nous mîmes alors en marche, musique en tête; la joie et l'espérance brillaient sur tous les visages. Le plan était de courir chez le général, de lui mettre, non le pistolet sur la gorge, mais l'aigle devant les yeux, pour l'entraîner. Il fallait, pour se rendre chez lui, traverser toute la ville. Chemin faisant, je dus envoyer un officier, avec un peloton, pour publier mes proclamations, un autre chez le préfet, pour l'arrêter; enfin, six reçurent des missions particulières, de sorte que, arrivé chez le général, je m'étais ainsi défait volontairement d'une partie de mes forces. Mais avais-je donc besoin de m'entourer de tant de soldats ! Ne comptais-je pas sur la participation du peuple ? Et en effet, quoi qu'on en dit, sur toute la route que j'ai parcourue, je reçus les témoignages les moins équivoques de la sympathie de la population ; je n'avais qu'à me débattre contre la véhémence des marques d'intérêt qui m'étaient prodiguées, et la variété des cris qui m'accueillaient me montrait qu'il n'y avait pas un parti qui ne sympathisât avec mon cœur !

Arrivé à la cour de l'hôtel du général, je monte suivi de MM. Vaudrey, Parquin, et de deux officiers. Le général n'était pas encore habillé ; je lui dis : « Général, je viens vers vous en ami ; je serais désolé de relever notre vieux drapeau tricolore sans un brave militaire comme vous : la garnison est pour moi, décidez-vous, et suivez-moi. » On lui montra l'aigle : il la repoussa en disant : « Prince, on vous a trompé ; l'armée connaît ses devoirs, et je vais à l'instant vous le prouver. » Alors je m'éloignai, et donnai l'ordre de laisser un piquet pour le garder. Le général se présenta plus tard à ses soldats, pour les faire rentrer dans l'obéissance ; les artilleurs, sous les ordres de M. Parquin, méconnurent son autorité, et ne lui répondirent que par les cris réitérés de : « Vive l'Empereur ! » Plus tard, le général parvint à s'échapper de son hôtel par une porte dérobée.

Lorsque je sortis de chez le général, je fus accueilli par les même acclamations de : « Vive l'Empereur ! » mais déjà ce premier échec m'avait vivement affecté : je n'y étais pas préparé, convaincu que la seule vue de l'aigle devait réveiller chez le général de vieux souvenirs de gloire, et l'entraîner.

Nous nous remîmes en marche : nous quittâmes la grande rue et entrâmes dans la caserne Finkematt, par la petite ruelle qui y conduit du faubourg de Pierre. Cette caserne est un grand bâtiment, construit dans une espèce d'impasse ; le terrain en avant est trop étroit pour qu'un régiment puisse s'y ranger en bataille. En me voyant ainsi reserré entre le rempart et le quartier, je m'aperçus que le plan convenu n'avait pas été suivi. A notre arrivée, les soldats s'empressent autour de nous, je les harangue : la plupart vont chercher leurs armes et reviennent se rallier à moi, en me témoignant leurs sympathies par leurs acclamations. Cependant, voyant se manifester parmi eux une hésitation soudaine, causée par les bruits répandus parmi eux par quelques officiers qui s'efforçaient de leur inspirer des doutes sur mon identité ; et comme d'ailleurs nous perdions un temps précieux dans une position défavorable au lieu de courir sur-le-champ aux autres régiments, qui nous attendaient, je dis au colonel de partir : il m'engage à rester encore : je me range à son avis ; quelques minutes plus tard il n'était plus temps. Des officiers d'infanterie arrivent, font fermer les grilles, et tancent fortement leurs soldats : ceux-ci hésitent encore ; je veux faire arrêter les officiers : leurs soldats les délivrent. Alors la confusion se met partout ;

l'espace était tellement resserré que chacun de nous fut perdu dans la foule. Le peuple, qui était monté sur le mur, lançait des pierres sur l'infanterie; les canonniers voulaient faire usage de leurs armes, mais nous les en empêchâmes; nous vîmes tout de suite que nous aurions fait tuer beaucoup de monde. Je vis le colonel tour à tour arrêté par l'infanterie et délivré par ses soldats; moi-même j'allais succomber au milieu d'une multitude d'hommes qui, me reconnaissant, croisaient sur moi leurs baïonnettes. Je parais leurs coups avec mon sabre, en tâchant de les apaiser, lorsque les canonniers vinrent me tirer d'entre leurs fusils, et me placer au milieu d'eux. Je m'élançai alors, avec quelques sous-officiers, vers les canonniers montés, pour me saisir d'un cheval; toute l'infanterie me suivit; je me trouvai acculé entre les chevaux et le mur, sans pouvoir bouger. Alors les soldats arrivèrent de toutes parts, se saisirent de moi et me conduisirent dans le corps de garde. En entrant, j'y trouvai M. Parquin; je lui tendis la main; il me dit, en m'abordant d'un air calme et résigné: « Prince, nous serons fusillés, mais nous mourrons bien. — Oui, lui répondis-je; nous avons échoué dans une belle et noble entreprise. »

Bientôt après le général Voirol arrive. Il me dit, en entrant: « Prince, vous n'avez trouvé qu'un traître dans l'armée française. — Dites plutôt, général, que j'avais trouvé un Labédoyère. » Des voitures furent amenées et nous transportèrent dans la prison neuve. Me voilà donc entre quatre murs, avec des fenêtres à barreaux, dans le séjour des criminels! Ah! ceux qui savent ce que c'est que de passer tout à coup de l'excès du bonheur, que procurent les plus nobles illusions, à l'excès de la misère qui ne laisse plus d'espoir, et de franchir cet immense intervalle sans avoir un moment pour s'y préparer, comprendront ce qui se passait dans mon cœur.

Au greffe, nous nous revîmes tous. M. de Querelles, en me serrant la main, me dit à haute voix: « Prince, malgré notre défaite, je suis encore fier de ce que j'ai fait. » On me fit subir un interogatoire; j'étais calme et résigné; mon parti était pris. On me fit les questions suivantes: « Qu'est-ce qui vous a poussé à agir comme vous l'avez fait? — Mes opinions politiques, répondis-je, et mon désir de revoir ma patrie, dont l'invasion étrangère m'avait privé. En 1830, j'ai demandé à être traité en simple citoyen; on m'a traité en prétendant, eh bien! je me suis conduit en prétendant! — Vous vouliez établir un gouvernement militaire? — Je voulais établir un gouvernement fondé sur l'élection populaire. — Qu'auriez-vous fait, vainqueur? — J'aurais assemblé un congrès national. »

Je déclarai ensuite que moi seul ayant tout organisé, moi seul ayant entraîné les autres, moi seul aussi je devais assumer sur ma tête toute la responsabilité. Reconduit en prison, je me jetai sur un lit qu'on m'avait préparé, et malgré mes tourments, le sommeil, qui adoucit les peines en donnant du relâche aux douleurs de l'âme, vint calmer mes sens; le repos ne fuit pas le malheur, il n'y a que le remords qui n'en laisse pas. Mais comme le réveil fut affreux! Je croyais avoir eu un horrible cauchemar : le sort des personnes compromises était ce qui me donnait le plus de douleur et d'inquiétude. J'écrivis au général Voirol pour lui dire que son honneur l'obligeait à s'intéresser au colonel Vaudrey, car c'était peut-être l'attachement du colonel pour lui, et les égards avec lesquels il l'avait traité qui étaient cause de la non réussite de mon entreprise ; je terminais en priant que toute la rigueur des lois s'appesantît sur moi, disant que j'étais le plus coupable et le seul à craindre.

Le général vint me voir et fut très-affectueux. Il me dit en entrant : » Prince, quand j'étais votre prisonnier, je n'ai trouvé que des paroles dures à vous dire, maintenant que vous êtes le mien, je n'ai plus que des paroles de consolation à vous adresser. » Le colonel Vaudrey et moi nous fûmes conduits à la citadelle, où (moi, du moins) j'étais beaucoup mieux qu'en prison ; mais le pouvoir civil nous réclama, et au bout de vingt-quatre heures on nous réintégra dans notre première demeure.

Le geôlier et le directeur de la prison de Strasbourg faisaient leur devoir, mais tâchaient d'adoucir autant que possible ma situation, tandis qu'un certain M. Lebel, qu'on envoya de Paris, voulant montrer son autorité, m'empêcha d'ouvrir mes fenêtres pour respirer l'air, me retira ma montre qu'il ne me rendit qu'à mon départ, et enfin avait même commandé des abat-jour pour intercepter la lumière.

Le 9 au soir, on vint me prévenir que j'allais être tranféré dans une autre prison; je sors et je trouve le général et le préfet qui m'emmènent dans leur voiture sans me dire où on me conduisait. J'insiste pour qu'on me laisse avec mes compagnons d'infortune ; mais le gouvernement en avait décidé autrement. Arrivé dans l'hôtel de la préfecture, je trouvai deux chaises de poste ; on me fit monter dans l'une avec M. Cuynat, commandant de la gendarmerie de la Seine, et le lieutenant Thiboutot; dans l'autre il y avait quatre sous-officiers.

Lorsque je vis qu'il fallait quitter Strasbourg, et que mon sort allait être séparé de celui des autres accusés, j'éprouvai une douleur difficile à peindre. Me voilà donc forcé d'abandonner des hommes qui se sont dévoués pour moi; me voilà donc privé des moyens de faire connaître, dans ma défense, mes idées et mes intentions ; me voilà donc recevant un soi-disant bienfait de celui auquel je voulais faire le plus de mal ! je m'exhalai en plaintes et en regrets, je ne pouvais que protester....

Les deux officiers qui me conduisaient étaient deux officiers de l'Empire, amis intimes de M. Parquin ; aussi eurent-ils pour moi toutes sortes d'égards ; j'aurais pu me croire voyageant avec des amis, Le 11, à deux heures du matin, j'arrivai à Paris, à l'hôtel de la préfecture de police. M. Delessert fut très-convenable pour moi il m'apprit que vous étiez venue en France réclamer en ma faveur la clémence du roi, que j'allais repartir dans deux heures pour Lorient, et que de là je repasserais aux États-Unis, sur une frégate française.

Je dis au préfet que j'étais au désespoir de ne pas partager le sort de mes compagnons d'infortune ; que, retiré ainsi de prison avant d'avoir subi un interrogatoire général (le premier n'avait été que sommaire), on m'ôtait les moyens de déposer de plusieurs faits qui étaient en faveur des accusés ; mais mes protestations étant restées infructueuses, je pris le parti d'écrire au roi, et je lui dis que, jeté en prison après avoir pris les armes contre son gouvernement, je ne redoutais qu'une chose, sa générosité, puisqu'elle devait me priver de la plus douce consolation, la possibilité de partager le sort de mes compagnons d'infortune. J'ajoutai que la vie était peu de chose pour moi, mais que ma reconnaissance envers lui serait grande s'il épargnait la vie d'anciens soldats, débris de notre vieille armée, entraînés par moi et séduits par de glorieux souvenirs.

En même temps j'écrivis à à M. Odilon Barrot la lettre que je joins ici, en le priant de se charger de la défense du colonel Vaudrey. A quatre heures je me remis en route avec la même escorte, et, le 14, nous arrivâmes à la citadelle de Port-Louis près Lorient. J'y restai jusqu'au 21 novembre, jour où la frégate appareilla.

Après avoir prié M. Odilon Barrot de prendre la défense des accusés, et en particulier du colonel Vaudrey, j'ajoutai : « Monsieur, malgré mon désir de rester avec mes compagnons d'infortune et de partager leur sort, malgré mes réclamations à ce sujet, le roi, dans sa clémence, a ordonné que je fusse conduit à Lorient, pour de là passer en Amérique. Touché, comme je le dois, de la générosité du roi, je suis profondément affligé de quitter mes coaccusés, dans l'idée que, moi présent à la barre, mes dépositions en leur faveur auraient pu influer sur le jury et l'éclairer sur leur compte. Privé de la consolation d'être utile à des hommes que j'ai entraînés à leur perte, je suis obligé de confier à un avocat ce que je ne puis pas dire moi-même devant le jury.

« De la part de mes coaccusés, il n'y a pas eu complot : il n'y a eu que l'entraînement du moment ; moi seul ai tout combiné ; moi seul ai fait les préparatifs nécessaires. J'avais déjà vu le colonel Vaudrey, avant le 30 octobre, mais il n'avait pas conspiré avec moi. Le 29, à huit heures du soir, personne, excepté moi, ne savait que le mouvement aurait lieu le lendemain ; je ne vis le colonel Vaudrey que plus tard. M. Parquin était venu à Strasbourg pour ses affaires ; le 19 au soir, seulement, je le fis appeler ; les autres personnes connaissaient ma présence en France, mais en ignoraient le motif. Je ne réunis que le 29 au soir, les personnes actuellement accusées, et ne leur fis part de mes intentions que dans ce moment. Le colonel Vaudrey n'y était pas ; les officiers de pontonniers sont venus se joindre à nous, ignorant d'abord de quoi il s'agissait. Certes, nous sommes tous coupables, aux yeux du gouvernement établi, d'avoir pris les armes contre lui ; mais le plus coupable c'est moi ; c'est celui qui, méditant depuis longtemps une révolution, est venu tout à coup arracher ces hommes à une position sociale honorable, pour les livrer à tous les hasards d'un mouvement populaire. Devant les lois, mes compagnons d'infortune sont coupables de s'être laissé entraîner ; mais jamais, plus qu'en leur faveur, il n'y eut des circonstances atténuantes aux yeux du pays. Je tins au colonel Vaudrey, lorsque e le vis, et aux autres personnes, le 29 au soir, le langage suivant : « Messieurs vous connaissez tous les griefs de la nation envers le « gouvernement du 9 août ; mais vous savez aussi qu'aucun parti, « existant aujourd'hui n'est assez fort pour le renverser, aucun « assez puissant pour réunir tous les Français, si l'un d'eux par- « venait à s'emparer du pouvoir. Cette faiblesse du gouverne- « ment, comme cette faiblesse des partis, vient de ce que chacun « ne représente que les intérêts d'une seule classe de la société. « Les uns s'appuient sur le clergé et la noblesse, les autres sur « l'aristocratie bourgeoise, d'autres enfin sur les prolétaires « seuls.

« Dans cet état des choses, il n'y a qu'un seul drapeau qui « puisse rallier tous les partis, parce qu'il est le drapeau de « la France et non celui d'une faction : c'est l'aigle de l'Em- « pire. Sous cette bannière, qui rappelle tant de souvenirs glo- « rieux, il n'y a aucune classe expulsée : elle représente les « intérêts et les droits de tous. L'empereur Napoléon tenait son « pouvoir du peuple français ; quatre fois son autorité reçut la « sanction populaire : en 1804, l'hérédité dans la famille de l'Em- « pereur fut reconnue par quatre millions de votes ; depuis, le « peuple n'a plus été consulté.... Comme l'aîné des neveux de « Napoléon, je puis donc me considérer comme le représentant « de l'élection populaire, je ne dirai pas de l'Empire, parce que, « depuis vingt ans, les idées et les besoins de la France ont dû « changer. Mais un principe ne peut être annulé par des faits ; il « ne peut l'être que par un autre principe ; or, ce ne sont pas les « douze cent mille étrangers de 1815, ce n'est pas la Chambre « des 221 de 1830 qui peuvent rendre nul le principe de l'élec- « tion de 1804. Le système napoléonien consiste à faire marcher « la civilisation sans discorde et sans excès, à donner l'élan aux « idées, tout en développant les intérêts matériels, à raffermir « le pouvoir en le rendant respectable, à discipliner les masses « d'après leurs facultés intellectuelles, enfin à réunir, autour de « l'autel de la patrie, les Français de tous les partis en leur don- « nant pour mobiles l'honneur et la gloire. Remettons, leur dis- « je, le peuple dans ses droits, l'aigle sur nos drapeaux, et la « stabilité dans nos institutions. Eh quoi ! m'écriai-je enfin, les

« princes de droit divin trouvent bien des hommes qui meurent « pour eux dans le but de rétablir les abus et les priviléges ; et « moi, dont le nom représente la gloire, l'honneur et les droits « du peuple, mourrai-je donc seul dans l'exil ; — Non ! » m'ont répondu mes braves compagnons d'infortune. « vous ne mourrez « pas seul ; nous mourrons avec vous, ou nous vaincrons ensemble « pour la cause du peuple français ! »

« Vous voyez donc, monsieur, que c'est moi qui les ai entraînés, en leur parlant de tout ce qui pouvait le plus émouvoir des cœurs français. Ils me parlèrent de leurs serments : mais je leur rappelai, qu'en 1815, ils avaient prêté serment à Napoléon II et à sa dynastie. « L'invasion seule, leur dis-je, vous a déliés de ce « serment. Eh bien ! la force peut rétablir ce que la force seule « a pu détruire. » J'allai même jusqu'à leur dire qu'on parlait de la mort du roi (j'ai mis cela, ma mère, comme vous le comprendrez, pour leur être utile), vous voyez combien j'étais coupable aux yeux du gouvernement. Eh bien ! le gouvernement a été généreux envers moi ; il a compris que ma position d'exilé, que mon amour pour mon pays, que ma parenté avec le grand homme étaient des causes atténuantes; le jury restera-t-il en arrière de la marche indiquée par le gouvernement? Ne trouvera-t-il pas des causes atténuantes bien plus fortes en faveur de mes complices, dans les souvenirs de l'Empire, dans les relations intimes de plusieurs d'entre eux à mon égard ; dans l'entraînement du moment, dans l'exemple de Labédoyère, enfin dans ce sentiment de générosité qui fit que, soldats de l'Empire ils n'ont pu voir l'aigle sans émotion, que, soldats de l'Empire, ils ont préféré sacrifier leur existence plutôt que d'abandonner le neveu de l'empereur Napoléon, que de le livrer à ses bourreaux, car nous étions loin de penser à une grâce en cas de non réussite ? »

LE BILAN
DE
L'ANNÉE 1868

POLITIQUE LITTÉRAIRE, DRAMATIQUE,
ARTISTIQUE ET SCIENTIFIQUE

PAR MM.

**CASTAGNARY, PASCHAL GROUSSET, RANC
ET FRANCISQUE SARCEY**

UN FORT VOLUME IN-18 DE 600 PAGES
PRIX : 5 FRANCS

Ce volume, le premier de la série annuelle que compte publier la maison Le Chevalier, est le résumé le plus complet des événements de tous genres de l'année avec les appréciations de l'ordre le plus élevé.

10414. — IMPRIMERIE GÉNÉRALE DE CH. LAHURE
Rue de Fleurus, 9, à Paris

www.ingramcontent.com/pod-product-compliance
Ingram Content Group UK Ltd.
Pitfield, Milton Keynes, MK11 3LW, UK
UKHW020117200726
13856UKWH00002B/602

9 782011 740106